令和**6**年版
2024年版

合格点は60点以上!

# 1級建築
# 施工管理技士
## 第一次検定
選択対策&過去問題

小山和則／清水一都 著

JN082662

秀和システム

## 1級建築施工管理技士検定の試験制度改訂について

建設現場の生産性の向上を背景とした建設業法改正に伴い試験制度も改正されました。これにより「1級建築施工管理技士検定」は、従来の令和2年以前の「学科試験」、「実地試験」から、令和3年より「第一次検定」、「第二次検定」に変更されました。さらに、第一次検定(従来の学科試験)を合格した者には、第二次検定(従来の実地試験)の合否に関係なく「**一級技士補**」の称号が付与されることになります。

今までは、一定の要件以上の重要な建設工事については、専任で「監理技術者」を置かなければなりませんでしたが、主任技術者の要件を有する者のうち、「**一級技士補**」の資格を持つものは、「**監理技術者補佐**」として工事現場に配置することが可能となり、「**監理技術者補佐**」を専任で現場に配置した場合は、「監理技術者」は当面2現場を兼務することが可能となりました。

慢性的な技術者不足が深刻な建設業界において、今回の試験制度改訂は、第一次検定(従来の学科試験)を受検する方々やその所属組織の関係者にとって、大いなる朗報といえます。

## 本書について

本書は、令和3年の「1級建築施工管理技術第一次検定」と令和2年以前の「1級建築施工管理技術検定の学科試験」の過去問題の傾向を分析し、多く出題されている分野や比較的容易に解けそうな分野を中心に、60点以上を獲得するための必要最低限の知識をまとめた解説書です。

必要最低限の知識の中で、とくに重要な解説、用語は赤字で示しています。

また各分野での出題傾向や覚えるポイント等もまとめています。

本書は、「1級建築施工管理技術第一次検定」試験に**合格するための必要最低限の知識だけに限って解説している本**であることをご理解の上、ご活用ください。

なお、本書の内容は、令和4年までの過去問題を分析することで試験問題の傾向を想定したものです。

令和3年以降の「1級建築施工管理技術第一次検定」試験は、令和2年までの「1級建築施工管理技術検定の学科試験」とは若干、問題構成と出題型式が変わりましたが、出題範囲は令和2年以前と同じであり、基本的にはこれまでと同様の勉強方法でよいと考えられます。

### ●注意
(1) 本書は著者が独自に調査をした結果を出版したものです。
(2) 本書の内容については万全を期して作成いたしましたが、万一、ご不審な点や誤り、記載漏れなどお気付きの点がありましたら、出版元まで書面にてご連絡ください。
(3) 本書の内容に関して運用した結果の影響については、上記(2)項にかかわらず責任を負いかねます。あらかじめご了承ください。
(4) 本書の全部または一部について、出版元から文書による承諾を得ずに複製することは禁じられています。
(5) 本書の内容は、原則として令和5年10月1日現在の法令・データ等に基づいています(なお、表などの資料の数値は、試験の関係上、最新のものとは限りません)。
(6) 著者および出版社は、本書の使用による「1級建築施工管理技術第一次検定」の合格を保証するものではありません。

# 無理しないでも効果的な合格への3つの対策

選択問題は、
## 確実に解けそうな問題を
素早く探す

選択問題は、「解けそうな問題をいかに見つけ出すか」がカギ！。
落ち着いて、論理的、常識的に考えることで、
自分が解ける問題が見つかります。

## 過去問からの出題も
ある！ 出題率の高い過去問を
繰り返し学習しよう

過去に出題された問題と似た問題が出題されることがあります。
本書では、過去の出題傾向を分析し、出題率の高い内容を掲載しています。

四肢一択問題には、
## 解くコツ
がある

四肢一択問題（一部五肢二択問題）で、誤っているも
のを見つける場合は、
「確実に正しいと思われる」もの以外で、
「もし間違っているとしたらどこか」を考えて
解答しましょう。

# 勉強と試験対策のポイント

筆者は、約20年間、建築施工管理技士試験合格のための直前対策講座に関わってきました。
その経験を踏まえ、この**資格試験の特徴**と、**受検生に対する心構え**を、まえがきとして以下に述べたいと思います。

清水一都

## 覚える量は最小に！
### 合格できる最低限の知識だけ選んだ！

「建築施工管理技士試験合格のための直前対策講座」の受講者の中には、「テキストが重すぎる」とか、「もっとポイントを絞ってもらいたい」とか言われる方がいます。できるだけ楽をして合格したいと考えられるのは致し方ありません。

本書は、楽して合格したい人のために編集しました。つまり、建築技術者としての最低限の知識を伝えるための内容ではありません。極端な言い方をすれば、本書は1級建築施工管理技士 第一次検定で、90点は無理だが**65〜70点を獲得するための最低限の内容**だということです。

内容を絞っているので、他の受検対策テキストに比べて表やイラストも最小限に絞っています。

## 油断大敵！
### 高い合格率に騙されるな！

建築施工管理技士検定の発表されている合格率は、Webサイトでもすぐわかると思いますが、ここ数年間は**40%前後**で、推移しています。つまり、10人に4人程度は合格するということです。

しかし、施工管理技士検定（特に建築）は、**ゼネコンの技術者に有利な出題の多い試験**です。つまり、ビル1棟分に相当する建築工事の全体施工管理を経験した技術者に有利な試験ということなのです。

大手ゼネコン、中堅ゼネコンの技術者のほとんどは、受検資格年数に達すれば受検し、その95%程度が合格します。全体合格率を40%前後に押し上げているのは、このゼネコンの技術者でなので、それを除けば、多分合格率は20〜30%以下に落ち込むと考えられます。

専門工事会社や事務職の方々は、そのことを一応頭に止めておいていただききたいと思います。

## 常識で解ける！
### 論理的・常識的に考えれば、解ける問題が多い

講義をしていて、「予想問題を教えてもらいたかった」とか、「確実に出るべきポイントを絞ってもらいたかった」というアンケートに出会うことがあります。事前に出題を示唆してもらえるような資格試験もあるようで、このような類の試験と勘違いされているようです。

施工管理技士検定の問題は絶対に外部に漏れませんので、受検対策テキストはあくまでも過去の問題傾向から重要点を抜粋するしかありません。よって、本書に掲載されていないような出題もたまにはあります。

建築施工管理技士検定は、土木、管、電気に比べて、本書に掲載されていないような問題が比較的多くあります。これらの問題は、建築総合施工に携わったことのある者なら、常識あるいは経験と勘で解ける問題ですが、専門工事業の方には難しいと感じられるかもしれません。そのような問題は諦めて、他の問題で稼ぐしかありません。

しかし、本書に掲載されていない初めての問題でも、落ち着いて、論理的、常識的に考えれば、案外解ける問題も多いのです。

例えば、「隣地および道路境界線の確認を、建築主、設計者、施工管理者、道路管理者立会いのもとに実施した」という設問を見て、「境界線確認立ち合いなんかテキストに載っていない」と放棄する受検生がいます。しかし、落ち着いて読んでください。道路境界線だけならこれでかまいませんが、隣地境界線の確認を隣地の地権者を抜きに行って意味があるかどうか、こんなのは建築施工に疎い一般人でも常識の問題です。

このように、落ち着いて考えれば常識的に解ける問題を、本書ではいくつも紹介しています。

## 正確に覚える必要はなし！
### 四肢一択問題を解くコツは大まかに覚えること

学科試験（第一次検定相当）と実地試験（第二次検定相当）の出題範囲は同じでしたが、勉強の仕方は違いました。実地試験（第2次検定相当）の記述式問題や穴埋め問題は、語句そのものおよび語句の意味を正確に覚えておかないと解けませんが、学科試験の四肢一択問題は、正確に覚えていなくても、間違っているかいないかさえ判断できればよいのです。

例えば、デッキプレートの詳細は理解していなくても、「工期短縮のキーワード」ということさえ知っていれば、「工期短縮のためにデッキプレートに変えて合板型枠を使用した」という文章が、工期短縮と全く逆の措置であることがわかるはずです。

このように、四肢一択問題の勉強は、概括的に捉えた勉強が重要となります。

また、出題は、「誤っているもの」を選ぶ問題と、「正しいもの」を選ぶ問題とに分けられます。「誤っているもの」を選ぶ問題が圧倒的に多いですが、たまには「正しいもの選び」の出題もありますので、最初に問題をよく読んでください。

四肢一択問題は、大体2つくらいは明らかに除外される文章があり、残り2つのどちらを選ぶかということになります。その際、「もしこれが間違っているとしたら、どの部分をどう正せばよいのか？」と考え、より間違ってそうな方を選ぶ、というような感覚も必要となります。

# 分野別出題傾向と令和2年以前との比較

令和2年以前の検定試験と現在の検定試験の分野別出題傾向比較表

| | 分野 | 令和2年以前 | | | 現在（令和3年以降） | | |
|---|---|---|---|---|---|---|---|
| | | 問題番号 | 問題数 | 回答数 | 問題番号 | 問題数 | 回答数 |
| 午前 | 建築学 | 1〜15 | 15 | 12 | 1〜15 | 15 | 12 |
| | 共通 | 16〜20 | 5 | 5 | 16〜20 | 5 | 5 |
| | 躯体施工 | 21〜33 | 13 | 5 | 21〜30 | 10 | 7 |
| | 仕上施工 | 34〜45 | 12 | 5 | 31〜39 | 9 | 7 |
| | 施工管理法 | 46〜50 | 5 | 5 | 40〜44 | 5 | 5 |
| 午後 | 施工管理法 | 51〜70 | 20 | 20 | 45〜54 | 10 | 10 |
| | 応用能力 | | | | 55〜60 | 6 | 6 |
| | 法規 | 71〜82 | 12 | 8 | 61〜72 | 12 | 8 |
| | 計 | | 82 | 60 | | 72 | 60 |

## ● 令和3年以降は総問題数は減ったが、回答数は同じ

・令和2年以前に比べて、令和3年以降は総問題数は10問減りましたが、回答数は同じ60問となっています。

・選択問題は、選択に際して一応すべての問題に目を通さなければならないため、総問題数が減ったことは目を通す時間が減ったことになり、楽になったように見えます。しかし、後述する応用能力問題は、他の問題よりやや回答に時間を要するので、すべての回答に要する時間は同程度と考えてよいでしょう。

## ● 令和3年以降は選択幅が狭まった

・回答数が同じで総問題数が減ったということは、それだけ選択の幅が狭まったことを意味します。

・特に躯体施工10問中7問、仕上施工は9問中7問と、ほとんど必須問題に近い回答率を要求されています。建築施工管理技士試験は、従来の実地試験も経験記述を含めて6問すべてが必須であり、他の施工管理技士試験に比べて選択問題が少ないという傾向が、一次検定にも表れてきたことになります。

・つまり、躯体のみ、仕上のみという専門工事だけに特化した知識を持つ方にはますます不利になり、総合施工管理を経験した方に有利になってきているということでしょう。

## 1級建築施工管理技術第一次検定試験の合格率と合格者数

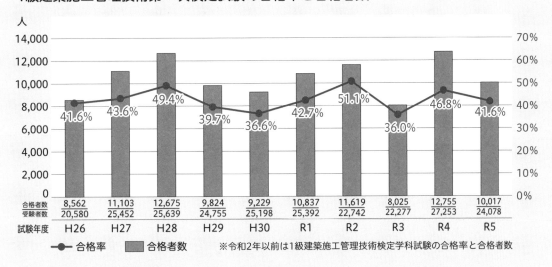

| 試験年度 | H26 | H27 | H28 | H29 | H30 | R1 | R2 | R3 | R4 | R5 |
|---|---|---|---|---|---|---|---|---|---|---|
| 合格率 | 41.6% | 43.6% | 49.4% | 39.7% | 36.6% | 42.7% | 51.1% | 36.0% | 46.8% | 41.6% |
| 合格者数 | 8,562 | 11,103 | 12,675 | 9,824 | 9,229 | 10,837 | 11,619 | 8,025 | 12,755 | 10,017 |
| 受験者数 | 20,580 | 25,452 | 25,639 | 24,755 | 25,198 | 25,392 | 22,742 | 22,277 | 27,253 | 24,078 |

—●— 合格率　■ 合格者数　※令和2年以前は1級建築施工管理技術検定学科試験の合格率と合格者数

## ● 新型式の応用能力問題

・5つの文章から間違っているものを2つ選ばせるという五肢二択問題で、全部で6問の必須問題です。応用能力問題とは言え、躯体施工と仕上施工の問題が3問ずつとなっています。

・内容的にはかなり難しく、従来の実地試験における問題3、4(文章中の3つのアンダーライン部分の1か所だけ間違いを指摘して正しい言葉や数値に置き換えよという問題)程度の難易度と考えてよいでしょう。

・しかし、上記従来の実地試験の問題3、4も過去問題が何度か出題されるようになり、回答者も慣れてきているので、今は過渡期と思い真摯に対応するしかありません。

## ● 合格率

・ここ10年間(平成30年を除く)は40%前後の合格率でしたが、上記新形式の問題のためか、令和3年は36.0%と非常に低くなってしまいました。

・しかし、令和4年以降はこの問題形式にも慣れたためか、合格率は40%台と回復しています。

# 1級建築施工管理技術検定試験について

最新情報・詳細情報の入手は下記 Web サイトで
**一般財団法人 建設業振興基金 施工管理技術検定**
**https://www.fcip-shiken.jp/**

スマートフォン、
タブレットからはこちらから ➡➡➡

## ● 建築施工管理技術検定とは

建築施工管理技術検定試験は、国土交通大臣の指定試験機関である「一般財団法人 建設業振興基金」
が実施しています。

建築施工管理技術検定には、1級と2級があり、さらに、第一次検定と第二次検定に分かれています。
本書ではこのうちの、1級建築施工管理技術 第一次検定に対応しています。

1級建築施工管理技術 第一次検定に合格すると、1級建築施工管理技士補(国家資格)と称することが
できます。第二次検定に合格すると1級建築施工管理技士(国家資格)と称することができます。

## ● 試験概要(1級建築施工管理技術検定)

**・建築施工管理技術検定に関する問い合わせ先**

一般財団法人　建設業振興基金　試験研修本部

〒105-0001　東京都港区虎ノ門4-2-12 虎ノ門4丁目MTビル2号館

TEL　03-5473-1581

一般財団法人　建設業振興基金　施工管理技術検定のWebサイト

URL　https://www.fcip-shiken.jp/

―

**・受検申込受付期間**

1月下旬〜2月上旬頃

※詳細、最新情報は「一般財団法人　建設業振興基金」にお問い合わせ、または同法人のWebサイトで確認してください。

―

**・試験日**

第一次検定　例年6月中旬の日曜日(令和5年の例:6月11日)

第二次検定　例年10月中旬の日曜日(令和5年の例:10月15日)

※詳細、最新情報は「一般財団法人　建設業振興基金」にお問い合わせ、または同法人のWebサイトで確認してください。

## ● 受検資格

建築施工管理技術検定試験は、学歴、取得資格、実務経験年数などによって受検資格が定められています。下表の区分のイ〜 二のいずれかに該当すると受検できます(二の区分該当者は、第一次検定のみ)。

※記載している受検資格は令和4年度のものです。

| 区分 | 学歴または資格 | | 実務経験年数 | |
| --- | --- | --- | --- | --- |
| | | | 指定学科 | 指定学科以外 |
| イ | 大学 | | 卒業後3年以上 | 卒業後4年6カ月以上 |
| | 短期大学または、5年制高等専門学校 | | 卒業後5年以上 | 卒業後7年6カ月以上 |
| | 高等学校 | | 卒業後10年以上※3、※4 | 卒業後11年6カ月以上※4 |
| | その他 | | 15年以上※4 | |
| ロ | 2級建築士試験合格者 | | 合格後5年以上 | |
| ハ | 2級建築施工管理技術検定(第2次検定、令和2年までは実地試験)合格者 | | 合格後5年以上※3、※4 | |
| | 2級建築施工管理技術検定(第2次検定、令和2年までは実地試験)合格後5年未満で右の学歴の者 | 短期大学または、5年制高等専門学校 | イの区分参照 | 卒業後9年以上※4 |
| | | 高等学校 | 卒業後9年以上※4 | 卒業後10年6カ月以上※4 |
| | | その他 | 14年以上※4 | |
| 二 | 2級建築施工管理技術検定(第2次検定、令和2年までは実地試験)合格者 | | 実務経験年数は問わず | |

注1 すべての区分において実務経験は、受検年の3月31日(令和5年度の第一次試験の場合、令和6年3月31日)で算定します。ただし、受検年の3月31日までに実務経験年数で受検資格を満たさない場合、第一次試験では試験日の前日まで参入することができます。

注2 すべての区分において実務経験年数には、「指導監督的実務経験」を1年以上含むことが必要です。
　　指導監督的実務経験とは、現場代理人、主任技術者、工事主任、設計監理者、施工監督などの立場で、部下・下請けに対して工事の技術面を総合的に指導監督した経験をいいます。

注3 表中※3印が付いている実務経験年数については、主任技術者の要件を満たした後、専任の監理技術者の配置が必要な工事に配置され、監理技術者の指導を受けた2年以上の実務経験を有する方は、実務経験が2年短縮できます(この場合、別途提出書類が必要)。

注4 表中※4印が付いている実務経験年数については、専任の主任技術者を1年(365日)以上経験し、必要書類をすべて提出できる方に限り、実務経験年数の2年短縮が可能です。

受検資格等の詳細については、財団法人 建設業振興基金のWebサイトでご確認ください。
URL　https://www.fcip-shiken.jp/

# CONTENTS

# Chapter 1

# 建築学

「建築学」からの出題は選択問題であり、15問の出題で12問を選ぶ。あまり選択の余地はないが、選択しない3問を早めに見極めることが重要である。

# 1 環境工学

POINT
出題傾向と
ポイント

● 「建築学」からの15問の出題のうち「環境工学」に関する出題は、例年3問程度である。基本的なことをしっかり覚えること。換気・音に関する出題がやや目立つが、全体からバランス良く出題されている。

## 1-1 日照・日影・日射

重要 >>>>

・太陽と方位との関係を良く理解すること。

### 1 日照

[1] 日照とは、地表面に直接日光が当たっている状態をいう。居住用途の建築物では、極力日照を確保する計画が望ましい。

[2] 日照時間とは、ある日の実際に日照のあった時間をいい、その日の天気と太陽の位置により左右される。

[3] 可照時間とは、晴れた日に日照があるべき時間をいい、日の出から日没までの時間となる。

[4] 南面の垂直壁の可照時間は、春分より夏至のほうが短い。

[5] 日照率とは、可照時間に対する日照時間の比で示され、日照のあった割合を表す。

$$● 日照率 = \frac{日照時間}{可照時間} \times 100 \, (\%)$$

memo >>>>

・$日照率 = \dfrac{日照時間}{24時間} \times 100 \, (\%)$ ではない。

### 2 日影

[1] 太陽の位置は太陽高度(h)と太陽方位角(θ)により示される図1。

[2] 太陽が太陽方位角θ = 0°(真南)にきたときの太陽高度のことを南中高度といい、その時の時刻を南中時という。

[3] 真太陽日とは、南中から次の南中までの時間をいう。

[4] 日影曲線とは、太陽高度・方位角・影の長さを表したものである。

[5] 建物の高さが同じである場合、東西に幅が広い建物ほど影の影響の範囲が大きくなる。

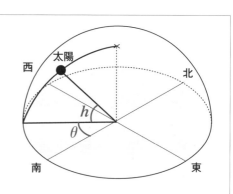

$h$ ：高度(太陽と地平面のなす角)
$\theta$ ：方位角(太陽の方向と真南とのなす角)
　　真南が方位角0で西まわりに測る

図1 | 太陽の位置

［6］緯度が高くなるほど南中高度が低くなり、日影が長くなるため、南北の隣棟間隔を大きくする必要がある。

［7］**日差し曲線**とは、地平面上のあらゆる点が、周囲の建物によって、日照時間にどのような影響を受けるかを検討するのに用いられる。

## 3 日射

［1］日射とは、地表に達する太陽の放射エネルギーのことで、直達日射と天空放射がある。

［2］日射量とは、日射の強さをいい、単位面積が単位時間に受ける熱量のことである。

［3］直達日射量とは、太陽光が地表面に直接達した日射量のことである。

［4］天空放射量とは、太陽光が途中で乱反射されて地上に達した日射量のことである。

［5］全天日射量とは、直達日射量と天空放射量を合計したもののことである。曇天の日には、天空放射量のみとなる。

　●**直達日射量＋天空放射量＝全天日射量**

［6］建築物が受ける直達日射量は、**図2**による。

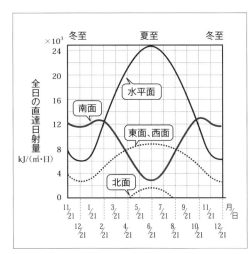

**図2｜水平面・各方位における鉛直面の直達日射量（東京）**

［7］直達日射量は、夏季においては水平面＞東・西面＞**南面**＞北面の順。

［8］直達日射量は、冬季においては**南面**＞水平面＞東・西面の順。北面については、冬季は直達日射はないが、天空放射は存在する。

［9］東面と西面とは、季節にかかわらず直達日射量は等しい。

［10］**南面**は、日照だけでなく、日射においても最も条件が良い方位で、**直達日射量は夏季に少なく冬季には多くなる**。

［11］水平ルーバーは南面の日射を遮るのに効果があり、垂直ルーバーは東西面の日射を遮るのに効果がある。

memo >>>>　・南面は夏涼しく、冬暖かい理想的な方位である。夏の南面は決して暑くない。

# 1-2 採光・照明

重要 >>>>

・光度・輝度・昼光率などの定義が良く出題されている。

採光とは、昼間太陽によって照度を得ようとするものであり、照明とは、人工の光源により照度を得ようとするものである。

## 1 採光

[1] 照度(lx：ルクス)とは、受照面の単位面積当たりに入射される光束の量のことで、物体に照射された光の明るさを表す指標である。

[2] 照度は、光源からの距離の2乗に反比例する。

[3] 光束(lm：ルーメン)とは、光源より放射される光の明るさのことである。

[4] 光度(cd：カンデラ)とは、光源からの光の強さのことである。

[5] 輝度(cd/m²)とは、ある方向から見た受照面の光の強さのことである。

memo >>>>

・光度は光源、輝度は受照面の光の強さ。間違えやすいので要注意。

[6] 太陽の光を昼光といい、直接光と天空光に大別される。

[7] 直接光とは、直射日光のことである。

[8] 天空光とは、太陽光が大気中に拡散したものであり、空の明るさのことである。

[9] 全昼光とは、直接光と天空光を合計したもののことである。

　　直接光 ＋ 天空光 ＝ 全昼光

[10] 全天空照度とは、全天空が望める場所で、直射光の照度を除いた水平面照度のことである。

[11] 昼光率とは、室内のある点の照度とそのときの全天空照度との比をいい、採光による室内の明るさを表すものである。

　●昼光率 ＝ $\dfrac{\text{室内のある点の照度}}{\text{そのときの全天空照度}}$ ×100（％）

[12] 昼光率は、直射日光による照度を含まず、屋外の明るさが変化しても変わらない。

memo >>>>

・昼光率は建物の窓の構造で決まり、天候に左右されない。

[13] 均斉度とは、昼光による照度分布の均質性を示す指標である。

　　均斉度 ＝ 最低照度／最高照度

[14] 均斉度を上げるには、天井を高くし、窓の位置をできるだけ高い位置に設定する。

[15] 採光計画においては、原則として直射光を遮断して、天空光を光源とする。

[16] 天窓(トップライト)は、建築基準法では側窓に比べて3倍の採光効果があるとされている。

[17] 部屋の用途による照度基準は **表1**（次ページ）による。

**表1** 主な部屋の用途による照度基準

| 建物の用途 | 部屋の用途 | 照度基準（lx） |
|---|---|---|
| 住宅 | 居間（団らん・娯楽） | 150 〜 300 |
| | 書斎（読書・勉強・VDT作業） | 500 〜 1000 |
| | 食堂・台所（食事・調理） | 200 〜 500 |
| 共同住宅の共用部分 | 受付・集会室・ロビー | 150 〜 300 |
| | エレベーターホール・エレベーター | 100 〜 200 |
| | 物置・ピロティー・車庫 | 30 〜 75 |
| 事務所 | 設計室・製図室（細かい作業） | 750 〜 1500 |
| | 受付・事務室・・会議室・電子計算機室 | 300 〜 750 |
| | エレベーターホール・集会室・食堂 | 200 〜 500 |
| | 廊下・階段・便所 | 100 〜 200 |

## 2 照明

[1] 照明とは、人工光源（照明器具等）を用いて照度を得ることである。

[2] 蛍光灯は白熱灯に比べ、消費電力は少なく、寿命は長いが、演色性が良くない。

memo ▸▸▸▸

・演色性とは、物の色をどれだけ自然に見せられるかという観点から評価した性能。光の分光分布によって決まり、太陽光のもとがもっとも自然に見える。

[3] 直接照明による陰影は、間接照明等による陰影よりも濃い。

# 1-3 熱

重要 ▸▸▸▸

・壁の断熱性や結露に関する問題が良く出題されている。

## 1 伝熱

[1] 伝熱とは、熱が高温部から低温部に移動することであり、ふく射・対流・熱伝導の3形態がある。

[2] ふく射とは、ある物体から熱が電磁波の形で放射され、伝わる現象のことである。

[3] 対流とは、流体内に温度差が生じ、流体が移動することによって、熱が伝わる現象のことである。

[4] 熱伝導とは、個体内部で熱が高温部から低温部へ移動する現象のことである。

[5] **熱伝導率**（W／m・k）とは、熱伝導の程度を表し、熱の伝わりやすさを示す値のことである。

memo ▸▸▸▸

・熱伝導率が高いとは、すなわち断熱性が悪いということ。

[6] 熱伝導率は、**温度が高いほど**、**含湿率が大きいほど**、また**密度が大きいほど**大きな値となる。

[7] 熱伝導抵抗とは、熱伝導率の逆数で、熱伝導のしにくさを示す値のことである。

[8] 熱伝達とは、固体からその表面の流体へ、または流体から固体表面への熱の移動のことである。

[9] 熱伝達率(W／m²·k)とは、熱の伝達のしやすさを示す値のことである。壁の熱伝達率は、壁面に当たる風の風速が早くなるほど大きい値となる。

[10] 熱伝達抵抗とは、熱伝達率の逆数で、熱伝達のしにくさを示す値のことである。

[11] 熱貫流とは、壁体を挟んだ両側の空気に温度差がある場合、高温部から低温部へ熱が通過する現象のことである。

[12] 熱貫流率とは、壁等の熱の通しやすさを示す値をいい、**熱貫流率が小さいほど断熱性能が高い**。

[13] 熱貫流抵抗とは、熱貫流率の逆数で、熱貫流のしにくさを示す値のことである。

[14] **熱貫流抵抗とは、熱伝達抵抗と熱伝導抵抗の和である。**

[15] 熱貫流量は、壁面の熱貫流率・室内外の温度差・面積に比例する。

[16] 熱の放射は、物体表面から射出される赤外線(電磁波)によって熱が移動する現象である。放射による熱の移動には、空気は必要ないため、真空中においても放射による熱移動は生じる。

[17] 熱容量(J／K)とは、ある物体の温度を1K(ケルビン)上昇させるのに必要な熱量のことであり、比熱とは単位質量当たりの物質の熱容量のことである。

　　　●**熱容量＝比熱×質量**

[18] 外壁の熱容量が大きいと、外気温の変動に対する室温の変動が穏やかになる。

[19] **熱損失係数**とは、建物の断熱性能、保温性能を表す数値として用いられる。この値が小さいほど建物の**断熱性能は高い。**

[20] 壁などの内部に空気層(中空層)を設ける場合、厚さが30mm程度までは断熱効果が高まるが、それ以上の厚さになると空気層内で対流が生じ、断熱効果が悪くなる。


## 2 結露

[1] 結露とは、空気が露点温度以下の壁体や窓等の物質に触れて冷やされ、空気中の過剰な水蒸気が凝縮して露となる現象のことである。表面結露と内部結露がある。

[2] **表面結露**とは、壁や窓等の表面に発生する結露のことである。

[3] 表面結露対策は、壁や窓等の断熱性を良くし、室内側表面温度を高くするか、室内換気を行い、必要以上に水蒸気を発生させないようにする。

[4] **内部結露**とは、壁体の内部に発生する結露のことである。

[5] 内部結露対策は、**断熱材より室内側に防湿層を挿入**するか、外断熱工法とする。

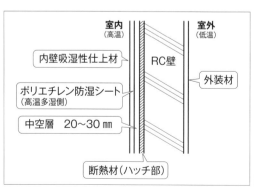

**図3｜内断熱壁の例**

memo >>>>

・防湿層は必ず断熱材の室内側(高温多湿側)に設置すること。外壁側だと内部結露してしまう。

[6] 結露は、壁の隅角部や押入れ、家具の裏側、トイレ、浴室、熱橋等に起こりやすい。

memo ▸▸▸▸
- 熱橋（ヒートブリッジ）とは、躯体を構成する部材のなかで、断熱材を他の材料が貫通することにより、熱が橋を渡るように伝わりやすくなってしまう部分のこと。

[7] 相対湿度とは、湿り空気中の水蒸気量とその温度における飽和水蒸気量を比で表したもの。

[8] 絶対湿度とは、湿り空気中の水蒸気と乾き空気の重量の割合を表したもの。

# 1-4 換気

重要 ▸▸▸▸
- 必要換気量・環境衛生管理基準値・各種換気方式等が良く出題されている。

## 1 換気

[1] 換気とは、室内の空気環境の維持または改善を目的とし、室内の空気を排気し、外気を吸気することをいう。

[2] 建築基準法の改正により、24時間換気が義務付けられ、シックハウス対策が強化された。

[3] 換気回数(回／h)とは、ある部屋の空気が1時間あたり何回入れ替わるかを示す値のことである。

[4] 必要換気量(m³／h)とは、室内の空気環境を環境衛生上適正に保つために必要な外気導入量のことである。

- 必要換気量(m³／h) ＝ 換気回数 (回／h) × 部屋の容積(m³)

[5] 主な用途の部屋の必要換気回数(回／h)は 表2 による。

memo ▸▸▸▸
- 一般に人間は、毎時20〜30m³の換気量を必要とする。

表2 | 主な部屋の必要換気回数

| 部屋名 | | 換気回数(回／h) |
|---|---|---|
| 機械室 | | 4 〜 6 |
| 高圧ガス・冷凍機・ボンベ室 | | 4 〜 6 |
| 変電室 | | 8 〜 15 |
| バッテリー室 | | 10 〜 15 |
| エレベーター機械室 | | 8 〜 15 |
| 便所 | 使用頻度大 | 10 〜 15 |
| | 使用頻度小 | 5 〜 10 |
| 浴室（窓なし） | | 3 〜 5 |
| 湯沸室 | | 6 〜 10 |

| 部屋名 | | 換気回数(回／h) |
|---|---|---|
| 厨房 | 大規模 | 40 〜60 |
| | 小規模 | 30 〜40 |
| 配膳室 | | 6 〜 8 |
| ランドリー | | 20 〜40 |
| 乾燥室 | | 4 〜 15 |
| 屋内駐車場 | | 10以上 |
| 書庫・金庫 | | 4 〜 6 |
| 倉庫（地階） | | 4 〜 6 |
| 映写室 | | 8 〜 15 |

memo ▸▸▸▸
- 一般に、営業用の厨房は、窓のない浴室よりも換気回数を多く必要とする。

[6] 在室者の呼吸による必要換気量 = $\dfrac{\text{在室者の}CO_2\text{発生量}}{\text{室内の}CO_2\text{許容濃度}-\text{外気の}CO_2\text{濃度}}$

[7] 二酸化炭素（$CO_2$）の含有量の環境衛生管理基準値：1000ppm（0.1%）以下

[8] 一酸化炭素（$CO$）の含有量の環境衛生管理基準値：10ppm（0.001%）以下

memo ▶▶▶▶

・$CO$は$CO_2$の100倍危険ということ。

## 2 自然換気

[1] 風力換気では、風上と風下との圧力差により換気が行われ、換気量は、風速および開口部の面積に比例すると共に、風上側と風下側の風圧係数の差の平方根に比例する。

[2] 重力換気では、室温が外気温より高い場合、下方の開口部より屋外の重い空気が流入し、上方の開口部より室内の軽い空気が流出する。換気量は、開口部の面積に比例し、内外の温度差、上下の開口部の垂直距離の平方根に比例する。

[3] 室内の空気圧が室外の大気圧と同じになる垂直方向の位置を中性帯といい、この部分に開口部を設けても換気効果は低い。

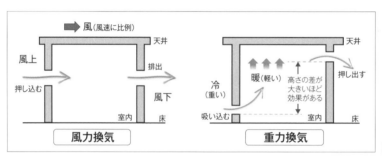

図4 自然換気の方法

## 3 機械換気

[1] 機械換気は、ファンを使用して強制的に換気を行うもので、表3のようにの3種類に大別される。

表3 機械換気の方法

| 機械換気方式の種類 | 方式 | 適用など |
| --- | --- | --- |
| 第1種換気方式 | 給気ファン　室内圧制御可能　排気ファン | 室内の圧力制御も容易にできる。一般の室のほか、劇場や機械室などの換気に適用される。 |
| 第2種換気方式 | 給気ファン　室内正圧 | 室内が正圧となるので、手術室、ボイラー室、発電機室等の換気に適用される。 |
| 第3種換気方式 | 室内負圧　排気ファン | 室内が負圧になるので、室内で臭気などの汚染物質が生じる厨房、湯沸室、便所、浴室などの換気に適用される。 |

memo >>>>
・機械換気は第1種がW（両方）、第2種が給気、第3種が排気。
W・給・排と覚える。

[2] 置換換気とは、汚染された空気を給気との密度の差により排出するもので、全般換気に比べて換気効率に優れている。

## 1-5 音

重要 >>>>
・音の性質・透過損失・NC曲線などをしっかり理解すること。

### 1 音の性質

[1] 周波数が高い（振動数が多い）音は、高い音に聞こえ、周波数が低い（振動数が少ない）音は、低い音に聞こえる。

[2] 音波が伝搬するとき、物質内のある点が受ける微小な圧力変動を音圧といい、音圧レベルとはこれをdB（デシベル）で表示したものをいう。

[3] 音の強さは、点音源からの距離の2乗に反比例して減少する。距離が2倍になると6dB減少する。

[4] 音速は、気温が高くなるほど速くなる。

[5] 干渉とは、複数の音波が同時に存在すると、それぞれの音波が、互いに打ち消し合い小さくなったり、重なり合い大きくなったりする現象のことである。

[6] 回折とは、音が建物や塀などの障害物の端を通過して、それらの背後に回り込む現象のことである。障害物が音の波長より小さいと起こりやすく、周波数が低くなるほど回折しやすい。

[7] マスキング効果とは、同時に異なる音が存在し、小さな音が大きな音に打ち消されて聞こえなくなる現象のことである。マスキングする音とされる音の周波数が近いほど効果が大きい。

[8] カクテルパーティー効果とは、カクテルパーティーのように大人数が談笑している騒がしい状況でも、自分の名前や興味ある内容等の必要な情報が聞き取れる現象のことである。

memo >>>>
・マスキング効果（音の打ち消し）とカクテルパーティー効果（音の選択聴取）を混同しないこと。

### 2 吸音・遮音

[1] 吸音とは、入射音を吸収または透過させて音の強さを弱めることで、遮音とは、壁等で遮断することにより、音を透過させないことである。

[2] 吸音率 $= \dfrac{\text{吸収音エネルギー} + \text{透過音エネルギー}}{\text{入射音エネルギー}} = \dfrac{\text{反射されなかった音のエネルギー}}{\text{入射音エネルギー}}$

[3] 高音域の音の吸収には、多孔質吸音材料が適している。

[4] 低音域の音の吸収には、板振動型吸音材料が適している。

[5] 透過損失とは、入射音と反射音の差をdB(デシベル)で表示したもので、壁の遮音性能を示す。

[6] **透過損失**は、単位面積当たりの質量と周波数の積の対数に比例するため、**壁材の密度が大きいほど**、**壁が厚いほど**、**入射音の周波数が高いほど**、透過損失の値は**大きくなる**。

memo >>>>
> ・透過損失が大きいということは、遮音性能が良いということ。

[7] コンクリート間仕切壁の音響透過損失は、一般に高温域より低音域のほうが小さい。

memo >>>>
> ・低周波音の遮音は、高周波音に比べ対策が難しい。

[8] 音波が伝搬するとき、物質内のある点が受ける微小な圧力変動を音圧といい、音圧レベルとはこれをdB(デシベル)で表示したものをいう。

[9] 床衝撃音レベルの遮音等級を表すL値は、値が小さいほど**遮音性能が高い**。

## 3 音響

[1] 残響とは、室内の音源が発音を停止してからもしばらく連続的な反射音が聞こえてくる現象のことである。

[2] **残響時間**とは、室内の音源が発音を停止してから、残響音が**60dB減衰**するのに要する時間のことである。

[3] 残響時間は、**室容積に比例**し、室内の**総吸音力に反比例**する。

[4] 反響(エコー)とは、音波が壁等の物体に衝突し跳ね返ってくる現象のことである。直接音から1／20秒以上遅れて大きな反射音があると、音が二重に聞こえる。

[5] フラッターエコーとは、**反射性の壁体**などが向き合い、音がこの壁体間を往復し、二重、三重に聞こえる現象のことである。

memo >>>>
> ・フラッターエコーの例として日光東照宮の「鳴き龍」が有名。

[6] コインシデンス効果とは、入射音波とガラスのような板材との共振により、遮音性能が低下する現象のことである。

## 4 騒音

[1] NC曲線(推奨騒音基準曲線)図5とは、騒音の高低差による影響を考えて、推奨値を周波数の範囲ごとに規定したものである。アンケート調査を基にまとめられた。

[2] NC曲線より求めたものをNC値といい、NC値が小さいほど静かに感じる表4。

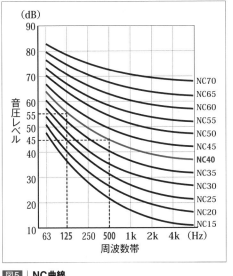

**表4** | NC値の範囲と騒音の状態

| NC値 | 騒音の状態 |
|---|---|
| 20～30 | 非常に静か。大会議可能 |
| 30～35 | 静か。会話距離10mまで |
| 35～40 | 会話距離4m。電話支障なし |
| 40～50 | 普通会話距離2m。電話少し困難な時あり |
| 50～55 | やや大声で会話距離2mまで。電話少し困難。会議には不適。 |
| 55以上 | 非常にうるさい。電話不可。 |

**図5** | **NC曲線**

[**3**] 騒音の感じ方は音の高低によって異なり、同じ音圧レベルの音でも**高音のほうが低音より**うるさく感じる。

[**4**] 床衝撃音レベルの遮音等級を表す**L値**(L30～80)は、その値が**小さいほど遮音性能が高い**。

# 1-6 色

・マンセル表色系の記号の意味を良く理解すること。

## 1 色の性質

[**1**] 色は、**無彩色**と**有彩色**とに大別される。

[**2**] 有彩色の色を特性づける性質を**色相**、色の明るさの度合いを**明度**、色づきの鮮やかさの度合いを彩度という。

memo >>>>
・色相・明度・彩度は色の三要素。

[**3**] 明度の低い色は、後退して縮んで見え、重く、硬く感じる。また、明度の高い色は、進出して膨張して見え、軽く、柔らかく感じる。

[**4**] 色は、面積が大きいほど、明度と彩度が増加して見える。

[**5**] 彩度は、背景の彩度との差が大きくなる方向に変化して見える。

## 2 | マンセル表色系

[1] マンセル表色系では、色彩の基本として色相・明度・彩度の三要素で表し、これを具現化したものを**マンセル色立体** 図6 (次ページ)といい、すべての色を三次元空間に配置したものである。

[2] 色相については、基本の5色相「赤(R)、黄(Y)、緑(G)、青(B)、紫(P)」に5つの中間色「黄赤(YR)、黄緑(GY)、青緑(BG)、青紫(PB)、赤紫(RP)を加えた10色相を環状に等間隔に配置している。

[3] 明度については、純黒を0、純白を10として、その間の明度を1、2、・・・で表し11段階に尺度化している。

memo >>>>

> ・純黒が10、純白は0ではない。逆である。数字が大きいほうが明るい。

[4] 彩度については、無彩色を0として、彩度を1、2、・・・と区別するが、その段階は色相によって異なり、赤が最も多く、青が最も少ない。

[5] マンセル色相環 図7 において、向かい合う位置にある2色の関係を補色といい、2色を混ぜると無彩色になる。

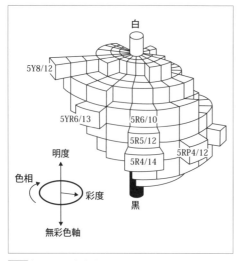

図6 | マンセル色立体

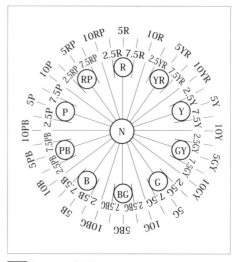

図7 | マンセル色相環

memo >>>>

> ・5R　4　／　14
>
> 色相　明度　彩度
> マンセルは色(いろ)・明(みん)・彩(さい)と覚える。

# 2 一般構造

POINT
出題傾向と
ポイント

● 「建築学」からの15問の出題のうち「一般構造」に関する出題は、例年5問程度である。
　鉄筋コンクリート・鉄骨・木質構造に関する問題が良く出題されている。

## 2-1　構 造 計 画

### 1　構造計画

[1] 建築物の重心と剛心の距離は、できるだけ小さくなるようにする。

[2] 平面的に極めて長いものや複雑な平面または断面形状のものは、**エキスパンションジョイント**を設けることが望ましい。

[3] エキスパンションジョイント部のあき寸法は、建物相互の変形量を考慮し、高いほどあき寸法を大きくする必要がある。

### 2　荷重

[1] **固定荷重**とは、建築物自体の重量のことであり、**仕上材や建築設備の重量を含む。**

[2] **積載荷重**とは、人や移動可能な家具や物品等の建築物に固定されていないものの重量のことでる。

[3] 構造計算上、倉庫の床の積載荷重は、3,900N／m²で、店舗や事務室よりも大きい。

[4] 教室に連絡する廊下、玄関または階段の積載荷重は、荷重の集中度が高く、教室よりも大きな積載荷重とする。

[5] **積雪荷重 ＝ 積雪単位荷重 × 屋根水平投影面積 × その地方における垂直積雪量**
　積雪単位荷重は、多雪区域の指定のない区域においては、積雪量1cmにつき20N／m²以上とする。

[6] 積雪荷重は、屋根に雪止めがある場合を除き、その勾配が60°以下の場合は、その勾配に応じて低減し、勾配が60°を超える場合においては、0とすることができる。

[7] **風圧力 ＝ 速度圧 × 風力係数**
　速度圧に用いる基準風速は、原則として、その地方の再現期間50年の10分間平均風速値に相当する。
　風力係数は、建物の形状や風向きによる係数である。**外圧係数と内圧係数の差**として算出される。

[8] **地震層せん断力 ＝ ある層の地震層せん断力係数 × ある層から上部の建物総重量**
　下にある階ほど大きくなる。

[9] **建築物の地下部分に作用する地震力 ＝ 地下部分の重量 × 水平震度**
　水平震度は深い部分ほど小さくなる。

# 2-2 地盤・基礎

重要 >>>>

・基礎構造の種類と特徴を良く理解すること。

## 1 地盤

〔1〕地盤は、一般的に図1のように分類できる。

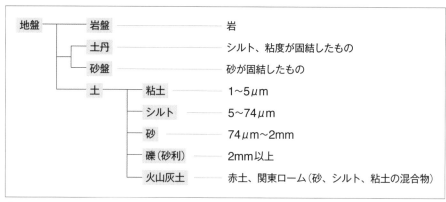

**図1** 地盤の分類

〔2〕**地盤の液状化**とは、緩い砂質地盤が、地震時に強い振動等の作用により、飽和した砂質土が間隙水圧の急激な上昇を受け、せん断抵抗を失い液体状になる現象のことである。

〔3〕地盤の液状化対策

　1）地盤を締固めて間隙比を下げる。

　2）地盤改良を行う。

　3）地下水位を低下させる。

　4）透水性の向上を図り間隙水圧の上昇を抑える。

〔4〕**圧密沈下**とは、**粘土質地盤**に起こりやすく、年数の経過とともに水が絞り出され、地盤が沈下する現象のことである。

〔5〕圧密沈下の許容値は、べた基礎のほうが独立基礎より大きい。

memo >>>>

・液状化は砂質地盤に、圧密沈下は粘土質地盤に起こりやすい。

## 2 基礎

〔1〕基礎の機能は、上部構造物を安全に支持し、沈下等を生じさせないことにある。

〔2〕基礎は、荷重を直接支持地盤に伝える**直接基礎**と、杭を介して支持地盤に伝える**杭基礎**とに分類される。

〔3〕直接基礎の底面積が同じであっても、正方形や長方形などの底面形状に応じ、地盤の許容支持力は異なる。

[4] 杭基礎は、杭の先端を支持地盤に到達させる支持杭と、杭の周辺摩擦力に期待する摩擦杭とに分類される。

[5] 支持杭を用いた杭基礎の許容支持力には、基礎スラブ底面における地盤の支持力は加算しない。

[6] 支持杭では、**負の摩擦力**が生じると、杭の先端部における圧縮軸力が大きくなる。

[7] 地盤沈下による**負の摩擦力**は、一般的には摩擦杭よりも支持杭のほうが大きい。

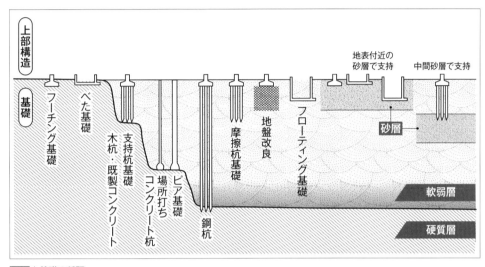

図2｜**基礎の種類**

memo >>>>

・負の摩擦力（ネガティブフリクション）とは、地盤沈下により杭周辺に下向き（負）の摩擦力が作用すること。

[8] 1つの建物の基礎に、直接基礎と杭基礎、もしくは支持杭と摩擦杭等の併用は、不同沈下が生じる恐れがあるため望ましくない。

[9] **杭間隔**は、**埋め込み杭**は杭径の2倍以上、**打込み杭**は杭径の2.5倍以上かつ750mm以上とする。杭径が同じ場合、杭間隔は、打込み杭のほうが埋め込み杭より大きくする必要がある。

[10] 埋め込み杭は、打込み杭に比べて、極限支持力に達するまでの沈下量が大きい。

[11] 基礎梁の剛性を大きくすることにより、基礎フーチングの沈下を平均化し、有効な不同沈下対策となる。

[12] 地震時に杭に生じる曲げモーメントは、一般に杭頭部が大きく、杭先端部にはほとんど生じない。

[13] 単杭の引き抜き抵抗力には、地盤から求める引き抜き抵抗力（杭の周面摩擦抵抗力）に、杭の自重（地下水位以下の部分の浮力を減じた値）を加えることができる。

[14] フローティング基礎は、建物による重量増加と基礎等の構築による排土の重量減少をつり合わせることによって、地盤中の応力が増加しないようにする基礎形式である。

# 2-3 鉄筋コンクリート構造

> ・地震時の脆性破壊の危険を避けるための対策を理解すること。

## 1 特徴

[1] 脆性的な破壊をするコンクリートを、粘りのある鉄筋と一体化することで、耐震性を確保した構造物となる。

[2] 外気に接するコンクリートがアルカリ性であるため、内部の鉄筋の錆を防いでいる。

> ・コンクリートと鉄筋は、線膨張率がほぼ等しく、温度変化に対して一体性を確保できるため、鉄筋コンクリートとして成立している。

## 2 柱

[1] 柱は、地震時の脆性破壊の危険を避けるため、軸方向圧縮応力度が小さくなるよう計画し、変形能力を大きくする。

[2] 柱の小径は、構造耐力上主要な支点間距離の1／15以上とする。

[3] 柱の主筋の断面積の総和は、コンクリート全断面積の0.8%以上とする。ただし、引張鉄筋比が大きくなると付着割裂破壊が生じやすくなるので注意する。

[4] 柱の帯筋比は、0.2%以上とする。帯筋比が大きいほどせん断耐力は大きくなる。

[5] 帯筋に異形鉄筋D10を使用する場合、原則としてその間隔は100mm以下とする。

[6] 柱の脆性破壊防止のため、**断面積に対する軸力の割合**（軸方向圧縮応力度）を小さくする。

[7] **柱のせん断強度が、曲げ降伏強度を上回るように設計し、変形能力を高める。**

[8] 柱の靭性を確保するためには、帯筋の径を太くするよりも、間隔を密にすることや中子筋（副帯筋）を用いることが重要である。

[9] 柱のじん性を確保するため、短期軸方向力を柱のコンクリート全断面積で除した値は、コンクリートの設計基準強度の1/3以下とする。

[10] 同一階に同一断面の短柱と長柱が混在する場合には、地震時に応力が短柱に集中し、せん断破壊を起こしやすくなるため、**短柱の腰壁や垂壁にはスリットを設け構造的に縁を切る。**

[11] 柱梁接合部内の帯筋比は、0.2%以上とする。

[12] 柱梁接合部内の帯筋間隔は、150mm以下とし、かつ隣接する柱の帯筋間隔の1.5倍以下とする。

[13] スパイラル筋を用いる場合、その重ね継手の長さは50d以上、かつ300mm以上とする。

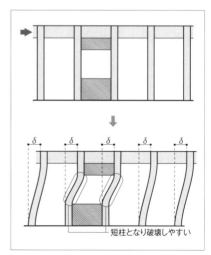

**図3** | **短柱・長柱の変形**
（腰壁や垂壁にスリットを設けていない場合）

短柱となり破壊しやすい

### 3 梁

[1] 大梁は、原則として曲げ降伏がせん断破壊よりも先行する破壊形式として設計し、建物の靭性を確保する。

[2] 梁の圧縮鉄筋は、靭性の確保・クリープによるたわみ防止等に効果があり、構造耐力上主要な梁は、全スパンにわたり上端と下端に配筋する腹筋梁とする。

[3] あばら筋の径は、異形鉄筋D10以上とし、あばら筋比は0.2%以上とする。あばら筋比が大きいほどせん断耐力は大きくなる。

[4] あばら筋に異形鉄筋D10を使用する場合、その間隔は、梁せいの1/2以下かつ250mm以下とする。

[5] 梁貫通孔の直径は、梁せいの1/3以下とし、同じ梁に複数の貫通孔を設ける場合の孔の中心間隔は、孔径の3倍以上とする。

[6] 梁貫通孔による構造耐力の低下は、曲げ耐力よりせん断耐力のほうが著しい。

memo >>>>

- 柱の帯筋の間隔 ‥‥‥‥‥‥‥ 100mm以下
  柱梁接合部の帯筋の間隔 ‥‥ 150mm以下
  梁のあばら筋の間隔 ‥‥‥‥‥ 250mm以下

### 4 耐震壁

[1] 耐震壁は、建物の重心と剛心との距離が小さくなるようにバランスよく配置する。

[2] 耐震壁の水平耐力は、曲げ・せん断・浮上りなどを考慮して、総合的に求める。

[3] 耐震壁の壁厚は、120mm以上かつ壁の内法高さの1/30以上とする。

[4] 耐震壁のせん断補強筋比は、直行する各方向に対して、それぞれ0.25%以上とする。

[5] 耐震壁の剛性評価は、曲げ変形・せん断変形・回転変形を考慮する。

[6] 耐震壁に小さな開口がある場合でも、耐震壁として扱うことができるが、開口部には適切な補強筋を配置する必要がある。

[7] 開口のある耐震壁では、開口隅角部には斜め引張力が、開口周囲には縁応力が生じるため、前者には斜め筋、後者には縦筋および横筋を用いて補強する。

### 5 床スラブ

[1] 床スラブは、床荷重を支える強さと、たわみや振動による障害が生じない剛性が必要である。

[2] スラブの配筋は、各方向の全幅について、コンクリート全断面積に対する鉄筋断面積の割合を0.2%以上とする。

## 2-4 鉄骨構造

重要 >>>>

・高力ボルト接合および各種溶接の特徴を良く理解すること。

### 1 鋼材

[1] 鋼材は強度や靭性が大きく、部材断面を小さくすることが可能だが、細長い部材や薄い部材は座屈しやすくなるため、座屈に関する検討が必要である。

[2] 鋼材の引張強さは、含まれる炭素量によって異なり、一般に炭素含有量が0.8%前後のときに引張強さは最大となる。

[3] H形鋼は、フランジやウェブの幅厚比が大きくなると局部座屈を起こしやすい。

[4] スカラップとは、溶接線の交差による割れ等の溶接欠陥や材質劣化を防ぐために、一方の母材に設ける扇型の切り欠きのことである。

[5] スチフナーとは、主にウェブプレートの座屈防止として用いられる鋼板のことである。

## 2 高力ボルト接合等

[1] 高力ボルト摩擦接合は、接合部材を高張力の高力ボルトで締め付け、接合部材間に生じる摩擦力により応力を伝達させる接合方法である。

[2] 摩擦面は、赤錆状態またはショットブラスト等の表面処理を行う。摩擦面のすべり係数は0.45以上とする。

[3] 高力ボルト摩擦接合は、2面摩擦の場合、許容せん断力は1面摩擦の2倍になる。

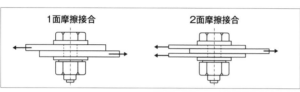

図4 | 高力ボルト摩擦接合

[4] 高力ボルト摩擦接合は、せん断力のみが作用する場合、繰返し応力による影響を考慮しなくて良いが、せん断力と引張力が同時に作用する場合は、許容応力度の低減を行う。

[5] 高力ボルト摩擦接合とする場合、接合部材の断面性能にはボルト孔による断面欠損を考慮する。

[6] 高力ボルト相互間の中心距離は、その径の2.5倍以上とする。

[7] 構造耐力上主要な部分に普通ボルト接合を用いる場合には、延べ面積3,000m²以下、軒下9m以下、はり間13m以下の規模等の制限がある。

## 3 溶接

[1] 溶接する箇所を溶接継目といい、突合せ溶接（完全溶込み溶接）・隅肉溶接・部分溶込み溶接がある。

[2] 突合せ溶接は、突合せた母材に開先を作り、そこを溶着金属で埋めて接合する溶接継目である。十分な管理が行われている場合、その許容応力度を接合させる部材の許容応力度とすることができる。

[3] 突合せ溶接の余盛は、応力集中を避けるため、滑らかに仕上げることが重要である。

[4] 隅肉溶接は、隅角部に溶着金属を盛って接合する溶接継目である。接合する母材間の角度が60°以下、または120°以上である場合には応力を負担させてはならない。

memo ▶▶▶▶

・応力を負担させる場合は、母材間の角度は60°〜120°の範囲とするということ。

［5］ 部分溶込み溶接は、接合部の全断面ではなく、部分的に溶け込ませて接合する溶接継目である。**せん断力のみを受ける場合に使用**でき、溶接線と直角方向に引張力を受ける場合や、溶接線を軸とする曲げを受ける場合には使用できない。また、繰返し応力を受ける箇所にも使用できない。

### 4 ｜ 継手

［1］ 高力ボルト接合と溶接接合を併用する継手を併用継手という。

［2］ 併用継手の場合、**応力を分担できるのは、溶接と先に施工された高力ボルト**である。高力ボルトが後に施工された場合は、溶接のみで応力を負担する。

memo >>>>

- 先に溶接を行うと鋼板が変形し、後に施工する高力ボルトの力が鋼板に正しく伝わらないため。

### 5 ｜ 柱脚

［1］ 鉄骨造の柱脚は、露出柱脚・根巻き柱脚・埋込み柱脚に分類できる。

［2］ 柱脚の固定度は、埋込み柱脚＞根巻き柱脚＞露出柱脚となる。

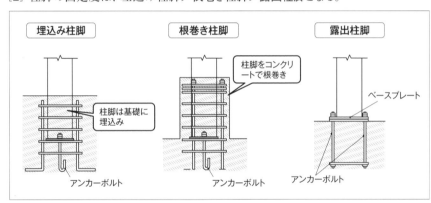

**図5｜柱脚の分類**

# 2-5 木 質 構 造

### 1 ｜ 木造軸組工法（在来工法）

日本で発達した伝統工法を簡略化し発展させた構法で在来工法とも呼ばれている。基礎上部の土台の上に柱を立てて、桁・梁を架け、梁の上に大引や根太を設け、床を構成し、小屋組により屋根を支える構造である。

#### 1 ｜ 特徴

［1］ 主に柱や梁で構成されており、**間取りや開口部等の配置や大きさの計画が比較的自由にできる。**

［2］ 地震や風力等による水平力に抵抗するため、筋違いや構造用合板等の耐力壁や耐力床を一定量以上設ける必要がある。

### 2 ｜ 留意事項

[1] 2階建ての建築物における隅柱は、通し柱を原則とするが、接合部を通し柱と同等以上の耐力を有するように補強した場合、通し柱としなくともよい。

[2] ボルト等の径に加える接合金物の孔あけ加工の大きさは、M16未満の場合は＋1.0mm、M16以上の場合は＋1.5mmとする。

[3] 同一の接合部にボルトと釘を併用する場合、釘は変形初期の耐力が大きく、ボルトは変形後期の耐力が大きく、両者が最大の耐力を発揮するタイミングが異なるため、両者の許容耐力を加算することはできない。

## 2　木造枠組壁工法（ツーバイフォー）

枠組壁工法は、主要な枠組部を構成する木材に、2×4インチの構造用製材（規格品）を使用することから2×4(ツーバイフォー)工法ともいわれている。

自重などの鉛直荷重を屋根面や床面から壁に伝えると同時に、地震力などの水平力を耐力壁で抵抗させる一種の耐力壁構造といえる。

### 1 ｜ 特徴

[1] 長所としては、接合部は軸組工法に比べ、複雑な加工が不要であり、施工に高度な技術を要さないため、人件費削減や工期短縮等が可能となる。

[2] 短所としては、構造的に耐力壁が必要で、間取りや窓の大きさ等の制限を受け、将来、開口部の拡大や増改築が難しくなる。

## 3　大断面集成材工法

集成材とは、複数の乾燥させたひき板(ラミナ)や小角材等を接着材で張り付けた木質材料のことで、大断面集成材を用いることにより、ドームや大空間となる体育館等の木造大スパン構造物が可能となる。

### 1 ｜ 特徴

[1] 構造用集成材は、ひき板(ラミナ)または小角材を繊維方向がほぼ同じ方向に集成接着したものであり、弾性係数、基準強度は一般的な製材と比べ同等以上である。

[2] 直交集成板（CLT）は、ひき板(ラミナ)を幅方向に並べたものを、その繊維方向が直交するように積層接着した木質材料であり、弾性係数、基準強度は一般的な製材の繊維方向の値と比べ同等以下である。ただし、木材の異方向による強度の違いが直交することで軽減され、木材の欠点が分散され品質が安定し、強度の高い大断面構造用パネルが作れることで、中大規模木造建築物の構造材として利用されている。

### 2 ｜ 留意事項

[1] 大断面材に設ける標準的なボルト孔の心ずれの許容誤差は±2mm以下である。

[2] 集成材にあけるドリフトピンの孔あけ加工の大きさは、M16未満の場合は＋1.0mm、M16以上の場合は＋2.0mmである。

[3] 柱の長さの許容誤差は、±3mm以下である。

[4] 大梁材の曲がりの許容誤差は、長さの1/1,000以下である。

[5] 大規模な木造架構の場合は、建方の進行とともに小区画に区切って、建て入れ直しをしながら建方を進める。

# 2-6 その他の構造

重要>>>> ・免震構造の仕組みを理解すること。

## 1 鉄骨鉄筋コンクリート造

[1] 鉄骨鉄筋コンクリート造 (SRC造) は、鉄骨造 (S造) と鉄筋コンクリート造 (RC造) の合成構造である。

[2] 鉄骨鉄筋コンクリート造は、鉄筋コンクリート造に比べ耐震性があり、鉄骨造に比べ耐火性がある。

## 2 免震構造 図6

[1] 免震構造は、鉛直荷重を支えつつ地震による水平方向の力から絶縁しようとする機能と、地震入力エネルギーを吸収しようとする機能をもつ構造である。

[2] 水平方向の応答加速度を大きく低減することができるが、上下方向の応答加速度を低減する効果は期待できない。

[3] 絶縁機能を、アイソレーター(支承体)といい、一般には積層ゴムが使われている。アイソレーターは、上下方向には高い剛性を有しており、免震効果はない。

[4] 吸収機能は、ダンパー(減衰器)といい、粘性体・鋼材・鉛等が使われている。

[5] 免震構造では、上部構造全体の重心と免震部材全体の剛心とのずれを極力小さくすることで、ねじれの影響を少なくする。

[6] 地下部分に免震装置を設置した場合には、免震構造の機能を発揮するために、建物と周囲の地盤との間にはクリアランスが必要である。

[7] 中間階に免震装置を設置する場合には、火災に対して積層ゴムを保護する必要がある。

[8] 免震構造の建築物は、そうではない建築物よりも地震エネルギーを吸収するため、固有周期が長くなる。

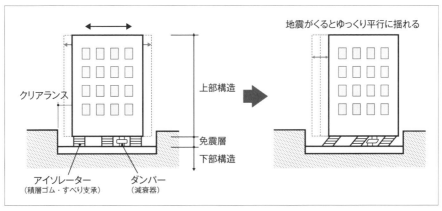

図6 免震構造の例

# 3 構造力学

POINT
出題傾向と
ポイント

● 「建築学」からの15問の出題のうち「構造力学」に関する出題は、例年3問程度である。出題範囲は広く難易度も高い。簡単に解けそうな問題をすばやく探し出すのが重要である。四肢一択問題であるが、ほかの問題とは異なり、正しいものを選ぶ設問が多いので間違えないように注意する。

## 3-1 力

### 1 力のモーメント

[1] 力のモーメントとは、ある物体を回転させようとする力を表す。

- $M = p \cdot l$

  M：モーメント

  $p$：作用する力

  $l$：基準点Oから力の作用点までの距離

[2] 回転させようとする方向が時計回りを正（＋）、反時計回りを（−）とする。

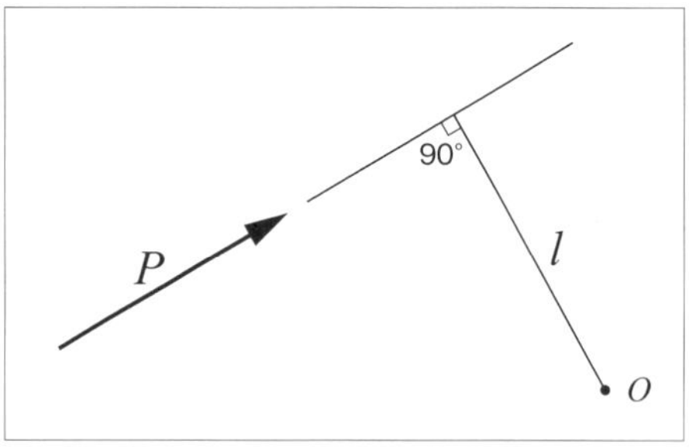

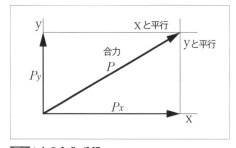

図1｜力のモーメント

### 2 力の合成と分解

[1] 物体に複数の力が作用する場合、これらの力と同じ効果を有する1つの力にまとめることを力の合成という。

[2] 物体に作用する1つの力を、この力と同じ効果を有する複数の力に分けることを力の分解という。この分解された力を分力という。

図2｜力の合成・分解

### 3 力のつり合い

[1] 物体に複数の力が作用しても静止している場合、これらの力はつり合い状態にあるという。

[2] 力がつり合うための条件

　　ΣX ＝ 0：水平方向の力の総和が0

　　ΣY ＝ 0：垂直方向の力の総和が0

　　ΣM ＝ 0：ある点回りのモーメントの総和が0

# 3-2 構造物

重要>>>>

・曲げモーメント図に関する問題が良く出題される。

## 1 支点と節点

[1] 構造物を支持する点を支点といい、表1 による。

表1 | 支点の種類

| 支点の種類 | 記号 | 支持できる力の種類 | |
|---|---|---|---|
| 移動端<br>(ローラー) | △ | ▽<br>↓V 反力V(鉛直方向) | 水平移動、回転できる支点。鉛直方向の力だけ指示できる |
| 回転端<br>(ピン・ヒンジ) | △ | H←→▽<br>反力V(鉛直方向)<br>↓V 反力H(水平方向) | 回転だけできる支点。鉛直方向、水平方向の力を支持できる |
| 固定端<br>(フィックス) | | M↰<br>H←<br>↓V<br>反力V(鉛直方向)<br>反力H(水平方向)<br>反力M(回転方向) | 鉛直方向、水平方向、回転に対して支持できる |

[2] 構造物を構成する部材と部材との接合点を節点といい、表2 による。

表2 | 節点の種類

| 節点の種類 | 記号 | 動き方 | 伝達できる力 |
|---|---|---|---|
| 滑節点<br>(ピン・ヒンジ) | | | 各部材が、節点を中心に自由に回転できる<br>⇒ 軸方向力、せん断力 |
| 剛節点 | | θ θ | 部材が剛に接合され、部材と部材の節点角が等しく動く<br>⇒ 軸方向力、せん断力、曲げモーメント |

## 2 反力

[1] 構造物を支持する支点等に力が作用すると、その力とつり合うように各支点に**反力**が生じる。

[2] 反力の求め方

  **1)** 各支点に支点の種類に応じた反力を仮定する。

  **2)** 仮定した反力と作用している荷重に対して、連立方程式をたて、未知数である反力を求める。

$$\Sigma X = 0、\Sigma Y = 0、\Sigma M = 0$$

  **3)** 求めた反力の符号(＋－)により、仮定した反力の向きを確認する。－(マイナス)のときは仮定した向きが逆である。

EXERCISE

## 反力の算定

図に示す剛体に作用する平行な3力 $P_1$、$P_2$ および $P_3$ とこれらの力につり合うための平行な上向きの力 $P_A$、$P_B$ の大きさの組合せとして、正しいものはどれか。

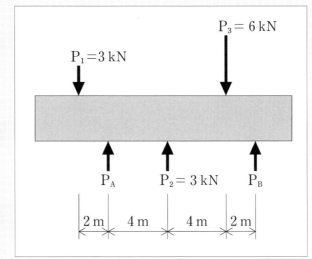

|  | $P_A$ | $P_B$ |
|---|---|---|
| 1. | 1 kN | 5 kN |
| 2. | 2 kN | 4 kN |
| 3. | 3 kN | 3 kN |
| 4. | 4 kN | 2 kN |

### 解答方法

$P_A$、$P_B$ が作用している点をA、Bとする。

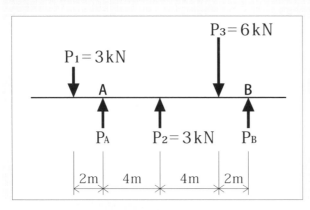

A点のモーメントのつり合いを考える。

$-3kN×2m-3kN×4m+6kN×8m-P_B×10m=0$　（時計回り：＋、反時計回り：－）

$\therefore P_B = \dfrac{-6-12+48}{10} = 3kN$

鉛直方向のつり合いを考える。

$P_1+P_3=P_A+P_2+P_B$

$\therefore P_A=P_1+P_3-P_2-P_B=3+6-3-3=3kN$

### 正解　3

## 3 安定・不安定

[1] 安定構造物とは、荷重や外力が作用しても、移動や形状の崩れ（変形）が生じない構造物のことである。

[2] 不安定構造物とは、荷重や外力が作用すると、移動したり形状が崩れてしまう構造物のことである。

[3] 静定構造物とは、安定構造物で、作用する荷重や外力に対して、力のつり合い条件により、すべての反力・応力が求められる構造物のことである。

[4] 安定・不安定・静定・不静定の一般的判別式

$$m = n + s + r - 2k$$

$m < 0$ ：不安定
$m = 0$ ：安定で静定
$m > 0$ ：安定で不静定

| m：不静定次数 |
| --- |
| n：支点反力数の合計 |
| s：部材総数 |
| r：剛接合された部材数 |
| k：節点の総数 |

## 4 応力

構造物を構成する部材・部位において、力のつり合い条件は成立していなければならない。応力とは、構造物が荷重および外力を受けたとき、部材内で作用する同じ大きさで向きが反対の一対の力やモーメントのことである。

[1] 軸方向力（N）図3
  1）材軸方向に部材を変形させる働きのある応力
  2）引張力：＋
  3）圧縮力：－

図3｜**軸方向力**

[2] せん断力（Q）図4
  1）材軸と直角方向に部材を断ち切ろうとする働きのある応力
  2）時計回りの変形：＋
  3）反時計回りの変形：－

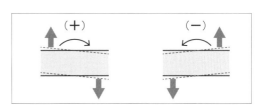

図4｜**せん断力**

[3] 曲げモーメント（M）図5
  1）部材を曲げようする働きのある応力
  2）部材の下側が伸びる変形：＋
  3）部材の上側が伸びる変形：－

図5｜**曲げモーメント**

[4] 応力の求め方
  1）応力を求めたい位置で構造物を切断する。
  2）切断面で応力（軸方向力・せん断力・曲げモーメント）を仮定する。
  3）切断された片側で、荷重・反力ならびに仮定した応力に対して、連立方程式をたて、未知数である応力を求める。

[**5**] 梁の曲げモーメント図の傾向

    **1**）集中荷重の作用点で折れ曲がる。

    **2**）等分布荷重の場合、2次曲線となり、等変分布荷重の場合、3次曲線となる。

    **3**）荷重のない部分では直線となる。

    **4**）ピン、ローラーの支点では、モーメント荷重がなければ曲げモーメントは0になる。

    **5**）固定端の曲げモーメントは、モーメントの反力と同じ値になる。

EXERCISE
**過去問題**
平成19年
No.10
—
平成26年
No.10

**曲げモーメント図**

**単純梁およびその梁のせん断力図が下図のようであるとき、その曲げモーメント図として、正しいものはどれか。**

**ただし、曲げモーメントは材の引張り側に描くものとする。**

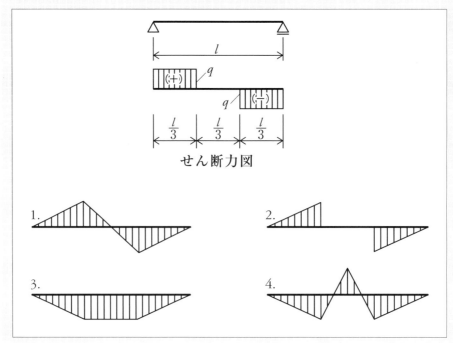

**解答方法**

設問のせん断力図から **図A** のように荷重と反力を求める。

A、B、C、D各点の曲げモーメントは、

$M_A = 0$

$M_B = V_A \times \dfrac{1}{3}$

$M_C = V_B \times \dfrac{1}{3}$

$M_D = 0$

したがって曲げモーメント図は **図B** のようになる。

**正解　3**

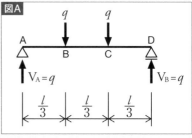

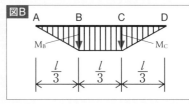

# 3-3 部材

## 1 断面性能

[1] 断面二次モーメントとは、曲げモーメントに対する部材の剛性（曲げにくさの指標）を表す断面性能である。

[2] 長方形断面の図心を通る軸に対する断面二次モーメントは次式で表せる。

$$Ix = \frac{BD^3}{12} \qquad Iy = \frac{B^3D}{12}$$

 memo >>>>

・梁の断面二次モーメントは梁せいの3乗に比例する。梁をたわみにくくするためには、梁幅よりも梁せいを大きくするのが効果的。

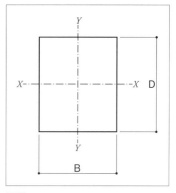

図6 | 長方形断面

[3] 同一の軸に対する断面二次モーメントは足し算や引き算ができる。

EXERCISE
過去問題
令和3年
No.8

**断面二次モーメントの算定**

図に示す断面の X−X軸に対する断面二次モーメントの値として、正しいものはどれか。

1. $56\,a^3$
2. $56\,a^4$
3. $72\,a^3$
4. $72\,a^4$

### 解答方法

図形はX軸に対して対称となっているので、次の公式を用いて断面二次モーメントを求める。

$$Ix = \frac{BD^3}{12}$$

長方形（図A）の断面二次モーメントから欠けた部分の図形（図B）の断面二次モーメントを引き算する。

$$Ix = \frac{4\,a \times (6\,a)^3}{12} - \frac{3\,a \times (4\,a)^3}{12}$$
$$= \frac{a^4}{12} \times (864 - 192) = 56\,a^4$$

**正解　2**

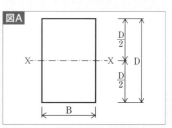

図A

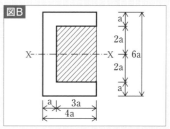

図B

共通

建築施工

施工管理法

法規

過去問題と解答

［**4**］長方形断面の図心を通る軸に対する断面係数は次式で表せる。

$$Zx = \frac{BD^2}{6} \qquad Zy = \frac{B^2D}{6}$$

## 2 応力度

［**1**］部材内部では外力の作用による変形に対して、**元に戻ろうとする力**（内力・応力）が生じる。単位面積あたりについて**定量的に表した応力を応力度**という。

［**2**］軸方向力による応力度：均質な直線部材が軸方向力（N）を受けると、在軸に直角な断面には、一様な垂直応力度（σ）を生じる。

　　$\sigma = N / A$（A：断面積）

［**3**］曲げモーメントによる応力度：梁等の横架材に、上部から湾曲させるような荷重や外力が作用した場合、梁には曲げによる変形が起こる。このとき、材軸に直角な断面には垂直応力度が生じ、応力度が一番大きくなるのは断面の縁であり、ここでの応力度は次式となる。

　　$\sigma = M / Z$（M：曲げモーメント、Z：断面係数）

## 3 ひずみ・弾性

［**1**］部材に荷重が作用すると、部材は伸び・縮みの変形を起こす。部材のもとの長さ（L）に対する変形量（$\Delta l$ ひずみ）の割合を**ひずみ度**（ε）という。

　　$\varepsilon = \Delta l / L$

［**2**］物体に力を加えるとひずみが生じるが、力を取り去ると、元の形に戻るという性質を弾性という。また外力を取り除いても原形に戻らない（ひずみが残る）ことを塑性という。

［**3**］弾性体では応力度（σ）とひずみ度（ε）は比例関係にある。**この比例定数をヤング係数**（弾性係数）Eという。

　　$E = \sigma / \varepsilon$

memo ▸▸▸▸

- ヤング係数とは、材料の変形のしにくさを表し、材料によって異なる。ヤング係数の数値が大きいほど変形しにくい材料である。

## 4 たわみ

[**1**] 梁に荷重が作用すると、梁は湾曲し、そのときの**変位量**をたわみ($\delta$)という。代表的な梁の
最大たわみは**図7**による。

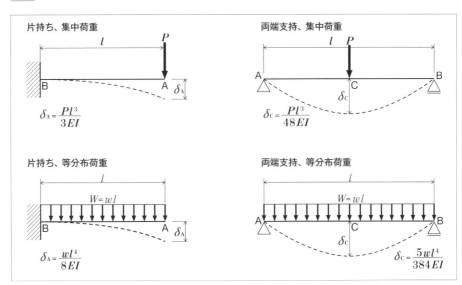

**図7 | 代表的な梁のたわみ**

[**2**] 梁のたわみは、荷重(集中荷重 $p$ または等分布荷重 $w$)とスパン($l$)の3乗または4乗に比例し、
ヤング係数(E)と断面二次モーメント(I)に反比例する。

## 5 座屈

[**1**] 細長い材や薄い材に、在軸と平行に圧縮力を作用させた場合、その力がある限界を超え
ると、その材が急に曲がりだす現象を座屈という。そのときの荷重を座屈荷重($P_k$)という。

$P_k = \pi^2 EI / l_k^2$

(E:ヤング係数、 I:断面二次モーメント、 $l_k$:座屈長さ)

$\sigma_k = P_k / A = \pi^2 EI / l_k^2 A = \pi^2 E / \lambda^2$

($\sigma_k$:座屈応力度、 A:断面積、 i:断面二次半径 $=\sqrt{I/A}$、 $\lambda$:細長比 $= l_k / i$)

[**2**] 部材は、ヤング係数(E)・断面二次モーメント(I)が大きいほど、座屈長さ($l_k$)・細長比($\lambda$)が
小さいほど座屈しにくい。

[**3**] 座屈長さは、材端の移動に対する条件、支持条件により異なり、**表3**(次ページ)による。

**表3 | 座屈長さ $l_k$**

| 水平移動条件 | 拘束 | | | 自由 | |
|---|---|---|---|---|---|
| 回転条件 | 両端ピン | 一端ピン<br>他端固定 | 両端固定 | 両端固定 | 一端ピン<br>他端固定 |
| 座屈形状 | 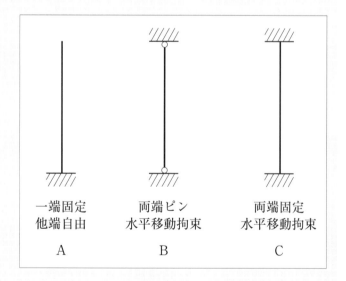 | | | | |
| 座屈長さ $l_k$ | $l$ | $0.7l$ | $0.5l$ | $l$ | $2l$ |

EXERCISE
**過去問題**
平成17年
No.10
—
平成24年
No.10

**座屈長さの比較**

図に示す材端条件を持つ長柱A、BおよびCが中心圧縮力を受けるときの座屈長さの大小関係として、**正しいものはどれか。**

ただし、柱の材質および断面は同一とし、長さは等しいものとする。

1. A > B > C
2. A > C > B
3. B > A > C
4. C > B > A

|   |   |   |
|---|---|---|
| 一端固定<br>他端自由 | 両端ピン<br>水平移動拘束 | 両端固定<br>水平移動拘束 |
| A | B | C |

**解答方法**

単純な支持条件を持つ材の座屈長さ $l_x$ は、**表3** により、両端の支持条件と材長 $l$ とにより異なる。

長柱Aの座屈長さ：$2l$ ⎫
長柱Bの座屈長さ：$l$ ⎬ A > B > C
長柱Cの座屈長さ：$0.5l$ ⎭

**正解　1**

# 4 建築材料

POINT
出題傾向と
ポイント

● 「建築学」からの15問の出題のうち「建築材料」に関する出題は、例年5問程度である。
　セメント・コンクリート・鋼材・防水材料等に関する出題が多い。

## 4-1 木 材

[1] 木材の狂い、割れ、耐久性などは、含有水分に大きく影響される。

[2] 含水率が繊維飽和点(含水率30%程度)以下の場合、含水率が小さいほど、木材の強度は大きくなる。

[3] 繊維方向の強さの大小関係は、曲げ>圧縮>引張り>せん断である。

[4] 含水率が同じ場合、比重の大きいものほど
　　強度は大きい。

[5] 木材の収縮率の大小関係は、**年輪の円周方向（T）>年輪の半径方向（R）>繊維方向（L）**である。

[6] 木材の膨張収縮率は、含水率が繊維飽和点以下では含水率にほぼ比例する**図1**。

[7] 心材は辺材に比べ、硬く耐久性が大きく、収縮率は小さい。

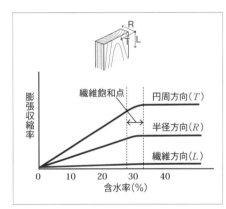

**図1** **含水率と膨張収縮率との関係**

memo >>>>
- 1級では木材に関する出題は少ないが、最近、国産材の利用推進等、木材は注目を浴びつつあるので要注意。

## 4-2 セメント・コンクリート

重要 >>>>
- 各種セメントの使用目的等の特徴に関して、十分に理解すること。

### 1 セメントの種類と特徴

[1] 普通ポルトランドセメントとは、最も汎用性の高い一般的なセメント。国内使用セメントの約85%。

[2] 早強ポルトランドセメントとは、粉末が普通ポルトランドセメントより細かく(ブレーン値大)、早期に強度を発揮するため、工期短縮が可能、また、水和熱が大きいため寒中コンクリートに適する。

［3］中庸熱ポルトランドセメントとは、水和熱の発生を少なくするように作られたセメント。ダム・道路、夏期の使用に適する。普通ポルトランドセメントより強度発現が遅い。

［4］高炉セメント（B種）とは、高炉スラグを混合したセメント。普通ポルトランドセメントより初期強度は小さいが長期強度は大きい。耐海水性や化学抵抗性が大きく、**アルカリ骨材反応の抑制に効果がある**。

［5］フライアッシュセメントとは、フライアッシュ(石炭灰)を混合したセメント。B種は普通ポルトランドセメントよりワーカビリティーが良く、**アルカリ骨材反応の抑制に効果があり**、水和熱が小さく、マスコンクリートに適する。

［6］エコセメントは、都市ごみ焼却灰を主とし、必要に応じて下水汚泥等を加えたものを主原料として製造される資源リサイクル型のセメントである。

表1 | セメントの種類と用途

| 種類 | | 特性 | 用途 |
|---|---|---|---|
| ポルトランドセメント | 普通ポルトランドセメント | ●一般的なセメント | ●一般のコンクリート工事 |
| | 早強ポルトランドセメント | ●普通ポルトランドセメントより早く強度を発揮する<br>●低温でも強度を発揮する | ●寒冷期工事<br>●プレキャストコンクリート製品<br>●プレストレストコンクリート |
| | 中庸熱ポルトランドセメント | ●普通ポルトランドセメントより初期強度は小さいが、長期強度はほとんど差がない<br>●乾燥収縮が小さく、水和熱も小さい。 | ●マスコンクリート<br>●高強度コンクリート<br>●高流動コンクリート |
| | 低熱ポルトランドセメント | ●中庸熱ポルトランドセメントより水和熱が小さく、強度発現が遅い<br>●長期強度が大きく乾燥収縮が小さい | ●マスコンクリート<br>●高流動コンクリート<br>●高強度・超高強度コンクリート |
| 高炉セメント（B種） | | ●普通ポルトランドセメントに比べ初期強度は小さく、低温期の強度発現は遅いが、長期強度は大きい<br>●耐海水性、化学抵抗性に優れる<br>●アルカリ骨材反応を抑制する | ●普通ポルトランドセメントと同様な工事<br>●マスコンクリート・海水・硫酸塩・熱の作用を受けるコンクリート<br>●水中・地下構造物コンクリート |
| フライアッシュセメント（B種） | | ●普通ポルトランドセメントに比べワーカビリティーがよい<br>●湿潤養生をすれば、普通ポルトランドセメントに比べ長期強度は大きい<br>●乾燥収縮が小さい<br>●水和熱が小さい<br>●アルカリ骨材反応を抑制する | ●ポルトランドセメントと同様な工事<br>●マスコンクリート・水中コンクリート |
| 白色ポルトランドセメント | | ●白色度が高い<br>●顔料を用い着色できる | ●着色コンクリート<br>●コンクリート製品 |

## 2 セメントの性質

［1］水和熱とは、セメントに水を加えてから、ある材齢までの一定期間に発生した熱量の総和のことである。

［2］セメントの風化とは、大気中の水分や二酸化炭素を吸収して、セメントの品質が低下し、所定の強度が出なくなる現象のことである。

memo >>>>

・セメントは、風化するので、風通しの良い場所に保管してはダメ。

[3] 比表面積（ブレーン値）とは、セメント1gあたりの粒子の全表面積のことで、セメント粒子の細かさを表す。この値が大きいほど細かく早期強度を得られるが、水和熱によるひび割れなどの弊害をともなうことがある。

memo >>>>

・ブレーン値が大きいほど、セメントの粒が細かい。決して1粒の表面積が大きいのではない。

## 3 コンクリートの材料

memo >>>>

・コンクリートの調合に関しては、「第3章 1 躯体施工 1-5 鉄筋コンクリート工事」の項を参照。

[1] セメントに水と砂を混ぜたものをモルタルといい、モルタルに砂利を加えたものがコンクリートである。

[2] 骨材は粒径により、細骨材（砂）と粗骨材（砂利）に区分される。

[3] AE剤はコンクリート中に気泡を発生させる混和剤のことで、ワーカビリティーの改善とともに、コンクリートの凍結融解作用に対する抵抗性を増し、耐久性を向上させる。

[4] AE減水剤は所要のスランプを得るのに必要な単位水量を減少させるための混和剤のことで、単位水量とともに単位セメント量も減少させることができる。コンクリートの凍結融解作用に対する抵抗性を増すことはない。

memo >>>>

・単位水量とともに、単位セメント量も減少させることができるのは、AE減水剤で、AE剤ではない。

## 4 コンクリートの性質

[1] コンクリートのヤング係数は、コンクリート圧縮強度が大きいほど大きくなる。

[2] 単位数量の小さいコンクリートほど、乾燥収縮が小さくなる。

[3] 水セメント比を小さくするほど、コンクリートの中性化速度は遅くなる。

[4] ワーカビリティーとは、材料分離を生じさせることなく、運搬、打込み、締固め、仕上げなどの作業が容易にできる程度のことである。

[5] アルカリ骨材反応とは、骨材に含まれる反応性骨材が、コンクリート中のアルカリと反応して、コンクリート表面に亀甲状のひび割れや骨材のポップアウト現象を起こすことである。対策は下記による。

1) 安全な骨材の使用。

2) 低アルカリ形セメントの使用。

3) 抑制効果のある混合セメント（高炉セメントB種、フライアッシュセメントB種）の使用。

4) コンクリート中の総アルカリ量を3.0kg／m³以下（Na₂O換算）にする。

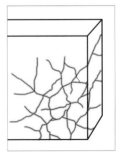

図2 | アルカリ骨材反応によるひび割れ

# 4-3 金属

## 1 鋼材

[1] 引張強さに対する降伏強度の比を降伏比といい、一般に降伏比の高い鋼材は、変形能力は小さい。高張力鋼は降伏比が大きくなる傾向がある。

[2] **炭素量の増大**とともに、**引張強さは増大**するが、**伸びは減少する**。

[3] 鋼材の**引張強さは、250～300°で最大**になり、それ以上の温度になると、引張強さは急激に低下する。

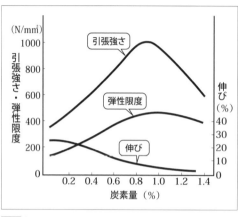

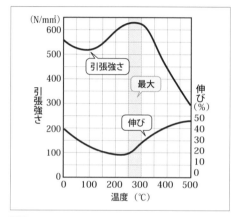

**図3│炭素量による性質**　**図4│温度による性質**

[4] 鉄鋼材のヤング係数は$2.05 \times 10^5$N／mm²で、**コンクリートの約10倍**である。

[5] 銅やクロム、ニッケル、リン等を添加すると、耐候性が向上する。

[6] SS鋼(一般構造用圧延材)は、もっとも一般的な鋼材である。

[7] SM鋼(溶接構造用圧延鋼材)は、溶接に適した鋼材である。

[8] SN鋼(建築構造用圧延鋼材)は、SM鋼をベースに建築構造専用として製造された鋼材である。A種は溶接を行わない部材に使用され、B種およびC種は、炭素当量の上限を規定して溶接性を改善した鋼材である。

[9] FR鋼(耐火鋼)はモリブデン、バナジウム等の元素を添加することで耐火性を高めた鋼材である。

[10] 低降伏点鋼は、添加元素を極力低減した純鉄に近い鋼で、強度を低くし、延性を高めた鋼材である。

[11] TMCP鋼は、熱加工制御により製造された高じん性で、**溶接性に優れた鋼材**である。

[12] ステンレス鋼は、鉄とクロム、ニッケルとの合金である。

[13] ステンレス鋼は、炭素量が増すと強度は増大するが、耐食性は低下する。

[14] ステンレス鋼のSUS430は、SUS304に比べ磁性が強く経済的である。

## 2 アルミニウム等

[1] 純アルミニウムは軟質のため、サッシなどの建築用材にはマグネシウムやケイ素を加えたアルミニウム合金が使用されている。

[2] 陽極酸化処理とは、アルミニウムの一般的な表面処理法である。

［3］アルミニウムのヤング係数は$0.7 \times 10^5$N／mm²で、鉄鋼材の約1／3である。

［4］アルミニウムの密度は2.7g／cm³で、鉄鋼材の約1／3である。

［5］鉛は、酸、その他薬液に対する抵抗性やX線遮断効果が大きく、耐酸性はあるが耐アルカリ性はない。

［6］チタンは、鋼材に比べ密度が小さく、耐食性に優れている。

# $4$-$4$　石材・タイル

重要>>>>
・各種石材の耐火性や耐酸性等の特徴に関して十分に理解すること。

## 1　石材

［1］主な石材の種類と特性は 表2 による。

表2 │ 石材の種類と特性

| 区分 | 岩種 | 石材名 | 特性 | | | | 用途 |
|---|---|---|---|---|---|---|---|
| | | | 耐久性 | 耐火性 | 吸水性 | その他 | |
| 火成岩 | 花崗岩 | 御影石、稲田石、北木石、万成岩 | 大 | 小 | 小 | ・圧縮に強い<br>・硬質<br>・大材が得やすい<br>・磨くと光沢が出る | 構造用、装飾用、床、階段 |
| | 安山岩 | 鉄平石、小松石 | 大 | 大 | 小 | ・光沢は得られない<br>・色調は不鮮明 | 割り石、間知石 |
| 水成岩 | 凝灰岩 | 大谷石、伊豆青石 | 小 | 大 | 大 | ・軟質軽量<br>・加工性大<br>・風化しやすい | 石垣、倉庫建築、室内装飾 |
| | 砂岩 | レッドサンドストーン、ホワイトサンドストーン | 小 | 大 | 大 | ・光沢なし | 石垣、外構 |
| | 石灰岩 | ライムストーン | 小 | 小 | 小 | ・加工性大<br>・曲げ強度小 | 室内床、室内壁、室内装飾 |
| | 粘板岩 | 雄勝石 | 大 | 大 | 小 | ・剥離性有<br>・材質織密<br>・色調黒 | スレート屋根材 |
| 変成岩 | 大理石 | 寒水石、オニックス、トラバーチン | 小 | 小 | 小 | ・材質織密<br>・光沢あり<br>・酸・雨水に弱い | 室内床、室内壁、室内装飾 |
| | 蛇紋岩 | 蛇紋石、鳩糞石、凍石 | 小 | 小 | 小 | ・大材は得にくい | 室内床、室内壁、室内装飾 |

memo >>>>
・花崗岩・安山岩は共に耐久性に優れているが、耐火性にも優れているのは安山岩のみ。

memo >>>>
・大理石は耐酸性・耐火性に劣るため、外部での使用は不適。酸洗いもダメ。

## 2 タイル

[1] タイルは、かつては吸水率により、磁器質タイル、せっ器質タイル、陶器質タイルと区分されていたが、現在は表3のように分類されている。

**表3｜吸水率による区分**

| 吸水率による区分 | 吸水率（％） |
| --- | --- |
| Ⅰ類 | 3.0以下 |
| Ⅱ類 | 10.0以下 |
| Ⅲ類 | 50.0以下 |

# 4-5 ガラス

**重要 >>>>**
> ・各種ガラスの製造方法や特徴に関して十分に理解すること。

[1] フロート板ガラスとは、一般的な透明ガラス。

[2] 型板ガラスとは、片面に型模様のある板ガラス。

[3] 網入り板ガラスとは、火災時の飛散防止を目的として、ガラスの中に金属網等を入れたガラス。

[4] 熱線吸収ガラスとは、ガラスの原料に微量の金属を添加して着色したもの。可視光線や太陽光輻射熱を吸収し、冷房負荷を軽減できる。

[5] 熱線反射ガラスとは、片側の表面に金属酸化皮膜を焼き付けたガラス。太陽光輻射熱を反射し、冷房負荷を軽減できる。反射膜の耐久性上、皮膜面を室内側にして用いる。

**memo >>>>**
> ・熱線吸収ガラスと熱線反射ガラスの製法の違いに留意すること。

[6] 合わせガラス 図5 とは、複数の板ガラスの間に樹脂などの中間膜を挟み接着したガラス。割れても破片が飛散せず**防犯性**に富む。

[7] 複層ガラス 図6 とは、複数の板ガラスの間に乾燥した空気を密閉したもの。断熱製・遮音性に優れ、結露防止効果がある。製造後、切断等の加工はできない。

[8] 強化ガラスとは、板ガラスを熱処理することで3～5倍の静的破壊強度を有したもの。割れた場合でも破片は粒状となるため安全性が高い。製造後、切断等の加工はできない。

[9] 倍強度ガラスとは、板ガラスを熱処理することで耐風圧強度・熱割れ強度を2倍に高めたもの。**割れた場合は強化ガラスのように破片は粒状とはならず、フロート板ガラスに近い割れ方になる。**製造後、切断等の加工はできない。

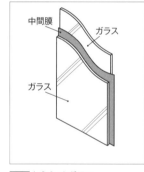

**図5｜合わせガラス**

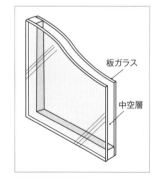

**図6｜複層ガラス**

**memo >>>>**
> ・合わせガラスと複層ガラスは、ともに複数のガラスを合わせたガラスだが、合わせガラスは防犯性が高く、複層ガラスは**断熱性**が高い。

# 4-6 防水材料

## 1 アスファルト防水

[1] アスファルト防水とは、アスファルトをフェルトにしみ込ませたシート状のアスファルトルーフィングを、溶融したアスファルトで3〜5枚張り重ねた古典的な防水である。

[2] ストレッチルーフィングとは、伸びやすい**合成繊維不織布にアスファルトを浸透させた**もので、伸び率が良く破断しにくい。

[3] 「ストレッチルーフィング1000」の数値1000は、製品の抗張積（引張強さと最大荷重時の伸び率との積）を表している。

[4] **改質アスファルトとは、合成ゴムまたはプラスチックを添加したアスファルト**で、強度や耐久性を持たせたものである。

[5] 改質アスファルトルーフィングシートは、温度特性によりI類とII類に分けられ、II類のほうが低温時の耐折り曲げ性がよい。

[6] アスファルトプライマーとは、ブローンアスファルトなどを揮発性溶剤に溶かしたもので、下地とアスファルトとの接着効果を高める下地処理剤である。

memo >>>>
- 「アスファルトルーフィング1500」とは、製品の単位面積質量が1,500g／m²以上であるということ。1,500g／巻という意味ではない。

## 2 シート防水

[1] ゴムシート防水とは、加硫ゴムを用いたルーフィングシートのことで、伸縮性に富んでいる。シート同士の接着は接着剤による。

[2] 塩化ビニルシート防水とは、塩化ビニル樹脂に可塑剤、充填剤などを添加して成形したルーフィングシートのこと。シート同士の接着は溶着や熱融着による。

## 3 塗膜防水

[1] 塗膜防水とは、屋根用塗膜防水材を塗り重ねて連続的な膜を構成する防水である。

[2] 使用材料により、ウレタンゴム系、ゴムアスファルト系、FRP系等のものがある。

[3] 通気緩衝シートは、塗膜防水層の破断やふくれの発生を軽減するために用いる。

[4] **一成分形ウレタンゴム防水材は、空気中の水分と反応して硬化し、ゴム弾性のある塗膜を形成する。**

[5] 二成分形ウレタンゴム防水材は、施工直前に主剤、硬化剤の2成分に、必要によって効果促進剤、充填剤などを混合して使用する。

memo >>>>
- 一成分形ウレタンゴム防水材と二成分形ウレタンゴム防水材の硬化方法の違いに留意すること。

### 4 シーリング材

[**1**] シーリング材とは、建築材料の隙間や目地を充填し、気密性、防水性などを高める材料のことをいう。

[**2**] 不定形シーリング材は、ペースト状のもので、充填して仕上げる。

[**3**] 不定形シーリング材には、予め施工に供する状態に調整されている一成分シーリング材と、施工直前に**基剤と硬化剤を練り混ぜて化学反応により硬化させる二成分シーリング材**がある。

memo >>>>
> ・二成分シーリング材＝基剤＋硬化剤

[**4**] 二成分ポリウレタン系シーリングは、耐熱性・耐候性にやや劣り、金属パネルや金属笠木などの目地には適さない。

[**5**] 定形シーリング材は、予め成形されたもので、ガスケットと呼ばれる。

[**6**] シリコーン系シーリング材は耐候性、耐熱性、耐寒性に優れているが、目地周辺に撥水汚染を起こしやすい。

[**7**] シーリング材のタイプは、用途による区分を表し、タイプGはグレイジング用、タイプFはグレイジング以外に使用するシーリング材を示す。

[**8**] **クレージング**とは、風雨などによって生じたシーリング材表面の細かい亀甲上のひび割れのことである。

memo >>>>
> ・グレイジングとはガラスを固定することで、クレージングとは
> シーリングのひび割れのこと。

## 4-7 内装材料

### 1 石膏ボード

[**1**] シージング石膏ボードとは、両面の紙と心材の石膏に**防水処理を施したもの**で、湿気の多いところで用いられる。

[**2**] 強化石膏ボードとは、心材にガラス繊維を混入して、火災時のひび割れや破損に対応させたもので、防火壁などに用いられる。

[**3**] 構造用石膏ボードとは、強化石膏ボードの性能を満たした上に、くぎ側面抵抗を強化したもので、耐力壁用の面材などに用いられる。

### 2 木質ボード

[**1**] 木材を薄くむいた単板を、互いに接着方向が**直交するように接着したものを合板**といい、一般にベニヤと呼ばれる。

[**2**] 合板は接着の程度により、1類と2類に分類されており、**1類のほうが耐水性に優れている**。

[3] 構造用合板は、強度により一級と二級がある。また、耐水性を考慮した接着性能により、特類と一類に区分されている。

[4] パーティクルボードとは、砕いた木材の小片を接着剤と混合し、板状に成形したもので、断熱性や遮音性に優れており、ホルムアルデヒド放散量による区分がある。

[5] 木質系セメント板は、木片などの木質原料およびセメントを用いて圧縮成形したものである。

[6] **集成材**とは、製材した板を繊維方向をそろえて**平行に接着**したものである。

———

memo ▸▸▸▸
- 合板（ベニヤ）は繊維方向が直交するように接着したもの、集成材は平行に接着したもの。

## 3 繊維強化セメント板

[1] フレキシブル板は、セメント、石綿以外の繊維、混和材料を原料として高圧プレスをかけた板で、高い強度とじん性を持つ不燃材である。

[2] ケイ酸カルシウム板は、石灰質原料、ケイ酸質原料、石綿以外の繊維、混和材料を原料として高温高圧蒸気養生をした板で、品質安定性や加工性に優れた不燃材である。

[3] 繊維強化セメント板（スレート波板）について規定されている**曲げ破壊荷重は、大波板よりも小波板のほうが小さい。**

———

memo ▸▸▸▸
- 曲げ破壊荷重：大波板＞小波板

## 4 床材

[1] ビニル床タイルは、バインダーの含有量により**ホモジニアスビニル床タイル**（バインダー含有量30%以上）と**コンポジションビニル床タイル**（バインダー含有量30%未満）に区分される。

———

memo ▸▸▸▸
- バインダーの量：
ホモジニアスビニル床タイル＞コンポジションビニル床タイル

———

[2] ビニル床シートは耐薬品性、耐摩耗性、耐水性に優れるが熱に弱い。

[3] リノリウムシートとは、あまに油、松油、コルク粉、木粉、炭酸カルシウム等を練りこんで、麻布を裏打ち材として成形したものである。

[4] ゴム床タイルは、天然ゴムや合成ゴムを主原料とした床タイルで、耐摩耗性は大きいが、**耐油性に劣る。**

[5] コルク床タイルは、天然コルク外皮を主原料とし、ウレタンやアクリル樹脂等で加工した床タイルである。

[6] **フローリングブロック**は、ひき板を2枚以上並べて接合したものを基材とした**単層フローリング**である。

[7] だんつうは、高級な手織りカーペットである。

## 4-8 左官材料

[1] セメントモルタルの混和材として、消石灰、ドロマイトプラスターを用いると、こて伸びがよく、平滑な塗り面が得られる。

[2] しっくいは、消石灰・砂・のり・継ぎ材を主な材料として、水で練って塗る工法であるが、空気中の炭酸ガスと反応し硬化する（気硬性）。

[3] ドロマイトプラスターは、主成分の水酸化マグネシウムが水と反応して粘性が高くなるため、のりを必要としない（気硬性）。

[4] せっこうプラスターは、焼石膏を主原料とし、必要に応じて混和材料などを混入した粉状の塗壁材料で、水と反応して硬化する（水硬性）が、通気不良の場所では使用できない。

[5] せっこうプラスターは、ドロマイトプラスターに比べ、硬化にともなう乾燥収縮が小さい。

[6] セルフレベリング材は、せっこう組成物やセメント組成物に骨材や流動化材を添加し、セルフレベリング性を付与して、平たん・平滑な精度の高い床下地をつくる。

memo >>>>

・しっくいは水で練るが気硬性。湿気の多いところでの施工は不可。

EXERCISE
過去問題
平成18年
No.13

**左官材料と硬化機構の組合わせ**

**次に示す左官材料と硬化機構の組合わせとして、適当なものはどれか**

| | ポルトランドセメント | せっこうプラスター | ドロマイトプラスター | 消石灰 |
|---|---|---|---|---|
| 1. | 水硬性 | 水硬性 | 気硬性 | 気硬性 |
| 2. | 水硬性 | 水硬性 | 水硬性 | 気硬性 |
| 3. | 水硬性 | 気硬性 | 気硬性 | 水硬性 |
| 4. | 気硬性 | 水硬性 | 気硬性 | 水硬性 |

**解答**
ポルトランドセメントは水硬性、せっこうプラスターは水硬性（上記［3］より）、ドロマイトプラスターは気硬性（上記［2］より）、消石灰は気硬性（上記［1］より）。

**正解　1**

# Chapter 2

# 共通

共通からの出題は例年5問で必須問題であり、選
択の余地はない。出題は広範囲にわたるが、各種
工事等の基本的事項を理解すれば正答率は高い。

# 1 外構工事

● 「共通」に関する出題は、例年5問で必須問題であり選択の余地はない。このうち「外構工事」からの出題は例年1〜2問程度である。アスファルト舗装に関する出題がやや目立つ。

## 1-1 舗装

重要 >>>>

・アスファルト舗装の構成や施工に関して良く理解すること。

### 1 アスファルト舗装の構成

[1] 舗装は表層、基層および路盤(上層路盤・下層路盤)からなり、路床の上に築造する。

[2] 路床が軟弱な場合は、良質土との置き換えや安定処理を行う。安定処理には、**砂質土にはセメント**が、**シルト質土・粘性土に対しては石灰**が適している。

[3] 遮断層とは軟弱な路床土が路盤中に侵入してくる現象(パンピング)を防ぐために設けるもので、シルト分の少ない川砂・切り込み砂利等を用いる。

[4] CBR(Carifornia Bearing Ratio)とは、**路床・路盤の支持力を表す指数**のことをいい、数値が大きいほど路床・路盤は硬い。

[5] 設計CBRとは、舗装の厚さを決めるときに用いる路床材のCBRのことをいい、数値が小さいほど舗装の総厚は厚くしなければならない。

[6] **修正CBR**とは、現場締固め条件に合わせて求めた砕石・砂利・スラグなどの粒状路盤材のCBRのことをいい、**路盤材料や盛土材料の品質基準**を表す。

[7] フィラーとは、アスファルトと一体となって混合物の安定性、耐久性を向上させる役割をもち、一般に石灰岩を粉砕した石粉、セメント等が用いられる。

[8] **プライムコート** 図1 とは、路盤の上に散布されるもので、路盤の仕上り面を保護し、その上に施工されるアスファルト混合物との接着を良くするために用いられる。

[9] **タックコート** 図1 とは、アスファルト混合物からなり、基層と表層との接着を良くするために用いられる。

[10] **シールコート** 図1 とは、既設の舗装面にアスファルト乳剤を散布して、骨材で覆う表面処理のことで、表層の水密性の増加、老化防止、ひび割れ防止、滑り止め等の効果がある。

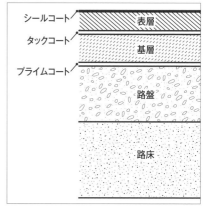

**図1** | **アスファルト舗装の構成**

memo >>>>

・プライムコート・タックコート・シールコートの施工場所を間違えないこと。

## 2 アスファルト舗装の施工

[1] 舗装用のストレートアスファルトは、一般地域では**針入度60〜80を標準**とし、積雪寒冷地域では**針入度80〜100を標準**とする。

[2] アスファルト混合物等の敷き均し時の**温度は110℃以上**とする。

[3] アスファルト舗装の**舗装終了後の交通開放**は、舗装表面の**温度が50℃以下**になってから行う。

[4] 盛土をして路床とする場合は、一層の**仕上り厚さ200mm程度ごとに締固め**ながら、所定の高さおよび形状に仕上げる。

[5] **透水性舗装**とは、路面の水を路盤より下に浸透させる舗装のことである。

[6] **排水性舗装**とは、透水性のある表層の下に不透水層を設けて、雨水を路肩、路側に排水することで路盤以下に浸透させない舗装のことである。

# 1-2 屋外排水

## 1 排水管

[1] 地中埋設排水管の勾配は、原則として 1/100以上とする。

[2] 排水管を給水管と平行にして埋設する場合は、原則として**両配管の間隔を500mm以上**とし、排水管は給水管の下方に設置する。

[3] 構内舗装道路下の排水管には、遠心力鉄筋コンクリート管の外圧管を使用する。

[4] **浸透トレンチ** 図2 の施工において、施工時に地盤の浸透機能を低下させないために、**浸透面を締固めないもの**とし、掘削後は床付けを行わず、ただちに敷砂を行い砕石等の充填材を投入する。

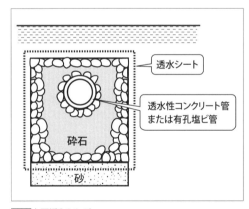

透水シート

透水性コンクリート管 または有孔塩ビ管

砕石

砂

図2 | 浸透トレンチ

## 2 桝

[1] 管渠（かんきょ）の排水方向や管径が変化する箇所および管渠の合流箇所には、排水桝またはマンホールを設ける。

[2] 雨水用排水桝およびマンホールの底部には、排水管等に泥が詰まらないように**深さ 150mm以上の泥だめ**を設ける。

[3] 埋設排水管路の直線部の桝は、**埋設管の内径の120倍以内**ごとに設置する。

# 1-3 植栽

**重要>>>>**

> ・樹木寸法や移植等の用語の説明に関する問題がよく出題される。

## 1 樹木寸法

[1] **樹高 図3**：根鉢の上端より樹木の樹冠までの垂直高のことである。株立数が2本立の場合の樹高は、1本が所要の樹高に達していて、他は所要の樹高の70%に達していなければならない。

[2] **枝張 図3**：樹木の四方面に伸長した枝（葉）の幅のことである。**最長と最短の平均値**とする。

[3] **幹周 図3**：樹木の幹の周長のことで、根鉢の上端より1.2m上がり（目通り）の位置を測定する。幹が2本以上の場合は、各々の周長の総和の70%をもって周長とする。

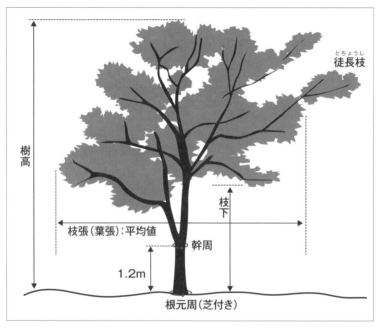

**図3**
樹木の寸法表示名称

徒長枝（とちょうし）
樹高
枝張（葉張）：平均値
幹周
1.2m
枝下
根元周（芝付き）

**memo >>>>**

> ・幹周を測る位置は、地面より、1.2m上り（目通り）のところ。

## 2 植栽工事

[1] 根回しの時期は、植物の生育に合せて春期萌芽前に行うのが最も良い。

[2] 樹木は、現場搬入後、仮植えや保護養生してから植え付けるよりも、**速やかに植え付けるほうが良い**。

[3] 溝掘り式根回しは、**幹の根元径（接地部）幹径の3～5倍程度の鉢径**を定め、支持根（太根）を三～四方に残して掘り下げる。他の根と直根は断根し、荒めの根巻きをした後に埋め戻す。

[4] 断根式根回しは、幹の根元（接地部）径の3〜5倍程度の鉢径を残して掘り回し、側根を切断する。モッコク、サザンカなどの**比較的浅根性または非直根性の樹種**に用いる。

[5] **根巻き図4**を行う場合、掘り取る際の根巻き径は、樹木の根元（接地部）径の3〜5倍とする。

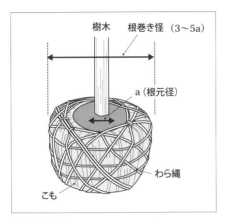

**図4** | **根巻き**

[6] 移植の際は、掘取りに先立ち、樹種に応じて枝抜きや摘葉を行い、仮支柱を取り付けるなど、適切な養生を行う。

[7] 移植後の樹木の幹から水分の蒸発防止、樹皮組織が破壊されて死滅してしまう幹焼けの防止、および防寒等のために幹巻きを行う。

[8] 芝張りは、一般的に平地は目地張り、**切土法面はべた張り**、盛土法面は筋芝張りとする。法面では、横目地を通し縦目地を通してはならない**図5**。

memo >>>>

・法面の芝張りで縦目地を通すと、雨水と共に土がまっすぐ流れ落ちてしまうため。

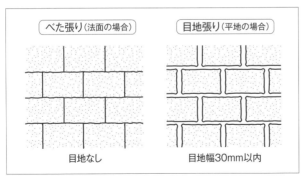

**図5** | **芝張りの種別**

# 2 建築設備

● 「共通」に関する出題は、5問で必須問題であり選択の余地はない。このうち「建築設備」からの出題は例年2〜3問程度である。各種設備からバランスよく出題されている。

## 2-1 給排水衛生設備

重要 >>>>

・各種給水方式および各種消火設備を良く理解すること。

### 1 給水方式

[1] 水道直結直圧方式とは、水道本管から直接給水管を引き込み、直接水道の圧力を利用し各水栓に給水する方式。戸建て住宅や小規模建築に適し停電の心配がない。

[2] 水道直結増圧方式とは、水道本管の水圧を増圧ポンプで高めて各水栓に給水する方式。受水タンクが不要で中規模建築に用いられている。

[3] 高置タンク方式とは、受水槽の水道水を揚水ポンプにより高置水槽に揚水し、重力により各水栓に給水する方式。停電や断水時には水槽内に残存する水が利用でき、大規模共同住宅などで多く用いられている。

[4] 圧力タンク方式とは、受水槽の水道水を給水ポンプで圧力タンクに送り、コンプレッサーで空気を圧縮しその圧力で各水栓に給水する方式。高置タンクを設けることが難しい場合などに用いられている。

[5] ポンプ直送方式とは、受水槽の水道水を加圧給水ポンプで連続運転することにより、直接各水栓に給水する方式。高置タンクが不要であり多くの共同住宅に用いられている。

[6] ウォーターハンマーとは、水道管の圧力の急激な変動のために生じる騒音や振動といった現象のことで、配管の破損・漏水の原因となる。対策としては、流速を減ずるよう配管の管径を太くすることが基本である。

[7] クロスコネクションとは、上水の給水・給湯系統とその他の系統が、配管や装置により直接接続されることをいい、飲料水にそれ以外の水が混ざる恐れがあるため禁止されている。

[8] 受水槽は、原則として六面点検と清掃のため、周囲に600mm以上のスペースを確保する必要がある。

[9] 給水タンク内部点検用マンホールの内法直径は600mm以上で必要ある。

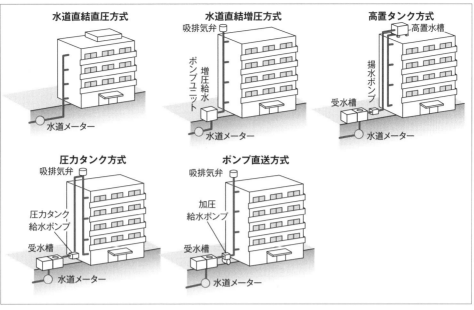

**図1│給水方式**

## 2 排水設備

[1] 排水は、汚水・雑排水・雨水に分類される。

[2] 雨水排水立て管は、汚水排水管もしくは通気管と兼用し、またはこれらの管に連結してはならない。

[3] 屋内の排水管の配管勾配は、表1による。

[4] 排水槽の底の勾配は、吸い込みピットに向かって1／15以上、1／10以下とする。

[5] 排水トラップは、排水管や排水槽からの悪臭・害虫などが排水口から室内に侵入するのを防ぐために設ける。**封水深さは一般に50mm以上100mm以下とする**図2。

[6] 通気を阻害するため、同一排水系統に2個以上のトラップ（二重トラップ）を直列に設けてはならない。

[7] 通気管は、排水トラップの封水切れを防止し、排水管の水が円滑に流れるようにするために設ける。

**表1│排水管の配管勾配**

| 管径（mm） | 勾配 |
|---|---|
| 65以下 | 1/50以上 |
| 75～100 | 1/100以上 |
| 125 | 1/150以上 |
| 150以上 | 1/200以上 |

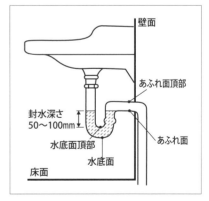

**図2│トラップ**

### 3 消火設備

[1] **屋内消火栓設備**とは、水を消火剤としてその冷却効果を利用し、**初期消火用として**、人が操作することによって火災を消火する設備である。

[2] 屋外消火栓設備とは、屋内消火栓設備と同様に、人が操作することによって屋外で火災を消火する設備である。

[3] スプリンクラー設備とは、天井等に設置された吐水口が熱により**溶融開栓し散水する**ことで消火する設備である。初期消火を主な目的とする。

[4] **水噴霧消火設備**とは、噴霧ヘッドから微細な霧状の水を噴霧することにより、冷却作用と窒息作用により消火する設備である。**駐車場等**に適している。

[5] **泡消火設備**とは、消火用の水に泡消火薬剤を混合させ、泡による冷却作用と窒息作用により消火する設備である。**駐車場や自動車整備工場等**に適している。

[6] **不活性ガス消火設備**とは、二酸化炭素等の消火剤を放出することにより、酸素濃度の希釈作用と気化するときの冷却作用により消火する設備である。**博物館や美術館、電気通信機室等**に適している。

[7] **粉末消火設備**とは、放射された消火剤の負触媒効果による抑制作用と、火災熱による熱分解の際の冷却作用と窒息作用により消火する設備である。**消炎作用が大きく油などの表面火災に適している。**

[8] 連結送水管設備とは、火災の際に消防ポンプ自動車から送水管を通じて送水し、消防隊が放水口にホースを接続すれば消火できるようにした設備である。中高層建物や大規模な地下街等に設置する。

[9] **連結散水設備**とは、火災の際に消防ポンプ自動車から送水口を通じて送水し、散水ヘッドから放水することにより消火活動を支援できるようにした設備である。煙の充満により消火活動が困難になる**地下、地下街**に設置する。

---

memo >>>>
・屋内消火栓設備は、消防隊到着前に初期消火用として利用するもの。消防隊専用設備ではない。

## 2-2 空調設備

重要 >>>>
・各種空調方式を良く理解すること。

---

### 1 空調方式

[1] 単一ダクト方式とは、中央機械室に設置した空調機で給気の温度・湿度を制御し、主ダクト1本で送風する方式である。

　1) **CAV（定風量）方式**：各室に常時一定風量で送風する方式。

　2) **VAV（変風量）方式**：室内熱負荷の変動に応じて送風量を調整する方式。

---

・CAVのCはConstant（一定）のC。VAVのVはVariable（変化）のVと覚えること。

[2] 二重ダクト方式とは、中央機械室に設置した空調機で冷風と温風を2系統のダクトで送風し、各室の熱負荷に応じて混合して吹出す方式である。

[3] ファンコイルユニット方式とは、中央機械室に設置した空調機で冷水と温水を各室のファンコイルユニットに送り、送風する方式である。

   1) 2管式：コイルが1つしかなく、暖房期・冷房期で冷温水を切り替えて使用される。

   2) 4管式：冷水コイルと温水コイルを持ち、**室内環境の制御性に優れ**、冷房・暖房を1日の間で切り替える必要のある部屋に使用される。

[4] **パッケージ空調方式**とは、冷凍機、ファン、エアフィルター等を内蔵したパッケージ型空調機で各階ごとに空調を行う方式で、**個別制御が可能**である。

[5] 冷却塔とは、冷凍機内で温度上昇した冷却水と空気とを直接接触させて、気化熱により冷却する装置である。

# 2-3 電気設備

・電圧区分や電気方式に関する出題率が高い。

## 1 電気設備

[1] 電圧は**表2**のように区分されている。

表2｜電圧の種別

|  | 低圧 | 高圧 | 特別高圧 |
|---|---|---|---|
| 直流 | 750V以下 | 750Vを超え7,000V以下 | 7,000Vを超えるもの |
| 交流 | 600V以下 | 600Vを超え7,000V以下 | |

[2] 建物内における一般的な配電方式は**表3**による。

表3｜電気方式と主な用途

| 電気方式 | | 主な用途 | |
|---|---|---|---|
| 単相2線式 | 100V | 負荷が小さい回路 | 白熱灯、蛍光灯、コンセント等 |
| | 200V | | 単相電動機、大型電熱器等 |
| 単相3線式 | 100V | 住宅、ビルなど電力使用量の大きい回路 | 電灯・コンセント等 |
| | 200V | | エアコン、IHクッキングヒーター等 |
| 三相3線式 | 200V | 一般低圧電動機、大型電熱器などの回路 | 大型空調機、ポンプ、昇降機等 |
| 三相4線式 | 240V／415V | 大規模な建築で負荷が大きい回路 | |

［3］バスダクトとは、床内に厚さ2mm以上の鋼板で作られたダクトを格子状に埋設する配線方式で、電気容量の大きな幹線に使用される。

［4］フロアダクトとは、金属製のダクト内部に帯状の鋼またはアルミの導体を絶縁材で固定して配線する方式で、事務所ビル等に使用される。原則として、電線に接続点を設けない。

［5］セルラダクトとは、床型枠用のデッキプレートに上面カバーか底板を取り付けて、フロアダクトとして利用するものである。原則として、電線に接続点を設けない。

［6］ライティングダクトは、壁や天井などの造営材を貫通して設置してはならない。

［7］合成樹脂可とう電線管には、CD管やPF管が用いられる。PF管はCD管に耐熱性（自己消火性）を持たせたもので、簡易間仕切り壁内の配管に用いることができる。

［8］合成樹脂管内、金属管内および**可とう電線管内**では、**電線に接続点を設けてはならない**。

［9］低圧屋内配線工事に使用する金属管の厚さは、**コンクリートに埋め込む場合は1.2mm以上**、それ以外の場合は、1.0mm以上とする。

［10］電線管が外壁を貫通する場合には、**室内から室外に向けて1／10以上の水勾配を配管に**設け、外壁貫通部にはシーリング材によって止水処理を行う。

［11］接地工事（アース工事）の種類は **表4** のように区分されている。

---

**表4** ｜ 接地工事の種類

| 種類 | 適用 |
|---|---|
| A種接地工事 | 高圧または特別高圧用の機械器具の鉄台、金属製外箱、高圧電路に施設する避雷器等 |
| B種接地工事 | 高圧電路または特別電路と低圧電路を結合する変圧器の低圧側の中性点 |
| C種接地工事 | 300Vを超える低圧用の機械器具の鉄台、金属製外箱、金属管、ダクト等 |
| D種接地工事 | 300V以下の低圧用の機械器具の鉄台、金属製外箱、高圧の計器用変成器の2次側電路 |

---

［12］ケーブルラックの金属部分には、原則として**接地工事を施さなければならない**。

## 2 照明設備

［1］白熱電球は、熱放射が多く温かみがある。瞬時点灯、連続調光が可能で、住宅や店舗など一般照明用に広く使用されている。

［2］蛍光ランプは、熱放射が少なく輝度が低い。長寿命で住宅や事務所、学校などの全般照明に広く使用されている。

［3］ハロゲンランプは、光色や演色性が良く集光性がある。広場や店舗のスポット照明、スタジオ等に使用されている。

［4］**高圧水銀ランプ**は、演色性は良くないがランプの光束が大きく長寿命であるが、点灯後最大光度になるまで5〜10分要する。公園、庭園等に使用されている。

［5］**高圧ナトリウムランプ**は、黄白色の光を発し演色性は良くないが効率は良い。**工場、体育館**などに使用されている。

［6］**低圧ナトリウムランプ**は、橙黄色の単一光で高圧のものよりもさらに演色性は良くないが、光は霧の中をよく通る。**自動車専用道路やトンネル**などに使用されている。

［7］LEDランプ：白熱電球や蛍光ランプに比べて省電力、長寿命であり、広く普及しつつある。

---

- 高圧ナトリウムランプとオレンジ色の低圧ナトリウムランプとを混同しないこと。

## 3　避雷設備

[1] 高さ20mを超える建築物や、指定数量の10倍以上の危険物を取り扱う貯蔵所等には避雷設備を設置しなければならない。

[2] 突針部の保護角は一般の建築物は60°、危険物の貯蔵所等は45°と規定されている図3。

[3] 保護レベルは、レベルⅠ～Ⅳと4段階あり、建築物の種類や重要度から選択する。

[4] 引き下げ導線は、構造体の鉄筋や鉄骨で代用可能である。

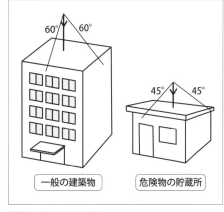

**図3**｜避雷針の保護角

## 4　昇降設備

[1] 乗用エレベーターにおいては、1人当たりの体重を65kgとして計算した最大定員を明示した標識を提示する。

[2] エレベーターの昇降路内には、原則としてエレベーターに必要な配管以外の配管設備を設けてはならない。

[3] エレベーターの火災時管制運転とは、火災時に防災センターなどに設けた管制スイッチの操作により、エレベーターを避難階に呼び戻すものである。

[4] エレベーターの自家発時管制運転とは、停電時に自家発電源でエレベーターを各グループ単位に順次避難階に帰着させるものである。

[5] エレベーターの浸水時管制運転とは、地盤面下に着床階がある場合、洪水等で浸水の恐れがあるときに、エレベーターを避難階に帰着させるものである。

[6] エレベーターの地震時管制運転とは、地震感知器との連動によって地震時にエレベーターを最寄りの階に停止させるものである。

[7] 群管理方式は、エレベーターを複数台まとめた群としての運転操作方式で、交通需要の変動に応じて効率的な運転管理を行うことができる。

[8] 勾配が8度を超え30度以下のエスカレーターの階段の定格速度は45m／分以下とする。

[9] エスカレーターの階段の幅は1.1m以下とし、階段の両側に手摺を設ける。

- エレベーターの管制運転のなかで、地震時管制運転のみ安全を優先し「最寄りの階」に停止させる。他の管制運転は「避難階」に停止させる。

# 3 その他

POINT
出題傾向と
ポイント

● 「共通」に関する出題は、5問で必須問題であり選択の余地はない。このうち「その他（測量・積算・契約）」からの出題は例年1～2問程度である。契約・積算に関する出題がやや多い。

## 3-1 測量

[1] 公共測量における水準点は、正確な高さの値が必要な工事での測量基準として用いられ、東京湾の平均海面を基準としている。

[2] 三角測量とは、三角法を応用した測量で、測定区域を三角形で区分けし、1辺の長さと内角を測定して他の2辺の長さや各点の位置を求める方法である。

[3] トラバース測量（多角測量）とは、基準点から順次、次の点への方向角と距離を測定して、各点の位置を求める方法である。

[4] スタジア測量とは、トランシット等を用いて、目標地点に立てた標尺との間の距離と高低差を光学的に求める間接的測量方法である。精度は良くないが作業性は良い。

[5] 平板測量とは、巻尺とアリダードで測量した結果を平板上で直接作図していく方法である。精度は良くないが作業性は良い。

[6] 直接水準測量とは、水準儀（レベル）や標尺を用いて各測点の標高や高度差を求める方法である。

[7] 間接水準測量は、計算によって高低差を求める測量方法であり、鉛直角と水平距離を用いる三角高低測量などがある。

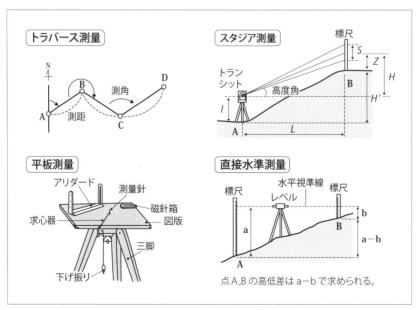

図1 測量方法

## 3-2 積 算

重要>>>>

・積算上、欠除しなくて良いものを良く理解すること。

公共建築数量積算基準とは、工事費を積算するための建築数量の計測・計算の方法を示す基準として、国土交通省が定めたものである。

### 1 建築工事費の構成

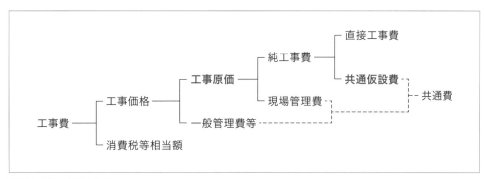

図2 建築工事費の構成

### 2 数量

[1] **設計数量**とは、設計図書に表示されている個数や、設計寸法から求めた正味の数量をいう。

[2] **計画数量**とは、設計図書に表示されていない施工計画に基づいた数量をいい、仮設や土工の数量等がこれに該当する。

[3] **所要数量**とは、施工上やむを得ない損耗を含んだ数量をいい、鉄筋、鉄骨、木材等の数量がこれに該当する。

### 3 土工

[1] 根切りまたは埋め戻しの土砂量は**地山数量**とし、掘削による増加、締固めによる減少は考慮しない。

[2] 根切り面積は、基礎または地下構築物の底面積に余幅を加えて計測・計算した面積とする。

[3] 余幅は、作業上のゆとり幅に、土質と根切り深さとに応じる係数を乗じた法幅の1/2を加えた幅とする。

### 4 躯体

[1] 鉄筋コンクリートにおける鉄筋や小口径管類によるコンクリートの欠除はないものとする。

[2] 鉄筋鉄骨コンクリートにおける鉄骨によるコンクリートの欠除は、鉄骨の設計数量について、7.85tを1.0m³として**換算した体積**とする。

[3] 窓、出入口等の開口部によるコンクリートの欠除は、開口部の内法の見付面積が1カ所当たり0.5m²以下の場合、ないものとする。

[4] 窓、出入口等の開口部による型枠の欠除は、開口部の内法の見付面積が1カ所当たり0.5m²以下の場合、ないものとする。

[5] 斜面の勾配が3/10を超える場合は、その部分の上面型枠またはコンクリートの上面の処理を計測、計算の対象とする。

[6] フープ、スタラップの長さは、それぞれ柱、基礎梁、梁、壁梁のコンクリート断面の設計寸法による周長を鉄筋の長さとし、**フックはないものとする**。

[7] 圧接継手の加工のための鉄筋の長さの変化はないものとする。

[8] 鉄筋についてその所要数量を求めるときは、その設計数量の4%の割増を標準とする。

[9] 鉄骨溶接は、種類ごとに区分し、断面形状ごとに長さを求め、**すみ肉溶接脚長6mmに換算した延べ長さを数量とする**。

[10] ボルト類のための孔あけ、開先加工、スカラップおよび柱、梁等の接続部のクリアランス等による鋼材の欠除は、原則としてないものとする。1カ所当たり面積0.1m²以下のダクト孔等による欠除もこれに準じる。

[11] 鉄骨材料について、所要数量を求めるときは設計数量に **表1** の数値による割増しをすることを標準とする。

| 表1 鉄骨積算割増数値 | |
| --- | --- |
| 形鋼、鋼管および平鋼 | 5% |
| 広幅平鋼および鋼板（切板） | 3% |
| ボルト類 | 4% |
| アンカーボルト類 | 0% |
| デッキプレート | 5% |

## 5 仕上

[1] 間仕切り下地、主仕上の開口部による欠除は、開口部の内法の見付面積が1カ所当たり**0.5m²以下の場合、ないものとする**。

[2] 間仕切り下地、主仕上の梁との取り合い、配管・配線、器具類による欠除は、その面積が1カ所当たり0.5m²以下の場合、ないものとする。

[3] 主仕上の各部分の凹凸が50mm以下のものは、**原則として凹凸のないものとする**。

# 3-3 契約

[1] 公共工事標準請負契約約款とは、公共工事における工事の請負関係を規定し、発注者と受注者の基本的な関係を明確にしたものである。

[2] 設計図書とは、**設計図・仕様書・現場説明書および質問回答書**をいう。

[3] 受注者は、工事の全部またはその主たる部分または他の部分から独立してその機能を発揮する工作物の工事を一括して**第三者に委任し、また請け負わせてはならない**。

[4] **受注者**は、特許権、その他第三者の権利の対象になっている工事材料、施工方法等を使用するときは、その使用に関する**一切の責任を負わなければならない**。

[5] 発注者は、監督員を置いたときは、その氏名を**受注者に通知**しなければならない。

[6] 受注者は、現場代理人、主任技術者、監理技術者および専門技術者を定めて、工事現場に設置し、**発注者に通知**しなければならない。

［7］現場代理人は、契約の履行に関し、工事現場に原則として常駐し、その運営、取り締りを行うほか、**請負代金額の変更、請負代金の請求および受領、契約の解除に係る権限等を除き、**受注者の一切の権限を行使することができる。

［8］発注者は、工事用地その他施工上必要な用地を受注者が必要とする日までに確保しなければならない。

［9］施工にともなう第三者の損害は、受注者が賠償する。ただし、**通常避けることのできない騒音・振動、地盤沈下、地下水の断絶等の理由により第三者に損害を及ぼしたときは、発注者がその損害を負担しなければならない。**

［10］発注者は、工事の完成を確認するために必要があると認められるときは、その理由を受注者に通知して、工事目的物を**最小限破壊して検査**することができる。

［11］検査の結果、不合格と決定された工事材料は、受注者が所定の期日以内に工事現場外に搬出しなければならない。。

［12］発注者は、引渡し前に、工事目的物の全部または一部を**受注者の承諾を得て使用する**ことができる。

［13］工事目的物の引渡し前に、工事目的物または工事材料について生じた損害、その他工事の施工に関して生じた損害については、**受注者**がその費用を負担する。ただし、その損害のうち発注者の責に帰すべき事由により生じたものについては、発注者が負担する。

［14］発注者は、工事目的物に瑕疵があるときは、受注者に修補を請求または損害を請求できる。ただし、瑕疵が重要でなく、かつ修補に過分の費用を要するときは修補を請求できない。

［15］受注者は、設計変更に伴って、設計図書が変更になり、**請負代金額が三分の二以上減少**したときは、契約を解除できる。

［16］受注者は、工事目的物および工事材料等を設計図書に定めるところにより火災保険、建設工事保険、その他の保険に付さなければならない。

［17］工期の変更については、発注者と受注者が協議をして定める。ただし、あらかじめ定めた期間内に協議が整わない場合には、発注者が定め、受注者に通知する。

―――

memo ▶▶▶▶

・法規の建設業法との類似部分が多い。建設業法は民間工事も対象とするのに対し、公共工事標準請負契約約款は公共工事だけが対象となる。

EXERCISE

**受注者の契約変更および契約解除権等**

請負契約に関する記述として、「公共工事標準請負契約約款」上、**誤っているもの**はどれか。

1. 発注者は、工事用地その他設計図書において定められた工事の施工上必要な用地を、受注者が必要とする日までに確保しなければならない。

2. 工事目的物の引渡し前に、工事目的物または工事材料について生じた損害その他工事の施工に関して生じた損害については、すべて発注者がその費用を負担する。

3. 発注者は、工事目的物に重要な瑕疵があるときは、受注者に対して相当の期間を定めてその瑕疵の修補を請求し、又は修補に代え若しくは修補とともに損害の賠償を請求することができる。

4. 工期の変更については、発注者と受注者が協議して定める。ただし、予め定めた期間内に協議が整わない場合には、発注者が定め、受注者に通知する。

## 解説

1. 約款第16条（工事用地の確保等）第1項には、「発注者は、工事用地その他設計図書において定められた工事の施工上必要な用地を、受注者が工事の施工上必要とする日までに確保しなければならない。」とある。よって正しい。

2. 約款第28条（一般的損害）、約款第29条（第三者に及ぼした損害）には、「受注者がその費用を負担する。受注者の責に帰すべき事由により生じたものについては受注者が負担する」とある。また、約款第30条（不可抗力による損害）には、「工事目的物の引渡し前に、天災等により甲乙（発注者と受注者）双方の責に帰すことができないものにより損害が生じたときは、受注者は、発生後直ちに状況を発注者に通知し、損害による費用の負担を発注者に請求することができる。」とある。よって「すべて発注者がその費用を負担する」とするのは誤っている。

3. 約款第45条（A）（かし担保）、同条（B）第1項には、「かしがあるときは、受注者に対してかしの修補を請求し、又は修補に代え若しくは修補とともに損害の賠償を請求することができる。」とある。よって正しい。

4. 約款第24条には、「工期の変更については、甲乙協議して定める。ただし、予め定めた期間内に協議が整わない場合には、発注者が定め、受注者に通知する。」とある。よって正しい。

**解答　　2**

# Chapter 3

# 建築施工

「建築施工」からの出題は選択問題であり、全体で19問のうちから14問を選ぶ。「躯体施工」と「仕上施工」に分かれており、「躯体施工」は10問のうちから7問、「仕上施工」は9問のうちから7問を選択し解答する。全分野を網羅的に学習するのは時間的に無理なため、実務で馴染みがあるなど得意分野に集中して学習する。試験に際しては、最初から選択する分野を決めておかないほうがよい。自分の不得意分野でも、意外と簡単な出題もあるからである。19問中、できそうな14問をいかに早く見つけ出すかが鍵となる。できる問題は必ず14問以上見つかる。

# 1 躯体施工

● 「躯体施工」は10問のうちから7問を選択し解答する。「鉄筋コンクリート工事」や「鉄骨工事」からの出題頻度が高い。得意分野で確実に得点をゲットする。

## 1-1 地盤調査

重要 >>>>
・各地盤調査の概要を理解するとともに、何のためにその調査を行うかを把握しておく 表1 。

### 1 種類と調査事項

ボーリングとは、地盤構成の確認や地質試験用資料の採取、各種試験のために地盤の削孔等をすることをいう。

[1] 一般的に**ロータリー式ボーリング**が用いられ、あらゆる地層の削孔が可能である。

[2] **サンプリング**とは、地盤の強度や変形特性等を把握するために、ボーリング孔および支持層から地質試験用試料を採取することをいう。

[3] **サウンディング**とは、地中にサンプラー等を挿入し、貫入・回転・引き抜き等を行い、そのときの抵抗値から地盤の性状を調査することをいう。

[4] **標準貫入試験 図1** は、N値（地盤強度）を求める試験である。N値から地盤の地耐力や杭の支持力を推定することができる。

[5] 標準貫入試験は、専用ハンマーの打撃によってボーリングした孔底の試料を採取するので、**乱された試料の採取**となる。

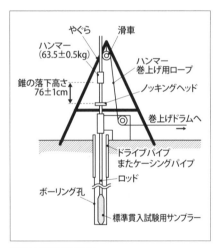

図1 | 標準貫入試験

memo >>>>
・乱さない試料とは、採取後、実験室等で圧力をかけたりして性状を調べることのできる試料のこと。不攪乱試料。

[6] **平板載荷試験**では、荷重と沈下量により、載荷面から載荷幅の1.5〜2.0倍の深さまでの支持力がわかり、**地耐力、変形係数、地盤係数**を求められる。

[7] **現場透水試験**とは、単一のボーリング孔において、孔内水位を変化させ水位の回復を測定する試験で、地盤の透水係数を求めることができる。

［8］**一軸圧縮試験は、主として乱さない粘性土を対象とした試験法**であり、砂質土の強度と剛性を求めることはできない。

［9］**粒度試験は土の粒子の大きさや配合を調べる試験**であり、地盤の変形係数（土の硬さを示す尺度）を求めることはできない。地盤の変形係数は、平板載荷試験等により求めることができる。

［10］粒度試験結果から求めた粒径加積曲線は、透水係数の推定や液状化強度の補正等に用いられる。

［11］**圧密試験は、軟弱な粘性土地盤における圧密沈下**の可能性を調べる室内試験であり、粘性土の透水係数を求めることができるが、砂質土の沈下特性を求めることはできない。

───

**表1** | 地盤調査の種類と調査事項

| 調査法 | 機器または調査法の種類 | | 適用土質 | 調査事項または用途 |
|---|---|---|---|---|
| ボーリング | ロータリー式ボーリング | | 土と岩のあらゆる地層 | 地盤構成、サンプリング、標準貫入試験等 |
| | オーガーボーリング | | 孔壁崩壊のない粘性土、砂質土 | 浅い深さの地盤構成 |
| | 試掘 | | 土と岩のあらゆる地層 | 原位置での土の採取、原位置試験 |
| | コアボーリング | | 岩盤 | 岩盤コアの連続サンプリング |
| サンプリング | 固定ピストン式シンウォールサンプラー | | 軟弱な粘性土 | 軟弱な粘性土の乱れの少ない試料採取 |
| | ロータリー式2重管サンプラー | | 硬質粘性土 | 乱れの少ない試料採取 |
| | ロータリー式3重管サンプラー | | 硬質粘性土、砂質土 | 乱れの少ない試料採取 |
| | ブロックサンプリング | | すべての土 | 土壌として乱れの少ない試料採取 |
| | 原位置凍結サンプリング | | 砂、砂礫 | 乱れの少ない試料採取 |
| サウンディング | 標準貫入試験 | | 玉石を除くあらゆる土 | N値、土の状態（せん断抵抗角、粘着力、相対密度等） |
| | オランダ式2重管コーン貫入試験 | | 玉石を除くあらゆる土 | 粘性土のせん断強度の測定 |
| | スウェーデン式サウンディング試験 | | 玉石、礫を除くあらゆる土 | 標準貫入試験の補助、戸建住宅 |
| | ポータブルコーン貫入試験 | | 軟弱な粘土、高有機質土 | 軟弱な粘性土のせん断強度 |
| | ベーン試験 | | 軟弱な粘土、高有機質土 | 軟弱な粘性土のせん断強度 |
| | オートマチックラムサウンディング | | 玉石、礫を除くあらゆる土 | 標準貫入試験の補助 |
| | 電気式静的コーン貫入試験 | | 玉石、礫を除くあらゆる土 | 土層の判別、軟弱な粘性土のせん断強度の測定 |
| 載荷試験 | 地盤の平板載荷試験 | | すべての土 | 地耐力、変形係数、地盤係数 |
| | 孔内水平載荷試験 | | すべての土 | 地耐力、変形係数、地盤係数 |
| | 坑の鉛直載荷試験 | | すべての土 | 支持力の確認（信頼性が高い） |
| | 坑の水平載荷試験 | | すべての土 | 坑の水平耐力 |
| | 坑の引抜試験 | | すべての土 | 坑の引き抜き抵抗力 |
| 物理探査物理検層 | 地表探査法 | 電気探査 | 土と岩のあらゆる地層 | 地下水の帯水層、基盤の深さ・風化状況の推定 |
| | | 表面波探査 | 土と岩のあらゆる地層 | 地盤のS波速度の分布 |
| | 孔内探査法 | 常時微動測定 | 土と岩のあらゆる地層 | 地盤の卓越周期と増幅特性 |
| | | 弾性波速度検層 | 土と岩のあらゆる地層 | 地盤の弾性波（P波およびS波）の速度分布 |
| | | 電気検層 | 土と岩のあらゆる地層 | 地盤の比抵抗分布 |
| | | 密度検層 | 土と岩のあらゆる地層 | 地盤の密度分布 |
| | | 地下水検層 | 土と岩のあらゆる地層 | 地下水の流動速度、帯水層の位置 |
| 間隙水圧測定 | 間隙水圧計 | | 土と岩のあらゆる地層 | 間隙水圧 |
| 透水試験 | 室内 | 透水試験 | すべての土 | 透水係数 |
| | 現場 | 透水試験 | 土と岩のあらゆる地層 | 透水係数 |
| | | 揚水試験 | 砂、砂礫 | 透水係数、貯留係数、湧水量、影響範囲、動水勾配 |

# 1-2 仮設工事

・かつては仮設足場の安全に関する出題が多かったが、近年、乗入れ構台に関する出題が続いている。

## 1 仮設足場

[1] 単管足場 図2とは、単管パイプと専用金具を用いて組み上げた足場のことである。

[2] 建地間隔は桁行方向1.85m以下、梁間方向1.5m以下とする。

[3] 単管足場の場合、建地を2本組とする部分は、建地の最高部から測って31mを超える部分とする。

・建地を2本組とするのは、下部から測って31mを超えた上の部分ではなく、上から測って31mを超える下の部分である。要注意のこと。

[4] 単管足場の壁つなぎ間隔 表2は、垂直方向5m以下、水平方向5.5m以下とする。

[5] 枠組足場 図3とは、製品化された建枠を継手金物などで組立てた足場のことである。

[6] 建枠は、高さ2m以下とし、枠の間隔は1.85m以下とする。

[7] 枠組足場の壁つなぎ間隔 表2は、垂直方向9m以下、水平方向8m以下とする。

[8] 落下物を防ぐための防護柵(朝顔)には、木板を使用する場合は厚さ15mm以上とする。

[9] 防護柵のはね出しは、水平面に対し20〜30°の角度で、足場から水平距離で2m以上とする 図4。

[10] 吊り足場とは梁等から吊り下げられた足場のことである。

[11] 不安定な吊り足場上で脚立やはしご等を用いてはならない。

表2 | 壁つなぎ間隔

| 鋼管足場の種類 | 最小間隔(m) | |
| --- | --- | --- |
| | 垂直方向 | 水平方向 |
| 単管足場 | 5 | 5.5 |
| 枠組足場<br>(高さ5m未満のものを除く) | 9 | 8 |

・壁つなぎの最小間隔は、単管足場で垂直5mと水平5.5m、枠組足場で垂直9mと水平8mと数値が近いので間違えやすい。

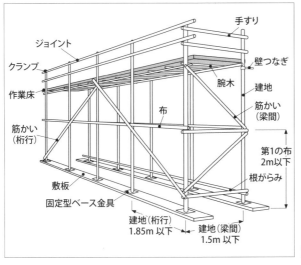

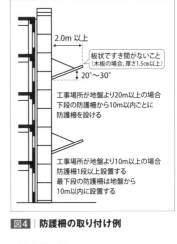

図4 | 防護柵の取り付け例

図2 | 単管足場

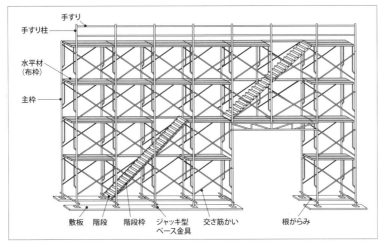

図3 | 枠組足場

## 2 登り桟橋

[1] 登り桟橋は人の昇降または材料運搬等に用いるために設置された仮設の斜路で、労働安全衛生規則により、設置基準が定められている。

[2] 仮設通路の勾配は30°以下とする。勾配が15°以上の場合は踏桟などの滑り止めを設ける。

[3] 高さ8m以上の登り桟橋には、7m以内ごとに踊り場(長さ1.8m以上)を設ける 図5。

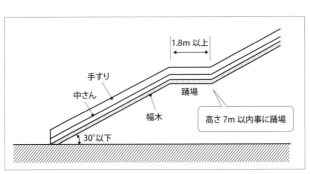

図5 | 登り桟橋の例

## 3 乗入れ構台 図6

- 平成19年から令和5年までの17年間に13回出題されている。特に平成24年から令和3年まで10年連続出題である。乗入れ構台は、現場の作業効率に大きく影響を与えるため非常に重要。

[**1**] 乗入れ構台は、根切り、地下構造物、鉄骨建方、山留め架構の組立、解体等の工事を行う際に、自走式クレーン車・トラック類・生コン車・コンクリートポンプ車等の走行と作業、各資材の仮置き等に使用する。

[**2**] 構台の構造は、各種施工機械や車両の自重とその走行・作業時の衝撃荷重、仮置き資材の荷重、地震・風などの荷重に耐えられるよう設計する。

[**3**] 構台の大引材や根太材は強度検討のほかに、たわみ量についても検討する。

[**4**] 構台の支柱は、**本設の基礎・柱・梁・耐力壁と重複しないよう留意する**。

[**5**] 構台の支柱は、原則として**山留めの棚杭（切梁の支持杭）と兼用してはならない**が、荷重に対する安全性を確認した上で兼用することもできる。

[**6**] 構台の幅員は6〜8mが一般的であるが、車両動線を一方通行とした場合は4mにできる。

[**7**] 構台に曲がりがある場合は、隅切りを設けるなど車両の回転半径を考慮して計画する。

[**8**] 構台の作業床の床材（覆工板）間のすき間は30mm以下とする。

[**9**] 構台の作業床のレベルは**本設の1階床面より上げて計画する**。

- 構台を設置したまま、地下躯体コンクリート打設する際、1階床のコンクリートをコテで均すため、構台の床材を支える大引の下端と1階コンクリート仕上り面との間隔は200〜300mmを確保する。

[**10**] 進入路のスロープの勾配は1／6〜1／10が一般的であるが、使用する重機や車両の腹が擦らないよう留意する。

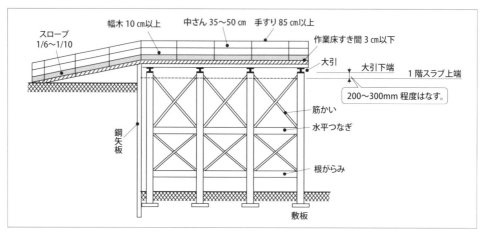

**図6** | 乗入れ構台の例

## 1-3 土工事

重要 >>>>

・地下水位が高い場合に、根切り底面に発生するヒービング、ボイリング、盤ぶくれ等の異常現象に関する理解とその対策が重要。山留め工法の種類と特徴を良く理解すること。水平切梁工法やプレロード工法についてしっかり把握しておく。

### 1 | 根切り

[1] 根切りとは、基礎や地下構造物を建設するために、地盤を掘削することをいう。

[2] 法付けオープンカット工法の法面保護をモルタル吹付けで行った場合は、水抜き孔等を設ける必要がある。

[3] 粘性土地盤において法付けオープンカット工法を実施する場合は、円弧すべりに対する安定を検討する必要がある。

### 1 | ヒービング

[1] ヒービング 図7 とは**軟弱粘性土地盤**を掘削するとき、根切り底面が膨れ上がる現象をいう。

[2] ヒービング対策

1) **剛性の高い山留め壁**を、ヒービングの恐れのない良質な地盤まで根入れする。

2) 根切り底以深の軟弱地盤を、ヒービング発生の恐れのないせん断強度の地盤に改良する。

3) 敷地に余裕のある場合には、周囲の地盤をすき取り、土圧を軽減する。

4) 大きな平面を一度に掘削しないで、ブロック分けし、分割施工する。

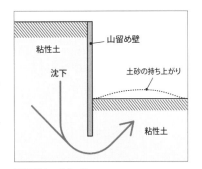

図7 | ヒービング

### 2 | ボイリング

[1] ボイリング 図8 とは、**砂質地盤**において地下水位が高い場合、上向きに流れる水流の圧力のために、砂粒が攪拌され湧き上がる現象をいう。

[2] ボイリング対策

1) **止水性のある山留め壁の根入れを深くし、動水勾配を減らす。**

図8 | ボイリング

2) **止水性のある山留め壁を不透水性地盤まで挿入し、地下水を遮断する。**

3) 掘削場内外の地下水位を、ウェルポイント工法やディープウェル工法などにより低下させる。

4) 掘削場内を地盤改良し、透水性の減少や強度の増加を図る。

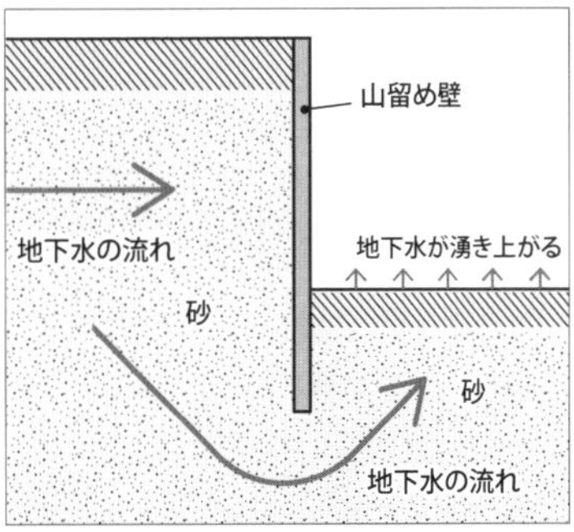

memo >>>>

・ヒービングは粘性土、ボイリングは砂質土において生じる異常現象。対策を混同しないこと。

### 3│盤ぶくれ

[1] 盤ぶくれ 図9とは、粘性土などの不透水層（水を透さない層）より下の被圧地下水の水圧によって根切り底面が持ち上がる現象をいう。

[2] 盤ぶくれ対策

1) 根切り底面下の地下水位（水圧）を、ウェルポイント工法やディープウェル工法などにより低下させる。ただし、周辺地盤についての水位低下や地盤沈下の検討が必要である。

2) 止水性のある山留め壁を被圧帯水層以深の不透水性地盤まで根入れする。

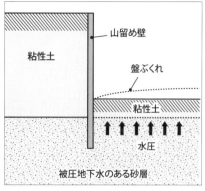

**図9│被圧地下水による盤ぶくれ**

### 4│パイピング

[1] パイピングとは、水位差のある砂質地盤中にクイックサンドが発生し、これが地盤中に拡大して地盤内にパイプ状の孔や水みちができる現象をいう。

## 2 山留め 表3

[1] 山留めとは、根切り周囲の地盤の崩壊や土砂の流出を防止するための仮設物である。

[2] 親杭横矢板工法とは、鉄骨の親杭を地中に設置し、根切りを行いながら親杭の間に矢板を挿入していく工法である。

[3] 親杭横矢板工法は、経済的であるが止水性はない。

[4] 親杭横矢板工法において、根入れ部は親杭のみで連続性がないため、ヒービング対策にはならない。

[5] 親杭横矢板工法において、プレボーリングで親杭を設置する際、親杭の受動抵抗を十分に発揮させるため、杭の根入れ部分にはセメントベントナイト液の注入を行う。

[6] 鋼矢板工法とは、鋼板の矢板のジョイント部をかみ合わせながら、地中に設置する工法である。

[7] 鋼矢板工法は、止水性が高く、軟弱地盤などに適するが、礫層などの硬い地盤には適さない。

[8] ソイルセメント柱列山留め壁工法(SMW)とは、アースオーガーでソイルパネルをつくり、その中にH鋼などを挿入し、柱列状の山留め壁を築造する工法である。

[9] ソイルセメント柱列山留め壁工法は、比較的剛性が高く、振動・騒音が少なく、補強材の打込みや引き抜きがないため、周辺地盤に与える影響は少ない。

[10] ソイルセメント柱列山留め壁工法は、泥水処理が不要で、排出泥土も場所打ち鉄筋コンクリート山留め壁工法に比べて少ない。

[11] ソイルセメントは、止水性があり、山留め構造材の一部として使用される場合がある。

[12] ソイルセメントは、N値50以上の地盤、大径の玉石や礫が混在する地盤では、先行削孔併用方式を採用してエレメント間の連続性を確保する。また、掘削土が粘性土の場合、砂質土に比べて掘削攪拌速度を遅くする。

[13] 場所打ち鉄筋コンクリート山留め壁工法とは、地中を掘削後、鉄筋かごを挿入し、コンクリートを打設して山留め壁を造成する工法である。

[14] 場所打鉄筋コンクリート山留め壁工法は、止水性は極めて高く、剛性の大きい山留め壁の築造が可能である。

**表3** 山留め工法の分類

| 分類 | 特長 | |
|------|------|---|
| 親杭横矢板工法 | 鉛直に設置した親杭に、掘削の進行にともなって横矢板をかませ山留め壁としながら掘り進む工法。止水性はない。比較的硬い地盤でも玉石層でも施工可能。湧水処理に問題があるが、水圧がかからないので支保工に有利。打込み時の振動・騒音が問題になるが、オーガーなどの削孔併用で低減が可能。 | |
| 鋼矢板工法 | 接続性のある仕口を有する鋼矢板をかみ合わせて連続して打込み、あるいは埋め込んで山留め壁とする工法。止水性がよい。地盤によって打込めない場合があるとともに、打込み時の振動・騒音が問題。かみ合わせ部の強度的信頼性が問題となるとともに、外れた場合の止水方法が問題。水圧を受けるので、親杭横矢板工法と比べて支保工応力が大きい。 | |
| ソイルセメント柱列山留め壁工法 | 山留め壁としてセメントミルクを注入しつつ、その位置の土を攪拌してソイルセメント壁を造成し、骨組みにH鋼等を建込む工法。泥水処理が不要。上記2工法と比べて振動・騒音が少ない。壁の剛性も比較的大きくできる。止水性はかなり期待できるうえ、場所打ち鉄筋コンクリート山留め壁工法より施工性もよく経済的である。 | |
| 場所打ち鉄筋コンクリート山留め壁工法 | 地中に掘削したトレンチに鉄筋かごを入れてコンクリートを打って造成した山留め壁。親杭横矢板工法、鋼矢板工法と比べて振動・騒音の問題が少ない。壁の剛性は大きくできる。孔壁保護に安定液を用いるので、安定液の処理が問題になる。止水性はきわめてよい。また親杭横矢板工法に比べて支保工応力が大きい。コストは高い。 | 鉄筋かご |

## 1 | 山留め壁

[1] 山留め壁背面に作用する側圧は、一般に深さに比例して増大し、地質や地下水位に応じた側圧係数を用いて算出する。

[2] 山留め壁の頭部の変位を把握するためには、山留め壁の頂点に測点を設け、事前に設置した不動点を通して、トランシットとスケール、またはピアノ線とスケールを用いて、山留め壁の変位を計測する。

## 2 | 山留め支保工

山留め支保工は、山留め壁に作用する側圧を支えるとともに、山留め壁の変形をできるだけ小さくして背面地盤に悪影響を与えないためのものである。

### 1) 水平切梁工法 図10

[1] 水平切梁工法は、側圧を水平に配置した圧縮材(切梁)で受ける最も一般的な工法である。

[2] 水平切梁工法における腹起しの継手位置は、曲げ応力の小さい切梁と火打ち梁との間または切梁に近い位置に割り付ける。

[3] 集中切梁工法とは、根切りおよび躯体の施工効率向上のため、切梁を2本以上組合せ、切梁間隔を広くする工法である。

[4] H型鋼を用いた切梁の軸力を計測するためのひずみ計は、2台を対としてウェブ両面に設置する。

[5] プレロード工法とは、山留め架構全体の変形を防止するため、山留め壁と腹起し間のすき間や火打ち梁接続部の馴染みなど山留め設置時の緩みを除去する工法である。

［6］**プレロード工法**は、切梁途中に油圧ジャッキを設置し、圧力をかけ山留め壁を外側に押さえ付け、**周囲の地盤沈下を防止する**。

［7］プレロード工法の油圧ジャッキで**加圧するのは設計切梁軸力の50～80%**とする。

［8］加圧時に切梁が蛇行することなく、軸力がスムーズに導入されるために、切梁交差部のボルトは緩めた状態で加圧する。

［9］加圧終了後は、切梁、腹起し、火打ち梁などの接合部のボルトの緩みなどをチェックする。

［10］盤圧計を設置する場合は、**切梁の中央部を避け**、切梁と火打ち材との交点付近に設置する。

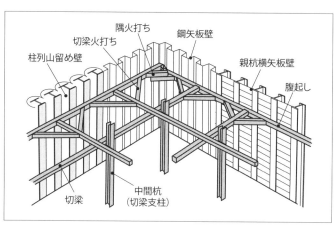

図10｜**水平切梁工法**

## 2）地盤アンカー工法

［1］地盤アンカー工法とは、切梁の代わりに、地盤アンカーによって山留め壁にかかる側圧を支えながら掘削する工法である。

［2］地盤アンカー工法は、**複雑な平面形状や偏土圧などが作用する高低差のある敷地**で、水平切梁工法が採用できない場合などに用いられる 図11 。

［3］地盤アンカー工法は、根切り部分から敷地境界線まで余裕がある場合に採用される。

［4］切梁が不要なため、非常に作業性が良い。

［5］設計時には山留め壁背面の円弧すべりについても検討を行う。

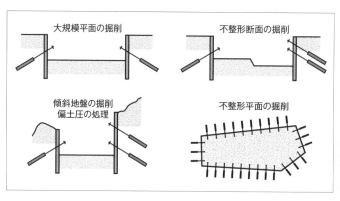

図11｜
**地盤アンカー工法の
使用例**

## 3 | 地下水処理

[1] ウェルポイント工法 図12 とは、ウェルポイントという吸水管を地中に設置し、**真空ポンプにより強制的に地下水を集めて排水する工法**である。**実用上は6~7mが限度**であり、多量排水には適さない。

[2] ウェルポイント工法は、**透水性の悪い地盤に適し、砂礫層には適しない**。

[3] ディープウェル工法 図13 とは、鋼管などのケーシング等を地中に埋め込み、陽水管の先に**水中ポンプを接続**したもので、帯水槽の地下水を排水し周辺地盤の水位を低下させる工法である。**砂層や砂礫層等、透水性の良い地盤に適し**、排水量も多い。

[4] ディープウェル工法による地下水の排水量は初期のほうが安定期よりも多い。

[5] 釜場工法 図14 とは、重力排水工法の1つで、値切り底の1カ所に釜場(集水ピット)を井戸上に掘り下げてつくり、排水溝から集水した水をポンプで陽水する工法である。

[6] リチャージ工法 図15 (復水工法)とは、揚水した地下水をディープウェルと同じ構造の復水井(リチャージウェル)に溜め、排水しないで同一または別の帯水層に**還元(リチャージ)する工法**である。

[7] リチャージ工法は、現場周辺の地盤沈下や井戸枯れ等のおそれのある場合に有効な工法である。

---

memo >>>>

• ウェルポイント工法よりもディープウェル工法のほうが、砂礫層に適し、深度も深く、排水量も多いがコストは高い。

---

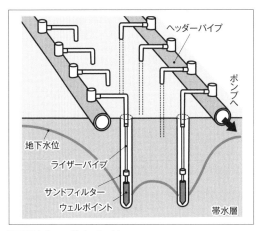

図12 | **ウェルポイント工法**

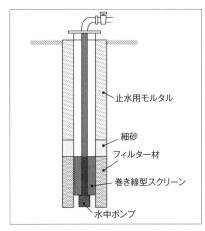

図13 | **ディープウェル工法**

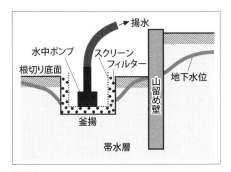

図14 | **釜場工法**

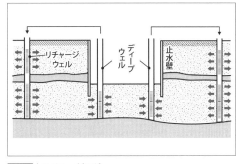

図15 | **リチャージ工法**

### 4 │ 床付けと埋め戻し

[1] 床付けとは、所定の深さまで掘削し、基礎工事のための砕石敷込みができる状態にすることである。

[2] 床付け面は、乱された状態にしてはならない。

[3] 粘性土の床付け地盤を乱した場合は、礫・砂質土に置換するか、セメント・石灰等による表層改良を行う。

[4] 床付け地盤が凍結した場合は、凍結した部分を良質土と置換するなどの処置を行う。

[5] 埋戻しは、水締めを行い、厚さ300mm程度ごとに水平に埋戻し、突き固めを十分に行う。

[6] 基礎周辺等の埋戻しは、均等係数の大きい透水性の良い良質土で行う。

memo >>>>
> ・均等係数が大きいとは、粒度分布幅が広い、つまり様々な粒径の土粒子が混在していることを意味する。

[7] 粘性土を埋戻しに使用する場合は、砂質土の場合より余盛を大きくする。

[8] 機械による締固めを行う場合、盛土材料に、ばっ気または散水を行って、含水量を調整することがある。

## 1-4 地業工事

重要 >>>>
> ・「躯体施工」は10問のうちから7問を選択し解答する。このうち「地業工事」から毎年必ず1問は出題されている。場所打ちコンクリート杭に関する問題が令和2・4年、既製コンクリート杭に関する問題が令和1・3・5年と、交互に出題されている。

### 1 │ 既製コンクリート杭

[1] 既製コンクリート杭は、中空円筒形の鉄筋コンクリート杭がよく用いられている。1本当たりの支持力は小さいが、1カ所に複数本まとめて設置できる。

[2] 施工法には打撃工法と埋込工法のプレボーリング工法があるが、騒音・振動が少ないプレボーリング工法が現在では主流である。

[3] 杭を吊り上げる場合、両端から1/5の2点で支持する。

#### 1 │ プレボーリング工法（セメントミルク工法）図16

[1] 一般に用いられる杭径は300〜600mm、施工深度は30m程度である。

[2] 杭建込みに先行して掘削する孔の径は、杭径 +100mm程度とする。

[3] 掘削中は孔の崩壊を防止するため、オーガーの先端から安定液（ベントナイト）を噴出する。

[4] 所定の深度に達した後は、噴出を根固め液（セメントミルク）に切り替え、所定量を注入した後、杭周固定液を注入しながらオーガーを引き上げる。

[5] 根固め液(標準養生)の4週強度は20N／mm²、水セメント比は70%以上、杭周固定液の4週強度は0.5N／mm²とする。

[6] 掘削ではオーガーの回転方向は、掘削時・引き上げ時とも**正回転**とする。逆回転を加えるとオーガーに付着した土砂が孔中に落下し、杭の建込み時の不具合や、杭耐力低下の原因となるので注意をする。

[7] 杭を継ぐ場合は、上下の杭軸が一直線となるよう上杭を建込み、仮付け溶接を行い、溶接長さは40mm以上とする。溶接はアーク溶接とする。

[8] 継手部における開先の目違い量は2mm以下、許容できるルート間隔は最大で4mm以下とする。

[9] 杭が所定の支持層に達したら、杭先端を根固め液中に貫入させるためドロップハンマーで軽打する。支持層の掘削深さは1.5m程度とし、杭は1.0m以上根入れする。

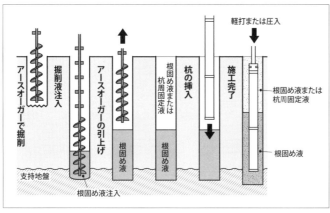

**図16｜プレボーリング工法（セメントミルク工法）**

## 2｜中堀工法

[1] 先端が開放されている杭の中空部にオーガーを挿入し、杭先端部地盤の掘削を行い、中空部から排土しながら杭を圧入していく工法である。

[2] 比較的杭径が大きい場合に適しており、杭径450〜1000mm程度の杭の施工に用いられる。

## 3｜回転圧入工法

[1] 杭の先端部にオーガーヘッド兼用の金物を取り付け、杭を回転させて圧入していく工法である。

[2] 圧力の補助として杭先端から水等を噴出させる場合もある。

[3] 杭の支持力の確保には、杭先端をセメントミルクによる根固めとするのが一般的である。

## 2 鋼杭

[1] 鋼杭の特徴は、コンクリート杭に比較して軽量で取り扱いが容易である。

[2] 鋼杭は、腐食に対して腐食しろを考慮して肉厚を増すなどの配慮が必要となる。

[3] 施工法や施工精度に関しては、既製コンクリート杭と同様である。

## 3 | 場所打ちコンクリート杭

・各工法およびスライム処理に対して十分理解すること。

[1] 場所打ちコンクリート杭は、地盤に円筒形の孔を掘削し、円筒形の鉄筋かごを建込み、コンクリートを打設して一体とする鉄筋コンクリート杭の総称である。

[2] 場所打ちコンクリート杭は、支持地盤が比較的深いときに採用される。

[3] 鉄筋かごの主筋と帯筋は、原則として、**鉄線で結束**して組み立てる。

[4] 鉄筋かごに取り付ける同一深さ位置(3～5mごと)の**スペーサーは4カ所以上**とする。

[5] コンクリートの打込みには**トレミー管**を用いる。コンクリート打設の際、トレミー管の先端はコンクリートの中に常に**2m以上**入っているようにする。

[6] 杭頭部は、**無水掘りの場合は500mm程度、それ以外の場合は800mm程度余盛をし**、コンクリート打設後14日程度経過してから、**はつり作業(杭頭処理)を**行う。

memo >>>>

・杭施工におけるコンクリート打設は、泥水等を上に押し上げるように行うため、杭頭部に低品質のコンクリートができてしまう。杭頭処理とはこの部分をはつり取ることをいう。

[7] スライムとは、孔内の崩落土、泥水中の土砂等が孔底に沈殿したもの。処理をしないとコンクリートの品質低下、杭の断面欠損および支持力低下の原因となるためスライム処理は重要である。

memo >>>>

・スライムの1次処理は掘削完了直後に行い、2次処理は鉄筋かご建込み後に行う。

### 1 | アースドリル工法 図17

[1] 孔壁の崩壊を**安定液(ベントナイト等)**により防ぎながら、伸縮式のロッドをもつ**回転バケット**により掘削および土砂の排出を行い、掘削完了後、鉄筋かごの建込み、トレミー管によるコンクリートの打設を行って杭を構築する工法である。

[2] ケーシングは表層部のみ使用される。

[3] 粒径が100mm以上の礫が混じる地盤では掘削は困難である。

[4] スライム処理の方法は、1次処理は底さらいバケット、2次処理はエアリフト方式などで行う。

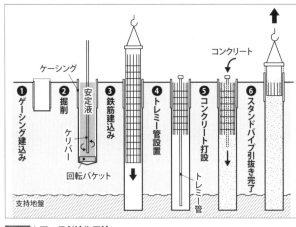

図17 | アースドリル工法

［5］鉄筋かごのスペーサーは、孔壁を損傷しないように**鉄筋ではなく鋼板**を用いる。

［6］**安定液**は、コンクリートとの置換を考慮して、必要な造壁性を確保した上でできるだけ**低粘性・低比重**のものを用いる。

## 2 | リバース工法（リバースサーキュレーション工法）図18

［1］**水の静水圧**により孔壁を保護しながら地盤上に設置したロータリーテーブルで**回転ビット**を緩やかに回転させて掘削を行う工法である。

［2］掘削土砂は孔内水とともにサンクションポンプ等により地上に汲み上げられ、沈殿層で分離される。土砂と分離された水は、再び掘削孔内に還流され繰り返し使用する。

［3］表層地盤の孔壁の崩壊を防ぐため、スタンドパイプを設置する。

［4］清水による孔壁の崩壊を防ぐため、**孔内水位を地下水位より2m以上高く**する。

［5］スライム処理の方法は、1次処理はビットを空回しするとともに、孔内水を循環させ比重を下げる。2次処理はサンクションポンプ方式などで行う。

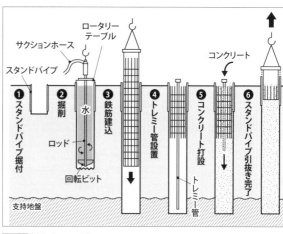

**図18｜リバース工法**

## 3 | オールケーシング工法 図19

［1］杭孔を保護するケーシングを圧入しながら、ハンマーグラブにより掘削および排土する工法である。

［2］掘削完了後に鉄筋かごの建込みを行い、ケーシングを引き抜きながらトレミー管を用いてコンクリートを打設する。このときトレミー管およびケーシングチューブの先端は、コンクリートの中に常に2m以上入っているようにする。

［3］ケーシングを用いるため孔壁の崩壊はなく、杭断面の確保が容易である。

［4］スライム処理の方法は、1次処理はハンマーグラブ、2次処理はエアリフト方式などで行う。

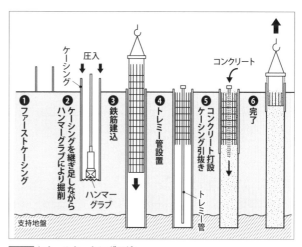

**図19｜オールケーシング工法**

memo ▶▶▶▶

• リバース工法の孔内水位を地下水位よりも高くする高さ、オールケーシング工法のケーシング引き抜きにおけるコンクリート打設面からの貫入深さ、およびトレミー管の貫入深さは、いずれも2m以上である。

**表4** | 場所打ちコンクリート杭工法の特性

| 区分 | | アースドリル | リバース | オールケーシング |
|---|---|---|---|---|
| 坑径（m） | | 0.7～3.0 | 0.8～4.0 | 1.0、1.1、1.2、1.3、1.5、1.8、2.0 |
| 掘削方式 | | 回転バケット | 回転ビット | ハンマーグラブ |
| 孔壁保持 | | 安定液 | 泥水水頭圧 | ケーシングチューブ |
| 掘削能力（m） | | 50m程度<br>（機種と孔径により異なる） | 70m程度<br>（機種と孔径により異なる） | 40m程度<br>（機種と孔径により異なる） |
| 土質条件 | 粘土、シルト | 適 | 適 | 適 |
| | 砂 | 適 | 適 | 適 |
| | 砂利、礫 | 粒径10cm以下 | ロッド内径の70～80% | 可 |
| | 玉石 | 否 | 否 | 可（30～40cm径位まで） |
| | 土丹 | 可 | 可 | 困難 |
| | 軟岩 | 否 | 困難 | 困難 |
| 作業条件 | 騒音公害 | 適 | 適 | 適 |
| | 水上作業 | 不適 | 適 | 不適 |
| | 斜め坑 | 否 | 否 | 施工実績有（12度） |
| 長所 | | ●低騒音・低振動<br>●機械装置が簡単<br>●仮設が簡単<br>●施工速度が速い<br>●敷地境界から坑心までの施工に必要な距離が比較的短い | ●低騒音・低振動<br>●通常自然泥水で孔壁保護ができる<br>●岩の掘削が特殊ビットで可能<br>●水上施工が可能 | ●ケーシングを使用するので孔壁の崩壊がない<br>●確実な杭断面形状が確保可能<br>●残土処理が比較的容易 |
| 短所 | | ●礫（約10cm以上）層の掘削が困難<br>●安定液の管理が不適切な場合には孔壁崩壊を起こすことがある<br>●安定液の管理が不適切な場合は支持力およびコンクリート強度の低下を生じることがある<br>●廃泥土の処理がやや大変である | ●ドリルパイプ径より大きい玉石（約15cm以上）層の掘削が困難<br>●水頭圧および比重の泥水管理が不十分であると孔壁崩壊を起こすことがある<br>●仮設が大がかりとなる<br>●廃泥水の処理量が多い | ●地下水位以下の細砂層が厚い場合、ケーシングチューブの引き抜きが困難となる。<br>●坑径に制約がある<br>●水がない状態での掘削時の酸欠・有毒ガスの発生に注意する<br>●ボイリングやヒービングが発生しやすい<br>●鉄筋かごが共上がりすることがある<br>●ケーシング引き抜きの反力のため、据付け地盤の補強が必要<br>●境界敷地から坑心までの施工に必要な距離が比較的長い |
| 備考 | | ●3.0m以上の坑径、深さ70m程度まで施工可能な掘削機もある | ●特殊ビットを使用すると、軟岩でも掘削可能 | ●上記の抗径はケーシングチューブの圧入が揺動式の場合。回転式の場合は、2.0m以上施工可能な機種もあり、掘削能力も70m程度まで実績がある |

# 1-5 鉄筋コンクリート工事

## 1 鉄筋工事

重要 >>>>
・「躯体施工」は10問のうちから7問を選択し解答する。このうち「鉄筋工事」から毎年必ず1～2問は出題されている。鉄筋加工、継手等に関して良く理解すること。

## 1 | 加工

[1] 折曲げ加工は、冷間加工で行う。

[2] 切断はシャーカッターまたは直角切断機等により行う。

[3] 鉄筋の折曲げ形状および寸法は **表5** による。

**表5** | 鉄筋の折曲げ形状および寸法

| 折曲げ角度 | | | 180° | 135° | 90° | 135°および90°（幅止め筋） |
|---|---|---|---|---|---|---|
| 折曲げ図 | | | 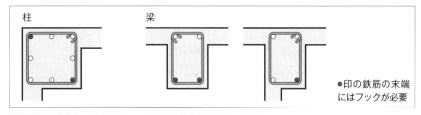 | | | |
| 折曲げ内径直径（D） | SD295A SD295B SD345 | D16以下 | 3d以上 | | | |
| | | D19〜D38 | **4d以上** | | | |
| | SD3 90 | D19〜D38 | 5d以上 | | | |

**注1** dは異形鉄筋の呼び名に用いる数値。

**注2** 片持ちスラブ先端、壁筋の自由端側の先端で90°フックまたは180°フックを用いる場合は、余長は4d以上とする

**注3** 90°未満の折曲げの内法直径は特記による

[4] 異形鉄筋を用いる梁主筋をL形に加工する際、一辺の加工寸法は、D29以上では±20mm、D25以下では±15mm、加工後の全長の許容差は主筋の径に関係なく±20mmとする。

[5] 帯筋の加工において、一辺の加工寸法の許容差は±5mmとする。

[6] 柱の断面寸法が上下階で異なる場合、柱主筋の折曲げは、原則として梁せいの範囲で行うものとする。

[7] 鉄筋の末端部にフックを設けるのは主に以下の場合である。

 **1）柱および梁（基礎梁を除く）の出隅部の鉄筋**

 **2）あばら筋・帯筋**

 **3）煙突の鉄筋**

 **4）丸鋼**

●印の鉄筋の末端にはフックが必要

**図20** | 異形鉄筋でも末端にフックを必要とする出隅部の鉄筋

memo ►►►►
- 出隅部の鉄筋は、火災時に2方向から加熱され、コンクリートとの付着効果が期待できなくなるためフックを設ける。

## 2 | 組立

[1] 鉄筋の定着および重ね継手の長さは **表6** による。

**表6** | 鉄筋の定着および重ね継手の長さ

| 鉄筋の種類 | | コンクリートの設計基準強度（単位：N／mm²）（〈 〉内はフック付き） | | | | | |
|---|---|---|---|---|---|---|---|
| | | 18 | 21 | 24〜27 | 30〜36 | 39〜45 | 48〜60 |
| 定着の長さ | SD295A SD295B | 40d〈30d〉 | 35d〈25d〉 | 30d〈20d〉 | 30d〈20d〉 | 25d〈15d〉 | 25d〈15d〉 |
| | SD345 | 40d〈30d〉 | 35d〈25d〉 | 35d〈25d〉 | 30d〈20d〉 | 30d〈20d〉 | 25d〈15d〉 |
| | SD390 | — | 40d〈30d〉 | 40d〈30d〉 | 35d〈25d〉 | 35d〈25d〉 | 30d〈20d〉 |
| | SD490 | — | — | 45d〈35d〉 | 40d〈30d〉 | 40d〈30d〉 | 35d〈25d〉 |
| 重ね継手の長さ | SD295A SD295B | 45d〈35d〉 | 40d〈30d〉 | 35d〈25d〉 | 35d〈25d〉 | 30d〈20d〉 | 30d〈20d〉 |
| | SD345 | 50d〈35d〉 | 45d〈30d〉 | 40d〈30d〉 | 35d〈25d〉 | 35d〈25d〉 | 30d〈20d〉 |
| | SD390 | — | 50d〈35d〉 | 45d〈35d〉 | 40d〈30d〉 | 40d〈30d〉 | 35d〈25d〉 |
| | SD490 | — | — | 55d〈40d〉 | 50d〈35d〉 | 45d〈35d〉 | 40d〈30d〉 |

＊dは異形鉄筋の呼び名の数値

[2] 鉄筋の継手位置は応力の小さい位置に設け、1カ所に集中させない。

[3] D35以上の異形鉄筋には、原則として重ね継手は用いない。

[4] 直径の異なる鉄筋相互の重ね継手長さは、細いほうの径による値とする。

[5] 梁の主筋を重ね継手とする場合、隣り合う鉄筋の継手中心位置は、**重ね継手長さの約0.5倍ずらすかまたは1.5倍以上ずらす** **図21**。

[6] フック付き重ね継手の長さは定着と同様に、**鉄筋の折曲げ開始点間の距離とし、フック部分は含まない** **図22**。また、継手の長さは、フックの角度には関係しない。

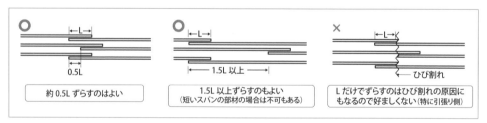

**図21** | 重ね継手のずらし方

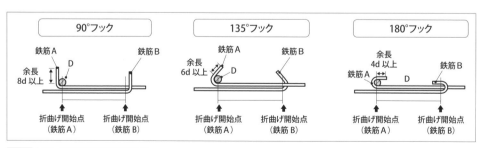

**図22** | フック付き重ね継手の長さ

[7] 梁主筋の重ね継手は、水平重ね、上下重ねのいずれでも良い。

[8] 鉄筋の最小かぶり厚さは **表7** による。

**表7** | 鉄筋の最小かぶり厚さ（単位：mm）

| 部材の種類 | | 短期 | 標準・長期 | | 超長期 | |
|---|---|---|---|---|---|---|
| | | 屋内・屋外 | 屋内 | 屋外（※2） | 屋内 | 屋外（※2） |
| 構造部材 | 柱・梁・耐力壁 | 30 | 30 | 40 | 30 | 40 |
| | 床スラブ・屋根スラブ | 20 | 20 | 30 | 30 | 40 |
| 非構造部材 | 構造部材と同等の耐久性を要求する部材 | 20 | 20 | 30 | 30 | 40 |
| | 計画供用期間中に維持保全を行う部材（※1） | 20 | 20 | 30 | (20) | (30) |
| 直接土に接する柱・梁・壁・床および布基礎の立上り部 | | 40 | | | | |
| 基礎 | | 60 | | | | |

※1 計画供用期間の級が超長期で、計画供用期間中に維持保全を行う部材では、維持保全の周期に応じて定める。

※2 計画供用期間の級が標準および長期で、耐久性上有効な仕上げを施す場合は、屋外側では最小かぶり厚さを10mm減じることができる。

———

[9] 開口補強等の斜め筋は、壁がダブル配筋の場合、壁の内側にしてかぶり厚を確保する。床も同様とする。

[10] 杭基礎の基礎筋（ベース筋）の最小かぶり厚さは、杭天端から確保する。

[11] 鉄筋のあきは 表8 による。

———

**表8** | 鉄筋のあき

| 異形鉄筋 | | **あ き**<br>•呼び名の数値の1.5倍<br>•粗骨材最大寸法の1.25倍<br>•25mm<br>のうち大きい数値以上 | **間 隔**<br>•呼び名の数値の1.5倍＋最大外径<br>•粗骨材最大寸法の1.25倍＋最大外径<br>•25mm＋最大外径<br>のうち大きい数値以上 |
|---|---|---|---|

———

memo ▶▶▶▶

•コンクリート打設時に、鉄筋の間を粗骨材（砂利・砕石）が通過できるよう所定のあきが必要。

## 3 | ガス圧接継手

[1] ガス圧接継手を行う場合は、工事に相応した圧接技量資格者による 表9 。

**表9** | 技量資格者の圧接作業可能範囲

| 技量資格種別 | 圧接作業可能範囲 | |
|---|---|---|
| | 種類 | 鉄筋径 |
| 1種 | SR235、SR295 | 径25以下、呼び名 D25以下 |
| 2種 | SD295A、SD295B | 径32以下、呼び名 D32以下 |
| 3種 | SD345<br>SD390 | 径38以下、呼び名 D38以下 |
| 4種 | SD490（3種または4種で可能） | 径50以下、呼び名 D51以下 |

•SD490の鉄筋を圧接する場合は、施工前試験を行う。

[2] 鉄筋は、ガス圧接によるアップセット（短縮）を考慮し、縮み代（鉄筋径の1～1.5倍）を見込んで加工を行う。縮み代は鉄筋径によって異なり、強度によって異なるものではない。

[3] 圧接端面間のすきまは、鉄筋径にかかわらず、2mm以下とする。

[4] 圧接端面の加工は、圧接作業当日に行う。当日より前に加工を行う場合は、端面保護材を使用しなければならない。

[5] 圧接部の加熱は、圧接端面が密着するまで**還元炎**(アセチレン過剰炎)で加熱する。

[6] 鉄筋系の差が5mmを超える場合は、原則として圧接してはならない。

[7] 隣り合う鉄筋の圧接部は400mm以上ずらす。

[8] 圧接部のふくらみの直径は、鉄筋径の1.4倍以上とする 図23 。

[9] 圧接部のふくらみの長さは、鉄筋径の1.1倍以上とする 図23 。

[10] 接合される鉄筋中心軸の偏心量は、鉄筋径の1/5以下とする 図23 。

[11] 圧接部のふくらみの頂部から圧接面のずれは、鉄筋径の1/4以下とする 図23 。

[12] 軸心のずれが規定値を超えた場合は、圧接部を切り取り、再圧接する。

[13] 圧接部の形状が著しく不良なもの、有害と思われる欠陥がある場合は再圧接を行う。

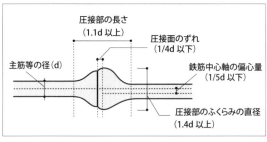

図23 | 圧接継手に関する主な規定

### 3 | 機械式継手

[1] ねじ節継手とは、鉄筋表面の節がねじ状に熱間成形されたねじ節鉄筋を利用し、雌ねじ加工されたカップラーを用いて接合する工法である。

[2] 端部ねじ継手とは、端部をねじ加工した異形鉄筋、あるいは加工したねじ部を端部に圧着した異形鉄筋を使用し、雌ねじ加工されたカップラーを用いて接合する工法である。

[3] **充填継手**とは、異形鉄筋の端部に鋼管(スリーブ)をかぶせた後、スリーブと鉄筋の間にモルタルや溶融金属を充填して接合する工法である。

[4] **鋼管圧着継手**とは、異形鉄筋の端部に鋼管(スリーブ)をかぶせた後、外側から加圧して鉄筋表面の節にスリーブを食いこませて接合する工法である。

[5] 併用継手とは、2種類の機械式継手を組み合わせることでそれぞれの長所を取り入れ、施工性を改良した工法である。

● 留意事項

● 隣り合う鉄筋の継手の位置は、カップラー中心間で400mm以上、かつカップラー端部の間の空きが40mm以上となるようにずらして配置する。

● 接合しようとする鉄筋は、その端面が直角なものを用いる。

● 施工においては、マーキングによる挿入長さの確認を行う。

### 2 | コンクリート工事

重要 >>>>

・「躯体施工」から出題される10問のうち、毎年必ず1～2問は「コンクリート工事」から出題されている。

## 1 コンクリートの品質

[1] 使用するコンクリートの強度は、工事現場で採取し、標準養生した供試体の材齢28日の圧縮強度で表す。その値は、品質基準強度に予想平均気温によるコンクリート強度の補正値を加えた値(調合管理強度)以上でなければならない。

[2] コンクリートに含まれる**塩化物イオン量は0.30kg/m³以下**とする。高強度コンクリートも同様とする。

[3] スランプは、品質基準強度が33N/mm²以上の場合は、21cm以下、33N/mm²未満の場合は、18cm以下とする。

memo ▶▶▶▶

> ・スランプはコンクリートの流動性の程度をあらわし、数字が大きいほうが柔らかい。

[4] 細骨材率(細骨材/全骨材)は、コンクリートの品質が得られる範囲内でできるだけ小さくする。細骨材率が大きいと、所要のスランプを得るのに必要な単位セメント量および単位水量を多く必要となる。

[5] 粗骨材は、球形に近い骨材を用いるほうが、扁平なものを用いるよりもワーカビリティーが良い。

## 2 コンクリートの調合

[1] 普通ポルトランドセメントを用いる場合の水セメント比は65%以下とする。

memo ▶▶▶▶

> ・水セメント比はセメントに対する水の重量比のこと。W/C(%)で表し、大きくなるほど強度は低下する。誤解しないこと。

[2] 水セメント比を低減すると、コンクリート表面からの塩化物イオンの浸透に対する抵抗性を高めることができる。

[3] 単位水量は185kg/m³以下とする。

[4] 単位セメント量は270kg/m³以上とする。

[5] 単位セメント量が過小だとコンクリートのワーカビリティーが低下し、耐久性や水密性の低下の原因となりやすい。

[6] 空気量は、普通コンクリートでは4.5%、軽量コンクリートでは5%を標準とする。

[7] 空気量が多くなると硬化後の圧縮強度の低下や乾燥収縮の原因となる。

## 3 コンクリートの打設

[1] コンクリートの練混ぜから打込み終了までの時間制限
    外気温が25℃未満の場合:120分
    外気温が25℃以上の場合:90分

[2] コンクリートポンプの輸送管の径ならびに配管は 表10 による。

**表10** | 輸送管の呼び寸法

| 粗骨材の最大寸法（mm） | 輸送管の呼び寸法（mm） |
| --- | --- |
| 20 | 100A以上 |
| 25 | |
| 40 | 125A以上 |

[3] コンクリート打込み速度の目安は、コンクリートポンプでは20〜30m³/hである。早くても遅くてもいけない。

[4] コンクリートの圧送に先立ち、**富調合のモルタルを圧送し**、配管内面の潤滑性を高める。

[5] 打設は鉛直に打込み、落下高さを小さくする。壁部分は1〜2mの間隔で打設し、**横流しをしてはいけない**。

[6] 棒型振動機の挿入間隔は、600mm以下とし、コンクリート1層の打込み厚さは、棒型振動機の長さ(600〜800mm)以下とする。また、**加振時間は、1カ所5〜15秒程度が一般的である**。

[7] 暑中コンクリートおよびマスコンクリートの荷卸し時のコンクリート温度は、原則として35℃以下となるようにする。

[8] コンクリートポンプを用いて圧送する場合、軽量コンクリートは、普通コンクリートに比べて、スランプの低下や輸送管内での閉そくを生じやすい。

## 4 | コンクリートの打継ぎ

[1] 梁およびスラブ等の鉛直打継ぎ部は、せん断応力の小さいスパンの中央部に設けることが基本である。

[2] 打継ぎ部は、レイタンスおよび脆弱なコンクリートを取り除き、コンクリート打設前に十分な湿潤を行う。ただし、後に残った水は高圧空気などで取り除く。

## 5 | コンクリートの養生

[1] コンクリートは、硬化の初期段階において急激な乾燥・温度変化や振動等の影響を受けないよう十分な養生を行う必要がある。

[2] 打設後は、散水などで湿潤養生し、コンクリート温度を2℃以上に保つ。湿潤養生には透水性の少ないせき板や水密シートによる被覆なども含まれる。

[3] 湿潤養生の養生期間は**普通ポルトランドセメントの場合は5日以上、早強ポルトランドセメントの場合は3日以上**とする。

[4] 寒冷期においては、打設後5日以上はコンクリート温度を2℃以上に保ち、コンクリートを寒気から保護する。早強ポルトランドセメントを用いる場合は3日以上とする。

[5] 寒中コンクリートで**加熱養生を行う場合は、散水等を行い**、コンクリートが乾燥しないようにする。

[6] 寒中コンクリートの初期養生期間は、圧縮強度が5N/mm²に達するまでとする。

[7] 暑中コンクリートの湿潤養生の開始時期は、コンクリート上面ではブリーディング水が消滅した時点、せき板に接する面では脱型直後とする。

[8] 打設中および打設終了後5日間は、乾燥・振動によってコンクリートの凝結や硬化が妨げられないようにする必要がある。

[9] 原則として、打設後少なくても1日間以上、その上で歩行および作業を行ってはならない。

## 6 | コンクリートの試験

[1] 圧縮強度試験に用いる供試体は標準養生とし、材齢は28日で行う。

[2] 試験回数は、原則として打込み工区毎および**打込み日ごと**に1回、かつ150m³ごと、またはその端数ごとに1回を標準とする。

[3] スランプの許容差は 表11 による。

表11 | スランプの許容差（単位：cm）

| スランプ | スランプの許容差 |
|---|---|
| 2.5 | ±1 |
| 5および6.5 | ±1.5 |
| 8以上18以下 | ±2.5 |
| 21 | ±1.5（呼び強度27以上で高性能AE減水剤を使用する場合±2） |

## 3 | 型枠工事

重要>>>>

- ・「躯体施工」から出題される10問のうち、令和5年は1問が「型枠工事」から出題されている。

## 1 | 型枠の組立

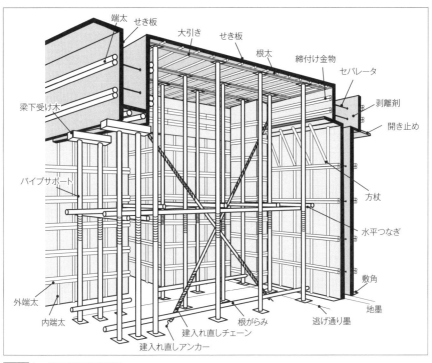

端太　せき板　大引き　せき板　根太　締付け金物　セパレータ

梁下受け木　剥離剤　開き止め

パイプサポート　方杖　水平つなぎ

外端太　敷角　地墨

内端太　根がらみ　逃げ通り墨

建入れ直しチェーン

建入れ直しアンカー

図24 | 一般的な型枠構成例

[1] せき板に用いる木材は、できるだけ直射日光にさらされないようにシート等を用いて保護するなど、コンクリート表面の硬化不良防止策を行う。

[2] 支保工の支柱の脚部には滑動防止のため、**脚部の固定、根巻き等の対策を講じる**。

[3] パイプサポート以外の鋼管を支柱として用いる場合は、**高さ2m以内ごとに水平つなぎを2方向に設ける**。

[4] パイプサポートを支柱として用いる場合は、**3本以上継いではならない**。

[5] パイプサポートを2本継ぐ場合は、**4本以上のボルトあるいは専用の金物で固定する**。

[6] パイプサポートの高さが3.5mを超える場合は、**高さ2m以内ごとに水平つなぎを2方向に設ける**。

[7] 鋼管枠を支柱として用いる場合、最上階および5層以内ごとに水平つなぎおよび布枠を設ける。

[8] 組立て鋼柱の高さが4mを超える場合は、4m以内に水平つなぎを2方向に設ける。

[9] 鋼製仮設梁のトラス下弦材は所定の支点(両端部等)以外の位置で支持してはならない。

[10] コラムクランプとは、主に独立柱等に用いられ、柱のせき板を四方から締め付けて固定する金物のことである。

[11] 型枠の墨出しは、平面位置基準のBMから、通り心からの逃げ通り墨(通り心から1mまたは0.5m内側に移した墨)を床の上に印し、これを基準にして通り心、壁墨、柱型墨を印す。

[12] 建物四隅の基準墨を上階に移す場合、4点を下げ振りで移す。

[13] SRC造では、鉄骨柱を利用して基準高さを表示してレベルの墨出しを行ってもよい。

[14] RC造では、各階ごとの基準高さは、1階からの基準高さからのチェックも行う。

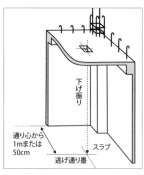

**図25｜逃げ通り墨**

---

## 2｜型枠の設計

[1] スラブ型枠に加わる荷重は、**固定荷重 + 積載荷重**
固定荷重：24kN/m³(普通コンクリートの単位体積重量)×スラブ厚(m) + 0.4kN/m²(型枠の重量)
積載荷重(作業荷重+衝撃荷重)：1.5kN/m²

[2] 合板のせき板のたわみは、各支点間を単純梁として安全側で計算する。

[3] 合板以外のせき板および根太・大引等のたわみの計算は、単純梁と両端固定の梁の平均として計算する。

[4] 各型枠材における**変形量は3mm程度とする**。

[5] 合板を型枠に用いる場合は、方向性による曲げヤング係数の低下を考慮する。

[6] 鋼管枠を支柱として用いる場合は、当該支保工の上端に鉛直荷重の2.5%相当の水平荷重を考慮する。

[7] 鋼管枠以外のものを支柱として用いる場合は、当該支保工の上端に鉛直荷重の5%相当の水平荷重を考慮する。

[8] 支保工以外の材料の許容応力度は、長期許容応力度と短期許容応力度の**平均値とする**。

## 3 | 型枠の存置期間

[1] 型枠の最小存置期間は 表12、表13 による。

表12 | 型枠の最小存置期間
（コンクリート強度による場合）

| 計画供用期間 | 確認の必要なコンクリートの圧縮強度 |
|---|---|
| 短期、標準 | 5N／mm²以上 |
| 長期、超長期 | 10N／mm²以上 |

表13 | 型枠の最小存置期間
（材齢による場合）

| セメントの種類 | コンクリートの材齢（日） | | |
|---|---|---|---|
| | ●早強ポルトランドセメント | ●普通ポルトランドセメント<br>●高炉セメントA種<br>●シリカセメントA種<br>●フライアッシュセメントA種 | ●高炉セメントB種<br>●シリカセメントB種<br>●フライアッシュセメントB種 |
| 平均気温 20℃以上 | 2 | 4 | 5 |
| 平均気温 20℃未満10℃以上 | 3 | 6 | 8 |

[2] スラブ下および梁下の支保工の存置期間は、コンクリートの圧縮強度が当該部材の設計基準強度に達したことが確認できるまでとする。

[3] スラブ下および梁下のせき板の取り外しは、原則として支保工取り外し後とする。

# 1-6 鉄骨工事

重要 >>>>

・「躯体施工」から出題される10問のうち、毎年必ず1～2問は「鉄骨工事」から出題されている。

## 1 | 工作

[1] 鉄骨製作用に用いる鋼製巻尺はJISの一級品を使用し、鉄骨製作工場と工事現場用の基準巻尺のテープ合わせを行う。巻尺相互を並べて一端を固定し、他端に50N程度の張力を与え、目盛のずれが、10mに0.5mm以内であることが望ましい。

[2] 切断は、鋼材の形状、寸法に合わせて最適な方法で行う。ガス切断は原則として、自動ガス切断機を用いる。せん断による切断は、厚さ13mm以下の鋼材とする。

[3] 孔あけ加工は、ドリルあけを原則とする。ただし、普通ボルト、アンカーボルト、鉄筋貫通孔用で板厚が13mm以下の場合は、せん断孔あけとすることができる。

[4] 曲げ加工は常温または加熱加工とする。加熱加工の場合は赤熱状態（850～900℃）で行う。青熱脆性域（200～400℃）での加工は、鋼材がもろくなるので行わない。

memo >>>>

・曲げ加工は青ではダメ、赤ならOK。信号と反対と覚える。

[5] 摩擦面処理は、摩擦面のすべり係数が0.45以上確保できるよう、赤錆の自然発生やブラスト処理などを行う。ブラスト処理による摩擦面の粗さは50μmRZ以上とする。

［6］錆止め塗装を行わない部分の主なもの

　1）現場溶接を行う箇所およびそれに隣接する両側それぞれ100mm以内、および超音波探傷に支障を及ぼす範囲

　2）高力ボルト摩擦接合部の摩擦面

　3）コンクリートに密着する部分、および埋め込まれる部分

　4）密閉される閉鎖型断面の内部

## 2　建方

［1］建方は、組立て順序、建方中の構造体の補強の要否等について、十分検討した計画にしたがって行い、本接合が完了するまで強風、自重、その他の荷重や外力に対して安全な方法とする。

［2］高力ボルト接合の場合は、仮ボルトは中ボルト等を用い、ボルト一群に対して1／3程度、かつ2本以上とする。

［3］溶接接合と高力ボルト接合の併用継手および混用継手の場合は、仮ボルトは中ボルト等を用い、ボルト一群に対して1／2程度、かつ2本以上とする。

memo >>>>

・仮ボルトは、高力ボルト接合では1／3かつ2本以上、併用継手では1／2かつ2本以上。

［4］溶接接合部におけるエレクションピース等の仮ボルトは、**高力ボルトを用いて、全数締め付ける。**

［5］本接合に先立ち、ひずみを修正し、建入れ直しを行う。ターンバックル付き筋かいを有する構造物においては、**その筋かいを用いて建入れ直しを行ってはならない。**

［6］建入れ直しは、各節の建方が終了するごとに行う。大規模でスパンが多い場合は、小区画にするなど有効なブロックに分けて修正を行う。

［7］倒壊防止用の**ワイヤーロープを使用する場合は、建入れ直し用として兼用しても良い。**

［8］高力ボルト接合と溶接接合を併用または混用する場合は、高力ボルトを締め付けた後に溶接を行うのが原則である。

［9］計測値が設計値より小さかった場合は、梁接合部のクリアランスに矢（くさび）を打込むか、またはジャッキ等により押し広げて微調整を行う。

［10］アンカーボルトの頭部の出の高さは、二重ナット締めとしても、ナットの先端からネジ山が3山以上出るようにする。

［11］ベースプレートの支持方法は、特記なき場合は、ベースモルタルの後詰め中心塗り工法とする。

［12］後詰め中心塗り工法に使用するベースモルタルは、**無収縮モルタル**とする。

［13］ベースモルタルの塗り厚さは、30〜50mm以内とし、中心塗りモルタルの大きさは、200mm角あるいは200mm∅以上とする。

［14］ベースモルタルは鉄骨建方までに**3日以上の養生期間**をとらなければならない。

**表14** 鉄骨建方基準

| 名称 | 図 | 許容差 | 名称 | 図 | 許容差 |
|---|---|---|---|---|---|
| 建物の倒れ（$e$） | | $e \leqq \dfrac{H}{4000} + 7\text{mm}$ かつ $e \leqq 30\text{mm}$ | 柱の倒れ（$e$） | | $e \leqq \dfrac{H}{1000}$ かつ $e \leqq 10\text{mm}$ |
| 建物の湾曲（$e$） | | $e \leqq \dfrac{L}{4000}$ かつ $e \leqq 20\text{mm}$ | 梁の水平度（$e$） | | $e \leqq \dfrac{L}{1000} + 3\text{mm}$ かつ $e \leqq 10\text{mm}$ |
| 階高（$\varDelta H$） | | $-5\text{mm} \leqq \varDelta H \leqq +5\text{mm}$ | 梁の曲がり（$e$） | | $e \leqq \dfrac{L}{1000}$ かつ $e \leqq 10\text{mm}$ |

## 3 工法

[1] **総足場工法**とは、必要な高さまで足場を組み立てて、作業用の構台を全域に渡り設置し、架構を構築する工法である。

[2] **移動構台工法**とは、移動構台上で所定の部分の屋根鉄骨を組み立てた後、構台を移動させ、順次架構を構築する工法である。

[3] **スライド工法**とは、作業構台上で所定の部分の屋根鉄骨を組み立てた後、スライド用レールにより屋根架構を移動させ、順次架構を構築する工法である。

[4] **リフトアップ工法**とは、地上または構台上で組み立てた屋根架構を、先行して構築した構造体を支えとして、ジャッキ等により引き上げていく工法である。

[5] **ブロック工法**とは、地組みした所定の大きさのブロックを、クレーン等で吊り上げて架構を構築する工法である。

## 4 溶接接合

[1] 溶接材料は、変質・吸湿したもの・汚れの付着したもの等は用いてはならない。乾燥した状態で保管する。

[2] 開先を有する溶接の始点・終点は欠陥防止としてエンドタブを取り付ける。

[3] 柱梁接合部にエンドタブを取り付ける場合は、**直接柱梁に溶接を行わず、裏当て金に取り付ける。**

[4] 完全溶込み溶接（突合せ溶接）図26とは、母材の接合部を開先加工して突き合わせる部材の全断面が完全に溶接されるよう全長にわたって溶接を行う。

[5] 隅肉溶接 図27とは、母材を垂直や重ねて接合する際、開先加工を行わない溶接である。引張力の作用する箇所には用いず、せん断力の作用する梁のウェブ等に用いられる。

[6] 隅肉溶接において、のど厚aを確保するためには、余盛⊿aが必要で、余盛⊿aは0.6S以下かつ6mm以下とする。

[7] 部分溶込み溶接 図28とは、接合面の一部を開先加工し、片面または両面から溶接面の一部分だけ溶け込ませて溶接する方法である。引張力の作用しない箇所に用いることができる。

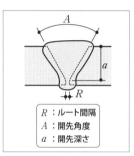

図26 | **完全溶込み溶接**

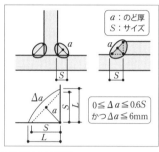

図27 | **隅肉溶接**

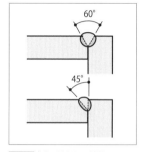

図28 | **部分溶込み溶接**

[8] 気温が−5℃以下の場合、溶接を行ってはならない。なお、−5℃〜5℃までの場合は、溶接部より100mmの範囲の母材部分を加熱して溶接を行うことができる。

[9] 雨天または湿度の高い場合は、屋内であっても母材の表面などに水分が残っていないことを確かめて溶接を行う。

[10] 風の影響については、被覆アーク溶接で10m/sまで、ガスシールドアーク半自動溶接で3m/sまでが限度とされている。

[11] **割れ** 図29 が発見された場合、割れの入った溶接金属を全長にわたって完全に除去し、**再溶接を行う。**

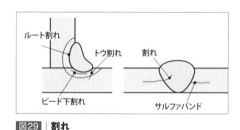

図29 | **割れ**

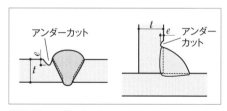

図30 | **アンダーカット**

[12] **表面割れ**は、割れの部分を確認した上で、その両端から50mm以上溶接部をはつり取り、**補修溶接を行う。**

[13] アンダーカット 図30とは、溶接速度が速い場合などに母材が掘られ、溝状になった部分をいうが、補修溶接を行う。

[14] 溶接接合の突合せ継手の食い違いの許容差は、鋼材の厚みによって異なる。

## 5 高力ボルト接合

[1] 高力ボルト接合には、高力ボルトの強力な締め付けにより、接合部材間に生じる摩擦力を利用して応力を伝える摩擦接合 図31 と、材間圧縮力を利用して、高力ボルトの軸方向の応力を伝える引張接合 図31 がある。

[2] 高力ボルトの長さ 図32 は首下寸法とし、締め付け長さに 表15 の長さを加えたものとする。

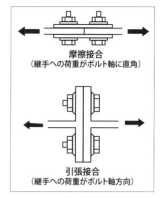

**図31│摩擦接合と引張接合**

**表15│締め付け長さに加える長さ**（単位；mm）

| ボルトの呼び径 | トルシア形高力ボルト | 高力六角ボルト（JIS形） |
|---|---|---|
| M12 | — | 25 |
| M16 | 25 | 30 |
| M20 | 30 | 35 |
| M22 | 35 | 40 |
| M24 | 40 | 45 |
| M27 | 45 | 50 |
| M30 | 50 | 55 |

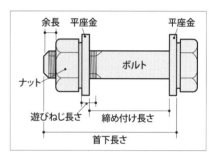

**図32│ボルトの長さ**

[3] 接合部に生じる肌すきが1mmを超える場合はフィラープレートを入れて補う。1mm以下の肌すきの場合の処置は不要である。

[4] ボルト頭部またはナットと部材の接合面が、1/20以上傾斜している場合は、勾配座金を使用する。

[5] ボルト孔の径は、高力ボルトの呼び径に2mm（普通ボルトの場合は0.5mm）を加える。

[6] ボルトの相互間の中心距離は、その径の2.5倍以上としなければならない。

[7] 高力ボルトの締め付けは、2度締めとし、一次締め、マーキング、本締めの順に行う。

[8] マーキングはすべてのボルトに対して行う。

[9] 一群となっているボルトの締め付けは、鋼板に生じるひずみを防止するため、継手部分である群の**中央から周囲に向かう順序**で行う 図33 。

[10] 一次締め後、部材、座金、ナット、ボルトに、すべてマーキング 図34 を行い、次に本締めを行う。

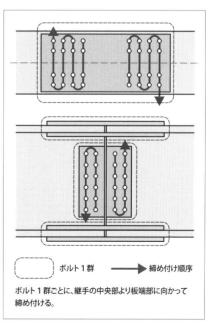

ボルト1群ごとに、継手の中央部より板端部に向かって締め付ける。

**図33│ボルトの締め付け順序**

図34｜マーキング

[11] JISの高力ボルトは締め付け完了後に、マーキングのずれによって完了を確認する。

[12] トルシア形高力ボルト 図35 はピンテールの破断によって完了を確認する。

[13] ボルトの余長は、ねじ山が1〜6山ほど出ているものを合格とする。

[14] トルクコントロール法による検査は、トルクレンチを用いてナットを追締めし、ナットが回転を始めた時のトルク値による。所要トルク値の±10%以内のものを合格とする。

[15] ナット回転法による検査は、一次締め後のナットの回転量が120°±30°の範囲にあるものを合格とする。

[16] 一度使用したボルトは、再使用してはならない。

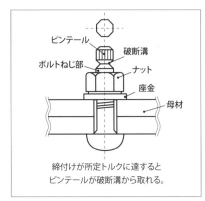

締付けが所定トルクに達すると
ピンテールが破断溝から取れる。

図35｜トルシア形高力ボルト

## 6 耐火被覆

[1] 左官工法とは、鉄網(ラス金網)を下地とし、各種モルタルを塗る工法である。どのようは形状の下地にも対応できる。

[2] 吹付け工法には、工事現場でロックウール、セメントおよび水を混合してノズルの先端に圧送し吹付ける半乾式工法と、工場でロックウールとセメントを配合した材料と水を別々に圧送してノズルの先端で混合し吹付ける乾式工法がある。

[3] 吹付け工法では、吹付け材が硬化するまでの養生が必要となる。また確認ピンによる吹付け厚さの確認を行う。

[4] 耐火板貼り工法とは、耐火性のある加工した成形板を鉄骨に貼り付ける工法である。表面に化粧仕上げが可能だが、吹付け工法に比べてコストがかかる。

[5] 耐火被覆材巻き付け工法とは、無機繊維のブランケットを鉄骨に取り付ける工法である。施工時の粉塵が発生しないなどの利点がある。

# 1-7 その他

重要>>>>

・10問出題される「躯体施工」のうち、「耐震改修工事」は過去13年間で9度出題されている。また、令和3年の「応用能力問題」でも1問出題されている。今後、「耐震改修工事」は、時代の要請により、ますます重要となると思われる。

## 1 耐震改修工事

[1] 溶接金網巻き工法では、溶接金網のかぶり厚さ確保のため、金網は型枠建込み用のセパレーターに結束して固定する。

[2] 溶接金網巻き工法では、溶接金網は分割して建込み、相互の接合は重ね継手とする。

[3] 溶接閉鎖フープ巻工法では、フープ筋の継手は、溶接長さ10d以上のフレア溶接とする。

[4] 柱補強工事の鋼板巻き工法では、鋼板と既存柱のすき間にグラウト材を圧入する。

[5] 鋼板巻き工法では、2枚の鋼板を□型に一体化する際、接合部を突合せ溶接とする。

[6] 角形鋼板巻き工法におけるコーナー折り曲げ加工の内法半径は、鋼板厚さの3倍以上とする。

[7] 柱の連続繊維補強工法において、繊維シートの水平方向の重ね継手位置は、柱の各面に分散させる 図36 。また各繊維による重ね長さは 表16 による。

[8] 柱の連続繊維補強工法では、躯体表面を平滑にするための下地処理後、その表面は接着力確保のためプライマーを塗布し、隅角部は面取りを行う。

[9] 耐震壁の増設等、既存構造体に後施工アンカーが多数埋め込まれる増設壁部分に用いる割裂補強筋には、スパイラル筋またははしご筋を用いる。

[10] 柱と接する既存の袖壁部分に耐震スリット 図37 を設ける工事では、袖壁の切欠きは、袖壁全厚として完全に柱と壁との接合を切る完全スリットとする。

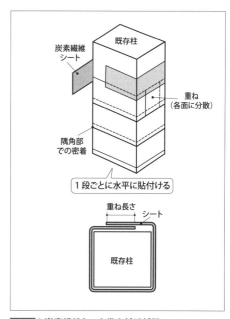

図36 | 炭素繊維シート巻き付け補強

表16 | 繊維シートの重ね長さ

| 繊維 | 重ね長さ |
|---|---|
| 炭素繊維 | 200mm以上 |
| アラミド繊維 | 200〜300mm以上 |
| ガラス繊維 | 50mm以上 |

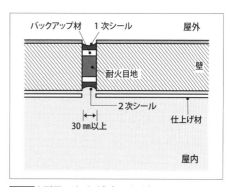

図37 | 耐震スリット（完全スリット）

[11] 増設壁コンクリート打設後に行う上部すき間に圧入したグラウト材の充填は、空気抜きからグラウト材が出ることで確認する。

[12] コンクリート圧入工法 図38 とは、コンクリートポンプ等の圧送力を利用して、密閉型枠内に流動性のよいコンクリートを打設する工法である。

[13] 枠付き鉄骨ブレースの設置工事では、現場で鉄骨ブレース架構を組み立てるので、継手はすべて高力ボルト接合とするのがのぞましい。

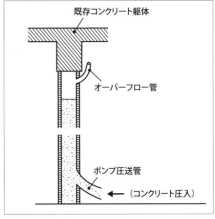

図38 | コンクリート圧入工法の例

## 2 補強コンクリートブロック工事

[1] ブロックの1日の積上げ高さは1.6m以下とする。

[2] 目地モルタルは、ブロックが接合する全面に塗り付けて積み、目地幅は10mmとする 図39 。

[3] 縦目地空洞部へのコンクリートまたはモルタルの充填は、ブロック2段以下毎に入念に行う。

[4] ブロックはフェイスシェルの厚いほうを上にして積み上げる 図39 。

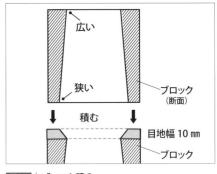

図39 | ブロック積み

memo ▶▶▶▶
- コンクリートブロックは、モルタルの塗布のしやすさと組積の安定のため、広い部分に狭い部分を積む。

## 3 躯体解体工事

鉄筋コンクリート造の建築物の躯体解体工事に関する留意点を下記に記す。

[1] 圧砕機の地上作業による解体では、作業開始面の外壁から1スパンを上階から下階に向かって全階解体し、オペレーターの視界を確保する。

[2] 圧砕機の階上作業による解体に先立ち、解体したコンクリートの塊を下部に落とすための開口部をハンドブレーカにより各階に設ける。

[3] 大型ブレーカの階上作業によるスラブや梁などの水平材の解体作業は、大型ブレーカの走行階の部材を後退しながら解体する。

[4] 外壁の転倒解体工法において、1回の転倒解体部分は柱2本を含み、幅1〜2スパン程度とし、高さは1層分以下とする。

[5] 振動レベルの測定器の指示値が周期的に変動した場合、変動ごとの最大値の平均値を振動レベルとする。

# 2 仕上施工

POINT
出題傾向と
ポイント

● 「仕上施工」は9問のうちから7問を選択し解答する。「防水工事」や「内装工事」からの出題頻度が高い。得意分野で確実に得点をゲットする。

## 2-1 防水工事

重要 >>>>

・「仕上施工」からの9問の出題のうち、「防水工事」からは毎年必ず1問は出題されている。的はしぼりにくいが、特にアスファルト防水、シーリング工事は重要である。

### 1 アスファルト防水

アスファルトプライマーを下地処理剤として塗った上に、溶融アスファルトとアスファルトルーフィング類を交互に重ねて防水層としたものである。

[1] 密着工法とは、下地面に防水層を完全に密着させる工法で、屋上防水や室内防水などで多用される。

[2] 絶縁工法とは、防水層を下地に密着させない工法で、一般部は部分接着、立上り部や周辺部は密着張りとする。

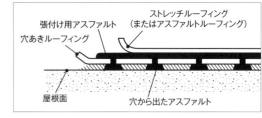

張付け用アスファルト　ストレッチルーフィング（またはアスファルトルーフィング）
穴あきルーフィング
屋根面
穴から出たアスファルト

**図1** | **絶縁工法**

[3] 絶縁工法 図1 は、防水層の最下層に穴あきルーフィングを用い、下地のひび割れや継目の挙動による防水層の破断を防ぐことができる。

[4] 下地の出隅では面取り、入隅部はモルタル等で三角形または丸面を取る。

[5] 平場では、千鳥張り工法とする。継目は縦横とも100mm以上重ね合わせて、水下側のルーフィングが下になるように張り付ける。ただし、絶縁工法の場合の砂付き穴あきルーフィングでは、絶縁面である砂付き面が下向きになるようにして突付け張りとする。

memo >>>>

・防水材を水下から張るのは防水工事の基本中の基本。水上から張ったのでは、水が防水層の継ぎ目から中に入り込んでしまう。

[6] 出隅・入隅および立ち上りの出隅・入隅には、幅300mm以上のストレッチルーフィングを増張りする。ただし、絶縁工法における出隅・入隅には幅700mm以上のストレッチルーフィ

ングを用いて平場部分に500mm以上掛けて増張りする。さらに100mm程度の重ね合わせをとって平場の砂付き穴あきルーフィングに張り付ける 図2、図3。

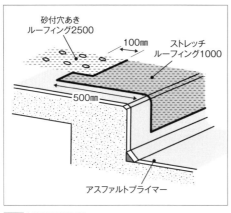

図2 | 出隅部増張り

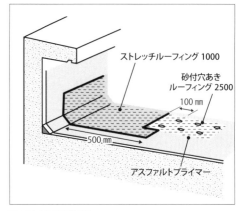

図3 | 入隅部増張り

［7］スラブの打継ぎ箇所やひび割れ箇所は、幅50mm程度の絶縁テープを張り付け、その上に幅300mm以上のストレッチルーフィングを増張りする。

［8］保護コンクリートに用いる成形伸縮目地材の目地幅は25mm程度とし、目地はパラペットなどの立上りから600mm程度離したところから約3mピッチで割り付ける。

## 2 | 改質アスファルトシート防水（トーチ工法）

トーチ工法は改質アスファルトのもつ優れた特性に加えて、アスファルトの溶融釜が不要、周辺環境への影響が少ないなど施工性が良い。

［1］改質アスファルトシート相互の重ね幅は、**縦横とも100mm以上**とする。

［2］改質アスファルトシートの重ね部は、砂面をあぶり、砂を沈めて重ね合わせる。

［3］平場の張り付けにおいて、シートの3枚重ね部は、水みちにならないように、中間の改質アスファルトシート端部を斜めにカットする 図4。

［4］シートの張り付けに先立ち、立上り部の出入隅部に200mm角程度の増張り用シートを張り付ける。

［5］出隅・入隅の処理は、出隅は小さな面を取り、**入隅は直角**とする。

［6］ALCパネルの短辺接合部は、幅300mm程度の増張り用シートを張り付ける。

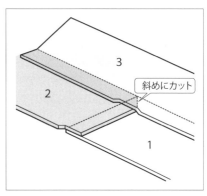

図4 | シートの3枚重ね部の納まり

## 3 | 合成高分子系シート防水

厚さ1.2〜2.5mmの薄い合成高分子ルーフィングを接着材を用いて、ルーフィング相互および下地と一体化させて防水層を形成する。

―――

[1] **加硫ゴム系ルーフィングシート**相互の接着には**接着剤**を用い、テープ状シール材を併用して張り付ける。
[2] 加硫ゴム系シート防水の出隅角の処理は、シートの張り付けに先立ち、**非加硫ゴム系シート**で増張りを行う。
[3] **塩化ビニル樹脂系ルーフィングシート**相互の接着には、**熱融着**またはテトラヒドロフラン系の溶着剤を用い、ルーフィングシートを溶かして接合する。
[4] 塩化ビニル樹脂系シート防水において、接合部のシートの重ね幅は、幅方向、長手方向とも40mm以上とする。
[5] 出隅・入隅の処理は、出隅は小さな面を取り、**入隅は直角**とする。

―――

memo >>>>
- 加硫ゴム系は接着剤、塩化ビニル樹脂系は熱融着により接合する。

## 4 | 塗膜防水

屋根用塗膜防水材を塗り重ねて連続的な膜を構成し防水層としたものである。ウレタンゴム系塗膜防水が代表的である。

―――

[1] **ウレタンゴム系塗膜防水材**の**塗継ぎの重ね幅は100mm以上**、補強布の重ね幅は50mm以上とするが、通気緩衝シートは突き付けとし、重ね張りはしない。
[2] 通気緩衝工法において、立ち上り部の補強布は、平部の通気緩衝シートの上に100mm張り掛けて防水材を塗布する。
[3] 通気緩衝工法において、防水層の下地から水蒸気を排出するための脱気装置は、50〜100m²に1カ所の割り合いで設置する。
[4] 出隅・入隅の処理は、出隅は小さな面を取り、**入隅は直角**とする。

―――

memo >>>>
- 入隅の処理は、アスファルト防水では大きな面取り、シート防水・塗膜防水では直角とし面は取らない。

## 5 | シーリング工事

[1] プライマーは、目地に充填されたシーリング材と被着体とを強固に接着し、シーリング材の機能を長時間維持させるために用いられる。
[2] ノンワーキングジョイントとは、ムーブメントが小さい目地のことで3面接着とする。
[3] コンクリートの打継目地や亀裂誘発目地は、ノンワーキングジョイントとする。
[4] ワーキングジョイントとは、ムーブメントが大きい目地のことで2面接着とする。
[5] 金属パネルやALCパネル等の目地やALCパネルに取り付けるアルミニウム製建具の周囲の目地シーリングは、ワーキングジョイントとする。

[6] バックアップ材は、ワーキングジョイントにおけるシーリング材の3面接着の回避、充てん深さの調整、目地底の形成を目的として用いられる。

[7] ボンドブレーカーは、目地が浅い場合に、ワーキングジョイントにおけるシーリング材の3面接着を回避するために目地底に設けるテープ状の材料である。

**表1 | シーリングの働き**

| 名称 | 特色 | | 絶縁材 | 用途 |
|---|---|---|---|---|
| ワーキングジョイント | 2面接着<br>ムーブメント大 | シーリング材<br>①　② <br>接着面　絶縁材 | バックアップ材<br>ボンドブレーカー<br>（テープ状） | 金属パネル目地<br>ALCパネル目地<br>PCaパネル目地 |
| ノンワーキングジョイント | 3面接着<br>ムーブメント小 | シーリング材<br>①　②<br>③<br>接着面 | — | コンクリート打継目地<br>コンクリート亀裂誘発目地<br>建具取り付け目地 |

memo >>>>

・バックアップ材・ボンドブレーカーともに3面接着の回避を目的とする。

[8] シリコンテープは、シリコン系・変性シリコン系以外のシーリング材用のボンドブレーカーとして使用する。

[9] 一般的には、気温15〜25℃、湿度80%未満の晴天・無風状態で施工することが望ましい。

[10] シーリング材の充てんは、目地の交差部あるいは角部から行う 図5 。

[11] シーリング材の打継ぎは、目地の交差部あるいは角部を避け、そぎ継ぎとする 図6 。

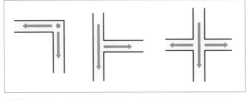

**図5 | コーナーや交差部分のシーリング材充てんの順序**

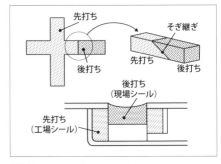

**図6 | シーリング材の打継ぎ**

memo >>>>

・シーリングは、打始めは交差部あるいは角部から、打継ぎは交差部あるいは角部を避ける。

[12] マスキングテープは、プライマーの塗布前に張り付け、目地縁をきれいに仕上げるために、シーリング材の表面仕上直後に除去する。

[13] ALCパネルなど被着体の表面強度が低い場合の目地には、ALCパネルが破損することのないよう、低モジュラスのシーリング材を用いる。

[14] シリコン系シーリングには、基本的にシリコン系のみ後打ち可能であり、変性シリコン系シーリングの後打ちも不可である。

[15] ポリサルファイド系シーリングには、変性シリコン系シーリング等が後打ち可能である。

[16] 充填箇所以外の部分に付着したシーリング材は、直ちに取り除く。ただし、シリコーン系シーリング材は、未硬化状態で拭き取ると、汚染を拡散するおそれがあるため、硬化後に取り除く。

## 2-2 石工事

**重要 >>>>**
> ・「仕上施工」からの9問の出題のうち、「石工事」か「タイル工事」かどちらか1問は必ず出題されている。「石工事」では、外壁乾式工法の特徴を良く理解することが重要。

### 1 石の裏面処理

[1] 石裏面処理材とは、ぬれ色および白華の防止を目的として、湿式工法で石裏面に塗布されるものである。

[2] 裏打ち処理材とは、石材が衝撃を受けた場合の飛散・脱落防止を目的とした繊維補強タイプで、乾式工法等に採用される。また石材の荷重受け等のために、裏面に石材を樹脂で張り付けて補強する力石のようなものも含まれる。

**memo >>>>**
> ・石裏面処理材と裏打ち処理材とでは、名前は似ているが使用目的が異なる。

### 2 外壁湿式工法 図7

石材を引き金物と取付モルタルで固定した後、裏込めモルタルを石裏全面にすき間なく充てんする工法である。小規模の中層建築（高さ10m以下程度）で使用される。

[1] 経済的であり、外部からの衝撃に対して強い。

[2] 石材の厚さは、25mm以上とする。

[3] 2日に1段しか施工できず、工期が長くなる。

[4] 白色系大理石の裏込めモルタルには、大理石は透けてしまうため白色セメントを使用する。

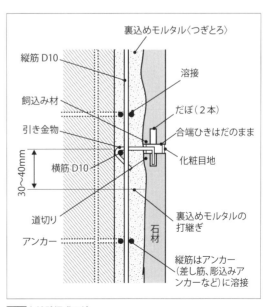

**図7** | **外壁湿式工法**

[5] 引き金物用の穴は、石材の上端の横目地合端に2カ所、両端部より100mm程度の位置に設ける。

[6] だぼ用の穴は、石材の上端の横目地合端に2カ所、両端部より150mm程度の位置に設ける。

[7] 下地は、埋込みアンカーを縦横400mm程度（屋内は600mm程度）の間隔であらかじめ躯体に打込み、これに縦流し筋を溶接し、石材の横目地位置に合わせて横流し筋を溶接する。

[8] 下地の鉄筋の溶接箇所には、錆止め塗料を塗布する。

[9] 一般目地幅は6mm以上とする。

## 3 内壁空積工法

内壁用石材を空積工法で高さ4m以下の内壁に取り付ける工法。

―――

[1] 石材の厚さは20mm以上とする。

[2] 取り付け代は40mmを標準とする。

[3] 引き金物と下地の緊結部分は、石裏と下地面との間に50×100mm程度にわたって取り付け用モルタルを充てんする。

[4] 幅木裏には全面に、また幅木のない場合は最下部の石裏に、高さ100mm程度まで裏込めモルタルを詰めて固定し取り付ける。

[5] 一般目地幅は6mm以上とする。

## 4 乾式工法 図8

石材を1枚ごとにステンレス製のファスナーで保持する工法。

―――

[1] 躯体の変形の影響を受けにくい。

[2] 白華現象、凍結による被害を受けにくい。

[3] 工期短縮が図れる。

[4] 石材の厚さは、30mm以上とする。

[5] 石材の寸法は、幅および高さは1,200mm以下、かつ面積は0.8m²以下とする。

[6] だぼ用の穴は、石材の上端の横目地合端に2カ所、両端部より1／4程度の位置に設ける。

[7] だぼ用の穴は、石材の板厚方向の中央とする。30mm厚なら中心は15mmの位置。

[8] 一般目地幅は8〜10mm以上とする。

[9] スライド方式のファスナーに設けるだぼ用の穴は、外壁の面内方向のルーズホールとする。

[10] 幅木部分は、下端をモルタルで固定し、上端を引き金物で下地に緊結してモルタルを充填する。

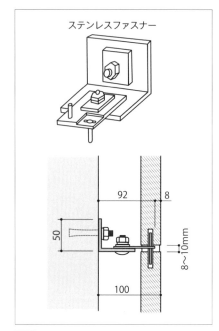

図8 | 乾式工法

# 2-3 タイル工事

> ・「仕上施工」からの9問の出題のうち、「石工事」か「タイル工事」かどちらか1問は必ず出題されている。「タイル工事」では、各種タイル張り工法を理解するとともに、張付けモルタルの厚さ、塗置き時間等、細かい数字にも注意して覚えること。

---

[1] 伸縮調整目地は、水平・垂直とも3〜4m以内に設け、躯体の亀裂誘発目地と同じ位置にする。

[2] 打診検査は、モルタルおよび接着剤の硬化後、打診用テストハンマーを用いて全面にわたり行う。

[3] 接着力試験は、目地部分を下地のコンクリート面まで切断し、周囲と絶縁して実施する。

[4] 試験体の個数は、100m²およびその端数につき1個以上、かつ全体で3個以上とする。

[5] 接着力は、引張接着強度が0.4N／mm²以上の場合を合格とする。

---

> ・外壁タイル張り面積が150m²の場合の試験体の個数は、
> 150／100＝1.5≦2個　かつ全体で3個以上
> なので3個となる。

## 1 密着張り工法（ヴィブラート工法） 図9

[1] タイル張り用振動機（ヴィブラート）を用いて、下地面に塗った張付けモルタルに埋め込むように密着させ張り付ける工法。

[2] モルタルの塗り付け面積は、2m²程度で、20分以内にタイルを張り終える面積とする。

[3] タイルは上部より下部へと張り、一段置きに張った後、その間を埋めるように張る。

[4] 張付けモルタルの塗り厚は5〜8mm程度とし、2度塗りとする。

## 2 改良積上げ張り工法 図10

[1] 張付けモルタルをタイル裏全面に平に塗り付けたものを押し付け、木づち類で叩き締めて張る工法。

[2] 塗り置き時間は5分以内とする。

[3] タイルは下部から上部へと張り、1日の積上げ高さの限度は1.5m程度とする。

[4] 張付けモルタルの塗り厚は4〜7mm程度とする。

## 3 改良圧着張り工法 図11

[1] 張付けモルタルを塗り付けた壁面に、タイル裏面にモルタルを塗り付けてタイルを圧着する工法。

[2] モルタルの塗り付け面積は、2m²程度で、60分以内にタイルを張り終える面積とし、塗り置き時間は30分程度が望ましい。

[3] 張付けモルタルの塗り厚は、下地面は4〜6mm、タイル側は3〜4mm程度とする。

## 4 マスク張り工法 図12

[1] モザイクユニットタイル裏面に、モルタル塗布用のマスクをかぶせて張付けモルタルを塗付け、マスクをはずしてからユニットタイルを叩き押えして張り付ける工法。

[2] 張付けモルタルの塗り置き時間は5分以内とする。

## 5 モザイクタイル張り工法 図13 (次ページ)

[1] 下地面に張付けモルタルを塗り付け、25mm角以下のモザイクタイルユニットを叩き押えして張り付ける工法。

[2] モルタルの塗り付け面積は、3m²以下で、20分以内にタイルを張り終える面積とする。

[3] 張付けモルタルの塗り厚は3mm程度とする。

## 6 接着剤張り工法 図14 (次ページ)

[1] 接着剤を金ごて等で下地に塗布し、くし目ごてでくし目を立て、タイルを張り付ける工法。

[2] 接着剤(厚さ3mm程度)の1回の塗り付け面積は、3m²以下で、30分以内にタイルを張り終える面積とする。

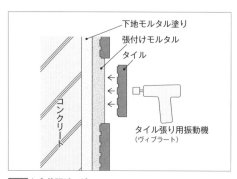

図9 | 密着張り工法

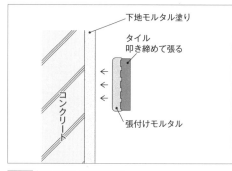

図10 | 改良積上げ張り工法

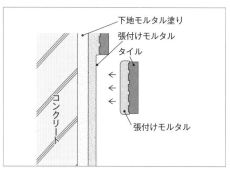

図11 | 改良圧着張り工法

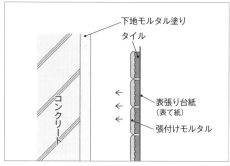

図12 | マスク張り工法

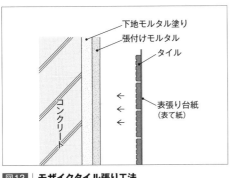

図13 | モザイクタイル張り工法

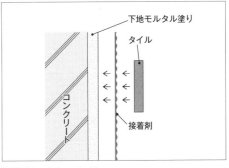

図14 | 接着剤張り工法

memo >>>>
・改良と名が付いたものは、タイル裏面にも張付けモルタルを
塗る工法を意味する。

# 2-4 屋根工事

重要 >>>>
・「仕上施工」からの9問の出題のうち、「屋根工事」からはほ
ぼ毎年1問は出題されている。近年、長尺金属板葺や折板葺
きに関する問題が多い。

## 1 長尺金属板葺

[1] 下葺き材はアスファルトルーフィングとし、
上下は100mm以上左右は200mm以
上重ね合わせる。

[2] 心木なし瓦棒葺き 図15 の場合、金属板
を取り付けるために通し吊り子が用いら
れる。通し吊り子留め付け用の釘の間
隔は250mm(強風地域は200mm)とする。

[3] 一般部の葺き方は、通し吊り子をマーキ
ングに合わせて1本おきに配置し、母屋
に仮留めし、溝板2枚を通し吊り子間に
設置し、中間に通し吊り子をはめ合わ
せてドリリングねじを本締めする。

[4] 心木なし瓦棒葺きの場合、水上部分と
壁との取り合い部に設ける雨押えは、
壁際では120mm程度立ち上げる。

[5] こはぜは、主として屋根本体の板と板、
および軒先、けらば部分のはぎ合わせ
に用いられる。こはぜのかかり、折り返
し幅は15mm程度とする 図16 。

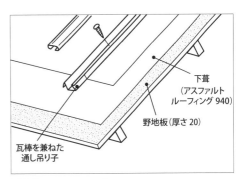

下葺
(アスファルト
ルーフィング 940)

野地板(厚さ 20)

瓦棒を兼ねた
通し吊り子

図15 | 心木なし瓦棒葺き

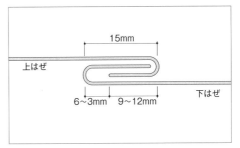

15mm

上はぜ

下はぜ

6~3mm    9~12mm

図16 | こはぜの折返し幅の寸法

107

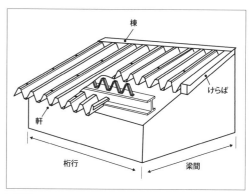

memo >>>>

- こはぜ内部の3~6mmのすき間は、毛細管現象による漏水を防いでいる。

[6] 横葺の葺板の継手位置は、千鳥に配置する。

## 2 折板葺

[1] 折板葺 図17 は、鋼板をV字に近い形に折り曲げて屋根材としたもので、垂木、野地板を省略し、直接下地に取り付けられたタイトフレームの上にかぶせる工法である。

[2] 折板の耐力による区分には、1種から5種の5種類があり、5種が最も耐力が大きい。

[3] タイトフレームの墨出しは、山ピッチを基準に行い、割付は建物の桁行方向の中心から行う。

[4] タイトフレームの下地への溶接は隅肉溶接とし、必要な溶接の隅肉サイズ、有効溶接長さ等の確認を行う 図18 。

[5] タイトフレームの溶接は、下地材やタイトフレームの表面に防錆処理が施されたまま行ってよい。

[6] 折板は、各山ごとにタイトフレームに固定し、緊結時のボルト間隔は600mm以下とする。

[7] 折板のけらば納めは、けらば包みによる方法を原則とする。けらば包みの下地となる端部用タイトフレームの間隔は、600mm程度とする。

[8] 変形防止材によるけらば納めは 図19 、けらば先端部に1.2m以下の間隔で、折板の間隔の3倍以上の長さで取り付ける。

[9] 軒先の先端部には、下底を約15°程度曲げての垂れを設ける。

[10] 水上部分と壁との取合い部に設ける雨押えは、壁際の立ち上がりを150mm以上とし、先端に水返しを設ける。

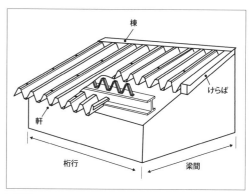

図17 | 折板葺屋根

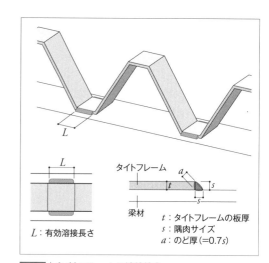

図18 | タイトフレームの溶接接合

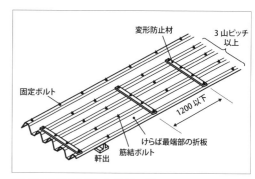

図19 | 変形防止材によるけらば納め

# 2-5 金属工事

建築学

共通

2. 仕上施工

建築施工

施工管理法

法規

過去問題と解答

**重要 >>>>**

> ・「仕上施工」から出題される9問のうち、令和5年は1問が「軽量鉄骨天井下地」から出題されている。部材名称ならびに取り付けピッチ等の数値をしっかりと覚えること。

## 1 軽量鉄骨天井下地

[1] 軽量鉄骨天井下地の野縁などの形や大きさは **表2** および **図20** による。一般的には屋内は19形、屋外は25形を使用する。

**表2** | 野縁などの種類（単位：mm）

| ▼部材　　種類 ▶ | 19形 | 25形 |
|---|---|---|
| シングル野縁 | 25×19×0.5 | 25×25×0.5 |
| ダブル野縁 | 50×19×0.5 | 50×25×0.5 |
| 野縁受け | 38×12×1.2 | 38×12×1.6 |

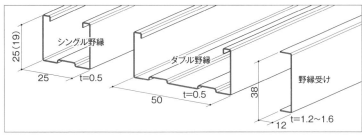

**図20** | 野縁などの下地材

[2] 吊りボルトは∅9mmとする。

[3] 野縁受け、吊りボルトおよびインサートの間隔は900mm程度とし、周辺部は端から150mm以内とする **図21**。

[4] 野縁はクリップで野縁受けに固定する。**クリップの向きは交互にし、野縁受け材に留め付ける。**

[5] 野縁の間隔は下記による。

| 屋内 | 下地のある場合 | ：360mm程度 |
|---|---|---|
| | 仕上材直張りの場合 | ：300mm程度 |
| 屋外 | | ：300mm程度 |

[6] 下がり壁による天井の段違い部分には、2.7m程度の間隔で斜め補強を行う。

[7] 天井ふところが、屋内で1.5m以上、屋外で1.0m以上の場合は、水平補強を縦横方向に間隔1.8m程度、斜め補強を縦横方向に間隔3.6m程度に設ける。補強用部材は、∅9mm以上の丸鋼、または⊏−19×10×1.2以上を用いる。

[8] 特定天井に該当する大規模建築物では、天井脱落対策に関する技術基準を満たす必要がある。

**memo >>>>**

> ・特定天井とは、6m超の高さにあり、面積200㎡超、質量2kg／㎡超の吊り天井で、日常利用される場所に設置されるものを示す。

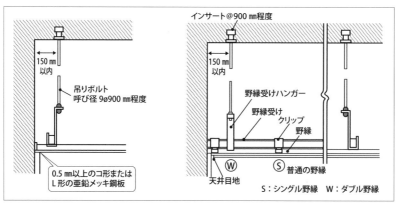

**図21｜天井下地**

## 2 軽量鉄骨壁下地

［1］軽量鉄骨壁下地のスタッド、ランナーなどの形や大きさは **表3** および **図22** による。一般的には65形が使用されている。

**表3｜スタッド、ランナーなどの種類**

| ▼部材　　種類▶ | 50形 | 65形 | 90形 | 100形 |
|---|---|---|---|---|
| スタッド | 50×45×0.8 | 65×45×0.8 | 90×45×0.8 | 100×45×0.8 |
| ランナー | 52×40×0.8 | 67×40×0.8 | 92×40×0.8 | 102×40×0.8 |
| 振止め | 19×10×1.2 | | 25×10×1.2 | |
| 出口およびこれに準じる開口部の補強材 | ─ | ⊏-60×30×10×2.3 | ⊏-75×45×15×2.3 | 2⊏-75×45×15×2.3 |
| 補強材取り付け用金物 | ─ | L30×30×3 | L50×50×4 | |
| スタッドの高さによる区分 | 高さ2.7m以下 | 高さ4.0m以下 | 高さ4.0mを超え4.5m以下 | 高さ4.5mを超え5m以下 |

● ダクト類の小規模な開口部の補強材は、それぞれ使用した種類のスタッドまたはランナーとする。
● スタッドの高さによる高低がある場合は、高いほうを適用する。
● 50形は、ボード片面張りの場合に適用する。

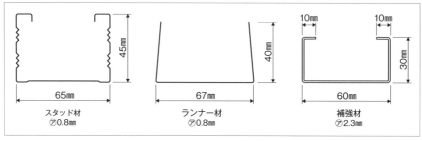

**図22｜65形間仕切り材の例**

［2］ランナーは端部から50mm程度の位置で押え、900mm間隔程度に打込みピンなどで床、梁下、スラブ下などに固定する **図23**。

［3］ スタッドの間隔は下記による。

　　下地のある場合（ボード2重張り等）：450mm程度

　　仕上材直張りの場合　　　　　　：300mm程度

［4］ スタッドは、上部ランナーの上端とスタッド天端のすき間が10mm以下となるように切断する。

［5］ 振れ止めは、フランジ側を上に向け、**床面から1.2mごとに設ける** 図23 。ただし、上部ランナーから400mm以内に振れ止めが位置する場合は、省略することができる。

［6］ スペーサーは、各スタッドの端部を押さえ、間隔は600mm程度に留め付ける 図23 。

［7］ 垂直方向補強材は、上は梁、スラブ下等に達するものとし、上下とも打込みピンなどで固定した取り付け用金物に溶接、またはタッピングビス、ボルト類で取り付ける。

［8］ 垂直方向補強材の長さが4.0mを超える場合は、2本抱合せとする。

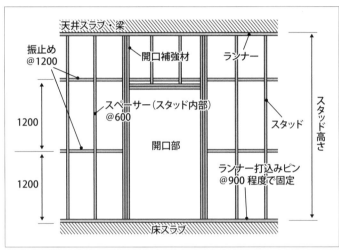

**図23 ｜ 壁下地**

### 3　その他

［1］ 溶融亜鉛めっき（どぶづけ）は、電気亜鉛めっきに比べ、めっき層が厚く耐久性があるため屋外に使用される部材に施される。

［2］ ステンレスの主な表面仕上には、ヘアライン仕上と鏡面仕上がある。ヘアライン仕上げは軽微な補修が容易であるのに対し、鏡面仕上は耐食性に優れている。

# 2-6 左官工事

**重要** ▸▸▸▸

> ・「仕上施工」からの9問の出題のうち、「左官工事」からはほぼ毎年1問は出題されている。モルタル塗り・建築用仕上塗材からの出題が多い。

### 1　モルタル塗り

［1］ モルタルの調合および塗り厚は、表4 による。

**表4** | 調合および塗り厚の標準値

| 下地 | 施工箇所 | | 下塗り・ラス付け | | むら直し・中塗り | | 上塗り | | | 塗り厚の標準値（mm） |
|---|---|---|---|---|---|---|---|---|---|---|
| | | | セメント | 砂 | セメント | 砂 | セメント | 砂 | 混和剤 | |
| コンクリート、コンクリートブロック、れんが | 床 | 仕上げ | − | − | − | − | 1 | 2.5 | − | 30 |
| | | 張物下地 | − | − | − | − | 1 | 3 | − | |
| | 内壁 | | 1 | 2.5 | 1 | 3 | 1 | 3 | 適量 | 20 |
| | | | ※1 | | | | | | | |
| | 外壁その他（天井の類を除く） | | 1 | 2.5 | 1 | 3 | 1 | 3 | − | 25以下 |
| ラスシート、メタルラス | 内壁 | | 1 | 2.5 | 1 | 3 | 1 | 3 | 適量 | 15 |
| | | | ※1 | | | | | | | |
| | 外壁 | | 1 | 2.5 | 1 | 3 | 1 | 3 | − | 20 |

※1 内壁下塗り用軽量モルタルを使用する場合は、細骨材を砂に代えてセメント混和用軽量発泡骨材とし、塗り厚を5mm以内とすることができる。
• ラス付けの場合は、必要に応じて、すさを混入できる。
• ラス付けは、ラスの厚さより1mm程度厚くする。
• ラス付けは、塗り厚に含まない。
• ビニル床シート、ビニル床タイルなどの場合は、床モルタルの塗り厚には、張物材の厚さを含む。

[2] モルタルの収縮によるひび割れを防ぐためには、仕上げに支障のない限り、できるだけ粒径の大きい骨材を使用する。

[3] 下塗り、中塗り、上塗りの各層の調合は、**下層ほど富調合**(セメント量多)とする。

[4] 床を除き、1回の塗り厚は、7mm程度とする。

[5] **全塗り厚は、床を除き25mm以下とする。**

[6] **床の塗り厚は、30mm程度を標準とする。**

[7] 下地は、ひずみ、不陸などの著しい箇所は目荒らし、水洗い等の上、モルタルで補修し、夏期は7日以上、冬期は14日以上放置する。

[8] 壁塗りにおける下塗り面は、金ぐし類で荒し目を付ける。下塗り後はモルタル表面のドライアウトを防止するため、水湿しを行う。

memo >>>>
• ドライアウトとは、コンクリート下地面が乾燥している場合、コンクリートに水分をとられ水和反応が阻害され、モルタルが硬化不良や接着不良を起こしやすくなる現象のこと。

[9] 壁塗りにおける下塗りおよびラスこすりは、**14日以上**放置し、ひび割れ等を十分発生させる。

## 2 セルフレベリング材塗り

[1] セルフレベリング工法とは、材料の持つ流動性を利用して、**重力により、下地面に平滑な床面を形成する工法**である。

[2] 熟練した左官技術を要せず、省力化と工期短縮が可能である。

[3] 塗り厚は10mm程度である。

[4] 施工後硬化するまでの間は、風によるシワの発生を防ぐため、塗り面に風が当たらないよう窓や開口部をふさぎ、自然乾燥状態とする。

## 3 建築用仕上塗材

[1] 薄付け仕上塗材には、吹付け工法とローラー塗り工法があり、砂壁状の仕上げには吹付け工法が、ゆず肌状やさざ波状などの仕上げにはローラー塗り工法が一般的である。

[2] 複層仕上塗材には、吹付け工法とローラー塗り工法があり、**凸凹状の仕上げには吹付け工法**が、**ゆず肌状の仕上げにはローラー塗り工法**が一般的である。

[3] 防水形合成樹脂エマルション系複層仕上塗材の下塗材の所要量は0.1～0.3kg／m²とし、試し塗りを行う。

[4] 防水形合成樹脂エマルション系複層仕上塗材の主材は、下地のひび割れを発生させないために、混合時にできるだけ気泡を混入させない。

[5] 主材の基層塗りは、2回塗りとし、ダレ、ピンホールが無いように均一に塗り付ける。

[6] 入隅、出隅、開口部まわりなど均一に塗りにくい箇所は、**主材塗りの前に**、はけやローラーなどで**増塗り**を行う。

表5 | 仕上塗材の種類、仕上げの形状および工法

| 種類 | 呼び名 | 仕上げの形状 | 工法 |
|---|---|---|---|
| 薄付け仕上塗材 | 可とう形外装薄塗材E | 砂壁状<br>ゆず肌状 | 吹付け |
| | | 平たん状<br>凹凸状 | こて塗り |
| | | ゆず肌状<br>さざ波状 | ローラー塗り |
| | 内装薄塗材Si<br>内装薄塗材E | 砂壁状じゅらく<br>ゆず肌状 | 吹付け |
| | | 平たん状<br>凹凸状 | こて塗り |
| | | ゆず肌状<br>さざ波状 | ローラー塗り |
| | 内装薄塗材W | 京壁状じゅらく<br>ゆず肌状 | 吹付け |
| | | 平たん状<br>凹凸状 | こて塗り |
| 厚付け仕上塗材 | 内装厚塗材C | 吹放し | 吹付け |
| | | 平たん状<br>凹凸状<br>ひき起こし<br>かき落とし | こて塗り |
| 複層仕上塗材 | 複層塗材CE<br>複層塗材Si<br>複層塗材E<br>複層塗材RE | 凸部処理<br>凹凸模様 | 吹付け |
| | | ゆず肌状 | ローラー塗り |
| 軽量骨材仕上塗材 | 吹付け用軽量塗材 | 砂壁状 | 吹付け |
| | こて塗り用軽量塗材 | 平たん状 | こて塗り |

## 2-7 建具工事

重要 >>>>

・「仕上施工」から出題される9問のうち、1問はほぼ毎年「建具工事」から出題されている。金属製建具では取り付け時の留意点、重量シャッターでは防煙仕様や安全装置関連、ガラス工事では各種構法および取り付け時の注意事項が問われている。

[1] 建具に共通する性能項目は以下の6項目である。いずれも等級が高いほど性能が良い。

| 1) 耐風圧性 | 2) 気密性 | 3) 水密性 |
| 4) 遮音性 | 5) 断熱性 | 6) 面内変形追随性 |

memo >>>>

・面内変形追随性とは耐震性のことで、地震によって生じる面内変形に追随しうる程度を示す。

[2] 取り付け精度は、許容差を±2mm程度とする。

memo >>>>

・建具は、扉の開閉等機能上重要で使用頻度も高く、また仕上工事における仕上の基準ともなるため、取り付け精度は非常に厳しい。

### 1 アルミニウム製建具

[1] アルミニウム板を加工して、枠、かまち、水切り等に使用する場合の厚さは1.5mm以上とする。

[2] アルミニウム材と周辺モルタル・鋼材などとの接触腐食を避けるため、絶縁処理する必要がある。

[3] 枠、くつずり、水切り等のアンカーの間隔は、開口部より150mm内外を端とし、中間は500mm以下とする。

[4] くさび等により仮止めののち、アンカーをコンクリートに固定されたサッシアンカー類に溶接して留め付ける。

[5] 外部まわりの仮止め用くさびは、漏水の原因となるため必ず取り除く。

[6] 外部建具周囲の充填モルタルに使用する砂の塩化物質はNaCl換算0.04%（質量比）以下とする。

### 2 鋼製建具

[1] 鋼板は、溶融亜鉛メッキ鋼板および表面処理亜鉛メッキ鋼板とする。

[2] 鋼板の厚さは、吊り元のように大きな力のかかる部分は、2.3mm以上、他の部分は、1.6mm以上とする。

[3] くつずりの材料は、ステンレス鋼板とする。

［4］ くつずり、下枠等のモルタル充てんが困難な場所は、あらかじめ裏面に鉄線等を取り付けておき、モルタル詰めを行ったのちに取り付ける。

［5］ フラッシュ戸では、外部に面する戸は下部を除き三方の見込み部を表面板で包み（三方曲げ）、内部に面する戸は上下部を除き二方の見込み部を表面板で包む（二方曲げ）。

memo >>>>
- 外部用は三方曲げ、内部用は二方曲げ。内部用では上部を省略できる。

［6］ スライディングタイプの自動扉の一般的な開速度は500mm／s、閉速度は350mm／sとする。

memo >>>>
- 自動扉は、開ける速さと閉める速さは異なる。開くのは速く、閉まるのはゆっくり。

［7］ 鋼製軽量建具に使用する戸の表面板は、厚さ0.6mm以上とする。

## 3 | 重量シャッター

［1］ 防火シャッターは、スラット等の鋼板の厚さを1.5mm以上としなければならない。

［2］ 防煙シャッターとは、防火シャッターのうち、遮煙性能をもつものである。

［3］ スラット 図24 にはインターロッキング形とオーバーラッピング形があるが、一般的には、防火シャッターにはインターロッキング形、防煙シャッターにはオーバーラッピング形を用いる。

［4］ 電動式の場合は、リミットスイッチの他に保護スイッチ等を設ける。

［5］ 出入口および開口面積が15m²以上の電動シャッターは、不測の落下に備え、二重チェーン急降下制御装置、ガバナー装置（急降下制動装置）などの安全装置を設ける。

［6］ 障害物感知方式とは、シャッター最下部の座板に感知板を設置し、シャッターが降下し感知板が人に接触すると同時に停止し、人がいなくなると再び降下を開始し完全に閉鎖する機構である。

［7］ 外部に面し、耐風圧性が必要となる場合には、ガイドレール内のスラット端部に、はずれ止め機構を取り付ける。

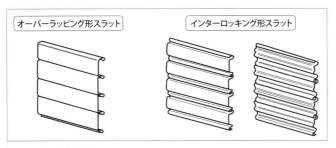

図24 | スラットの形

memo >>>>
- 防煙シャッターはオーバーラッピング型を用いる。インターロッキング型ではない。混同しないこと。よく出題される。

## 4 ガラス工事

[1] 網入り板ガラスを用いる場合は、ガラス切り口に対する水密施工を行い、下部小口の網材の錆を防ぐ。

[2] **面クリアランス**は、主に風圧力による変形に対するクリアランスで**ガラスの両サイド**に設ける 図25 。

[3] **エッジクリアランス**は、主に地震時の変形に対するクリアランスで**ガラスの下部**に設ける 図25 。

memo >>>>

> ・面クリアランスとエッジクリアランスとを混同しないこと。

[4] 不定形シーリング材構法におけるセッティングブロックの設置位置は、**ガラス両端部より1／4**のところとする 図26 。

[5] 不定形シーリング材構法において、可動窓の場合、開閉時の衝撃によるガラスの損傷を避けるため、エッジスペーサーを設置する。

[6] グレイジングバスケット構法におけるガスケットは、伸ばさないようにし、各隅を留め付ける。

[7] グレイジングチャンネル構法におけるグレイジングチャンネルの突合わせ位置は、水密性、気密性が低下しないよう、ガラスの上辺中央部とする。

[8] 構造ガスケット構法の場合、ジッパーを取り付ける際にはジッパーとジッパー溝に滑り剤を塗布する。

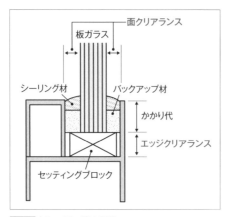

図25 | **シーリング材の例**

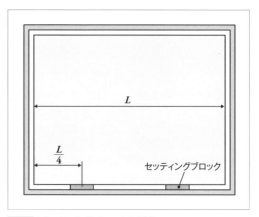

図26 | **セッティングブロックの位置**

# 2-8 塗装工事

重要 ＞＞＞＞

> ・「仕上施工」から出題される9問のうち、令和5年は1問が「塗装工事」から出題されている。塗装の性能および素地への適応、素地ごしらえ、塗装の欠陥と対策等、非常に広範囲な知識が問われている。

## 1 素地ごしらえ

[1] 透明塗料塗りの木部の素地面で、仕上げに支障のある変色は、漂白剤を用いて修正する。

[2] 鉄鋼面に付着した**溶接のスパッタ**は、ディスクサンダーなどの動力工具やスクレーパーなどの手工具を用いて取り除く。**水溶液では除去できない**。

[3] ブラスト処理後の鉄鋼面は、非常に錆びやすい状態となっているため、ただちに下塗りを行う。

[4] コンクリート面へのアクリル樹脂系エナメルの塗装において、穴埋めパテかいには塩化ビニル樹脂パテを用いる。

[5] ALCパネル面は、**下地調整塗りの前に合成樹脂エマルションシーラーを全面に塗り付ける**。

[6] けい酸カルシウム板の吸込止めとして、反応形合成樹脂ワニスを全面に塗布し、穴埋めやパテかいを行う。

## 2 塗装の特徴

[1] 塗装の種類による性能および素地に対する適応に関しては 表6 による。

[2] 合成樹脂調合ペイント塗りは、塗膜が耐アルカリ性に劣るため、コンクリート・モルタル等の素地には適さない。

[3] 合成樹脂エマルションペイント塗りは、金属面には適さない。

[4] **合成樹脂エマルションペイント塗りは水による希釈が可能**で、加水して塗料に流動性を持たせることができる。

[5] 石膏ボード面の合成樹脂エマルションペイント塗の標準工程間隔時間は、気温20℃のとき、3時間以上である。

[6] アクリル樹脂系非水分散型塗料塗り(NADまたはNADE)の塗装工程の標準工程間隔時間は、気温20℃のとき、**3時間以上**である。

[7] 木材保護塗料塗りは、通常、屋外で使用される木質系素地に対して適用される。**木材保護塗料は、原液で使用することを基本とし、希釈はしない**。

**表6** | 塗装の種類による性能・適応表

| 種類 | | 上塗り乾燥時間（半硬化時間） | 性能 | | | | | | | | | | 素地の種類 | | | | | | 防火認定材料（基材同等） |
|---|---|---|---|---|---|---|---|---|---|---|---|---|---|---|---|---|---|---|---|
| | | | 付着性 | 耐衝撃性 | 耐摩耗性 | 耐水性 | 耐酸性 | 耐アルカリ性 | 耐候性（屋外暴露） | 防食性 | 美装性 | 汎用性 | 金属 | | | コンクリートモルタル面 | 木部 | プラスチック面 | |
| | | | | | | | | | | | | | 鉄面 | アルミニウム面 | 亜鉛メッキ面 | | | | |
| 調合ペイント塗り | 油性調合ペイント塗り | 20 | ○ | ○ | △ | ○ | △ | × | ○ | ○ | △ | ○ | ◎ | － | ○ | － | ◎ | － | － |
| | 合成樹脂調合ペイント塗り | 16 | ○ | ○ | △ | ○ | △ | × | ○ | ○ | △ | ○ | ◎ | △ | ○ | － | ◎ | － | ○ |
| アルミニウムペイント塗り | | 16 | ○ | ○ | ○ | ○ | × | × | ○ | ○ | ○ | ○ | ◎ | ○ | ◎ | △ | ○ | － | ○ |
| フタル酸エナメル塗り | | 10 | ○ | ○ | ○ | ○ | ○ | × | ◎ | ○ | ◎ | ○ | ◎ | ○ | ◎ | △ | ○ | － | ○ |
| ラッカー塗り | ラッカークリアー塗り | 1 | ○ | ○ | ○ | △ | △ | △ | △ | × | ○ | ○ | － | － | － | － | ○ | △ | － |
| | ラッカーエナメル塗り | 1 | ○ | ○ | ○ | △ | △ | △ | △ | × | ◎ | ○ | ◎ | ○ | ◎ | △ | ○ | △ | － |
| ビニルエナメル塗り | 塩化ビニルエナメル塗り | 2 | ◎ | ◎ | ◎ | ◎ | ◎ | ◎ | ○ | ◎ | ○ | ○ | ◎ | ○ | ◎ | ○ | ○ | △ | ○ |
| | アクリルエナメル塗り | 2 | ◎ | ◎ | ◎ | ◎ | ○ | ○ | ◎ | ○ | ◎ | ○ | ◎ | ○ | ◎ | △ | ○ | △ | ○ |
| 塩化ゴム系エナメル塗り | | 24 | ◎ | ◎ | ○ | ◎ | ◎ | ◎ | ○ | ◎ | △ | ○ | ◎ | ○ | ◎ | ○ | ○ | △ | ○ |
| 合成樹脂エマルションペイント塗り | | 2 | ○ | ○ | ○ | ○ | ○ | ○ | ○ | × | ○ | ○ | － | － | － | ◎ | ○ | － | ○ |
| つや有合成樹脂エマルションペイント塗り | | 3 | ○ | ○ | ○ | ○ | ○ | ○ | ○ | ○ | ○ | ○ | △ | － | － | ◎ | ○ | － | ○ |
| 合成樹脂エマルション模様塗料塗り | | 3 | ○ | ○ | ○ | ○ | ○ | △ | ○ | × | ◎ | ○ | △ | － | － | ◎ | ○ | － | ○ |
| 多彩模様塗料塗り（主として内部用） | | 24 | ○ | △ | △ | ○ | ○ | △ | △ | × | ◎ | ○ | ◎ | ○ | ○ | ◎ | ○ | △ | ○ |
| 薄付け仕上塗材塗り | 内装 | 3 | ○ | △ | △ | × | ○ | × | ○ | × | ◎ | ○ | △ | － | － | ◎ | ○ | － | － |
| | 外装 | 3 | ○ | △ | △ | ○ | ○ | ○ | ○ | × | ◎ | ○ | △ | － | － | ◎ | ○ | － | － |
| 複層仕上塗材塗り | | 5 | ○ | ○ | ○ | ○ | ○ | ○ | ○ | × | ◎ | ○ | △ | － | － | ◎ | ○ | － | ○ |
| 防水形合成樹脂エマルション系複層仕上塗材塗り | | 6 | ◎ | ○ | ○ | ○ | ○ | ○ | ○ | × | ◎ | ○ | △ | － | － | ◎ | ○ | － | ○ |
| ２液形ポリウレタンエナメル塗り | | 16 | ◎ | ◎ | ◎ | ◎ | ◎ | ○ | ◎ | ○ | ◎ | ○ | ◎ | ○ | ◎ | △ | ○ | △ | ○ |
| 常温乾燥形ふっ素樹脂エナメル塗り | | 16 | ◎ | ◎ | ◎ | ◎ | ◎ | ○ | ◎ | ◎ | ○ | ○ | ◎ | ○ | ◎ | △ | × | ○ | ○ |

性能：◎優、○良、△可、×不可　　素地の種類：◎最高、○適、△素地調整必要、－不適

## 3 塗装の欠陥と対策

[1] 下地の乾燥が不十分な場合には、「ふくれ」が生じやすい。

[2] 塗料の混合が不十分な場合には、「色分かれ」が生じやすい。

[3] 塗料の流動性が不足している場合には、「はけ目」が生じやすい。

[4] 下地の吸込みが著しい場合には、「つやの不良」が生じやすい。

[5] 素地に水や油が付着している場合には、「はじき」が生じやすい。

[6] 「だれ」を防止するため、希釈を控えめにし、はけの運行を多くする。

[7] 「白化」を防止するため、湿度が高いときの施工を避ける。

[8] 「ひび割れ」を防止するため、下塗りが十分乾燥してから上塗りを行う。

[9] 「しわ」を防止するため、厚塗りや急激な乾燥を避ける。

建築学　共通　建築施工　施工管理法　法規　過去問題と解答

# 2-9 その他

## 1 内装工事

重要 >>>>

- 「仕上施工」からの9問の出題のうち、「内装工事」からはほぼ毎年1~2問は出題されている。ビニル床シート、合成樹脂塗床、石膏ボード張り等からの出題が多い。

### 1 ビニル床シート

[1] 寒冷期に施工する際は採暖を行い、シートおよび下地とも5℃以下にならないようにする。

[2] 水や湿気の影響を受けやすい箇所の張り付けには、エポキシ樹脂系あるいはウレタン樹脂系接着剤を用いる。

[3] シート類は、長手方向に縮み、幅方向に伸びる性格があるため、長めに切断して仮置きし24時間以上放置して巻ぐせを取り、なじむようにする。

[4] 床シート張り付け後、接着剤が完全に硬化してから、はぎ目および継手を電動溝切り機または溝切りカッターで溝切りを行う。

[5] 溝は床シート厚の2／3程度とし、V字形またはU字形に均一な幅とする。

[6] 熱溶接機を用いて、溶接部を180~200℃の温度で溶接棒と床シートを同時に溶接する。

[7] 溶接は、シート張り後12時間放置した後、行う。

[8] 溶接完了後、溶接部が完全に冷却したのち、余盛を削り取り平滑にする 図27 。

図27 ビニル床シートの熱溶接

### 2 カーペット床

[1] グリッパー工法とは、部屋の周囲に釘の出た板(グリッパー)を固定しそれにカーペット端部を引っ掛けて留める工法。クッション性を増すために、カーペットの下にフェルトなどの下地材を敷く。

[2] 全面接着工法とは、下地全面に接着剤を塗布しカーペットを床に固定する工法。ニードルパンチカーペットに適している。

[3] タイルカーペット張り工法とは、タイルカーペットを接着剤を使用し、全面接着する工法。市松張りを原則とする。

### 3 合成樹脂塗床

[1] ピンホールができるのを防ぐため、**施工中に直射日光が当たるのを避ける。**

[2] 弾性ウレタン樹脂系塗床において、ウレタン樹脂の1回の塗布量は2kg／m²以下とし、塗り厚さは2mm以下とする。

[3] 弾性ウレタン樹脂系塗床における防滑仕上げの表面仕上げは、塗床材に弾性骨材（ウレタンチップ等）を混合して塗付けたのち、トップコートを塗付ける。

[4] エポキシ樹脂系塗床において、主剤と硬化剤の練混ぜ量は、**通常30分以内に使い切れる量**とする。

[5] エポキシ樹脂のコーティング工法は、塗床材を**ローラーやスプレーで塗り付ける工法**である。

[6] プライマーは、下地の吸込みが激しく塗膜を形成しない場合に、全体が硬化したのち吸込みが止まるまで数回にわたって再塗布する。

## 4│石膏ボード張り

[1] 石膏ボードの留め付け間隔は 表8 による。

表8│石膏ボードの留め付け間隔

| 下地 | 施工箇所 | 下地材に接する部分の留め付け間隔 | | 備考 |
|---|---|---|---|---|
| | | 周辺部 | 中間部 | |
| 軽量鉄骨下地 木造下地 | 天井 | 150mm程度 | 200mm程度 | 小ねじの場合 |
| | 壁 | 200mm程度 | 300mm程度 | |

memo ►►►►

• 留め付け間隔は、衝撃を受けやすい周辺部を密にする。

[2] 軽量鉄骨下地にボードを直接取り付ける場合、ドリリングタッピンねじは**下地の裏面に10mm以上の余長**が得られる長さとし、亜鉛メッキをしたものとする。また、ドリリングタッピンねじの位置はボードの端部から10mm程度内側とする。

[3] 壁を2重張りとする場合は、下張りと上張りの継目位置が重ならないように、一般的には、下張りは横にし、上張りは縦張りとする。

[4] 下張りボードに上張りボードを張り付ける際には、接着剤を主体としてステープルを併用して張り付ける。

[5] 直張り工法（GL工法）の仕上げ厚は、9.5mmボードで20mm、12.5mmボードで25mmを標準とする。

[6] 直張り用の接着剤は**1時間以内に使い切れる量**とする。

[7] 直張り用の接着剤の間隔は 表9 による。

表9│直張り用接着剤の間隔

| 施工箇所 | 接着剤の間隔 |
|---|---|
| ボード周辺部 | 150～200mm |
| 床上1.2m以下の部分 | 200～250mm |
| 床上1.2mを超える部分 | 250～300mm |

memo ►►►►

• 接着剤の間隔は、衝撃を受けやすい周辺部や下部を密にする。留め付け間隔と同様。

[8] 直張り用の接着剤の盛り上げ高さは、接着するボードの仕上がり面までの高さの2倍以上とする 図28 。

memo ►►►►

• 直張り工法の仕上げ厚は、ボード厚の2倍、接着剤の盛り上げ高さは、仕上げ厚の2倍以上とする。

［9］直張り用の接着剤の塗付け面積は、張り付けるボード1枚分の面積とする。

［10］直張り工法でボード圧着の際、床面からの水分の吸上げを防ぐためくさびなどをかい、床面から10mm程度浮かして張り付ける 図29 。

［11］直張り工法における外壁の室内面では、躯体に打込んだポリスチレンフォーム断熱材に、プライマー処理の上、ボードを張り付ける。

［12］鉄筋コンクリート壁の両側に石膏ボードを直張りした場合、共振現象により遮音性が低下することがあるため、同じ仕様の場合には厚さを変えたり、遮音材などをはさんだサンドイッチ構造等にする必要がある。

［13］ALCパネルを下地とする直張り工法では、ALCパネル面にはプライマー処理を行う。

［14］石膏ボード表面に仕上げを行う場合、ボード張り付け後、仕上材に通気性がある場合で7日以上、通気性がない場合で20日以上放置し、接着剤が乾燥したことを確認後、仕上げを行う。

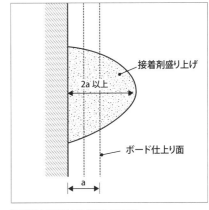

**図28** | 接着剤の盛り上げ高さ

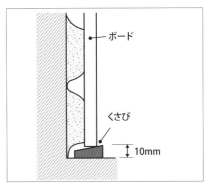

**図29** | 床取り合いの例

## 2 | 外装工事

重要 ▶▶▶▶

・「仕上施工」からの9問の出題のうち、「外装工事」からはほぼ毎年1〜2問は出題されている。ALCパネル・押出成形セメント板張り、断熱工事等からの出題が多い。

### 1 | ALCパネル張り

［1］ALCパネルの補強鉄筋が露出していたり、パネル幅または長さ方向全体にわたりひび割れのあるような構造耐力上支障のあるパネルは、使用してはならない。

［2］ALCパネルを積み重ねて保管する場合は、原則として高さ2.0m以下とする。

［3］外壁パネルの孔あけ加工は、1枚当たり1カ所とし、主筋の位置を避け、孔径はパネル短辺幅の1／6以下とする。

［4］床・屋根パネルの孔あけ加工は、1枚当たり1か所とし、主筋の位置を避け、孔径は50mm以下とする。

［5］横壁ボルト止め構法では、パネル積上げ段数5段以内ごとに受け金物を設ける。

［6］縦壁として取り付ける場合には、一般にロッキング構法を用いる。

[7] 縦壁ロッキング構法では、パネル重量を、パネル下部の**中央**に位置する自重受け金物（受けプレート）により支持する。

[8] 間仕切り壁フットプレート構法では、パネル上部と間仕切チャンネルの溝底との間に20mmのクリアランスを設けると共に、パネル上部の間仕切チャンネルへ20mmのかかりしろを確保して取り付ける。

[9] 間仕切り壁フットプレート構法では、パネルの出隅・入隅部の縦目地、ならびに外壁および梁とパネルとの間に20mm程度の伸縮目地を設ける。

[10] 耐火性能が要求される伸縮目地には、モルタルではなく耐火目地材を充てんする。

## 2｜押出成形セメント板

[1] 縦張り工法では、各段ごとに構造体に固定した下地材で受け、取付金物は上下にロッキングできるように取り付ける。

[2] 縦張り工法では、縦目地より横目地の幅が大きい。

[3] 横張り工法では、パネル積上げ枚数3枚以内ごとに構造体に固定した下地材で受け、取付金物は左右にスライドできるように取り付ける。

[4] 横張り工法では、横目地より縦目地の幅が大きい。

## 3　断熱工事

[1] 硬質ウレタンフォーム吹付け工法では、随時厚みを測定しながら作業し、吹付け厚さの**許容誤差は0～10mm**とする。

memo ▸▸▸▸

- 許容誤差は±10mmではない。断熱材の許容誤差にマイナスはない。

[2] 硬質ウレタンフォーム吹付け工法では、一層の吹付け厚さは30mm以下とし、1日の総吹付け厚さは80mm以下とする。

[3] 硬質ウレタンフォーム吹付け工法では、厚く付きすぎて仕上げ等の支障となるところは、カッターナイフで表層を除去する。

[4] 硬質ウレタンフォームは、**自己接着性**が大きく、接着剤を使用しなくとも、下地のコンクリート等に直接吹付けて発泡させることにより、下地に強く接着可能である。

[5] 硬質ウレタンフォーム吹付け工法では、吹付け作業中および硬化後も火気厳禁である。

[6] 硬質ウレタンフォーム吹付け工法において、吹付けるコンクリート面の温度が5℃以上であることを確認する必要がある。

[7] 押出法ポリスチレンフォーム張り付け工法は、断熱材と躯体の間にすき間ができないように、樹脂モルタル等のセメント系下地調整塗材を用い全面接着する。

[8] 押出法ポリスチレンフォーム打込み工法は、型枠に断熱材を張り付け躯体に打ち込む工法で、断熱材の継目は突付けとし、テープ張りをしてからコンクリートを打設する。

[9] 押出法ポリスチレンフォーム打込み工法において、窓枠まわりなど防水剤入りモルタル詰めを行った部分には、現場発泡の硬質ウレタンフォームを充てんする。

## 4 改修工事

重要>>>>

- ・「仕上施工」から出題される9問のうち、「改修工事」は過去14年間で12回
出題されているので要注意。また、令和4年の「応用能力問題」でも出題され
ている。

### 1 | 屋上防水改修工事

[1] アスファルト防水改修工事において、既存の露出アスファルト防水層の上に露出アスファルト
防水密着工法を行う場合、既存防水層表面の砂は可能な限り取り除き、清掃後、溶融アスファ
ルトまたはアスファルト系下地調整材を1.0kg／m²程度塗布する。

[2] アスファルト防水改修工事において、既存のコンクリート保護層を撤去し、防水層を撤去しな
いでアスファルト保護防水密着工法を行う場合は、ルーフドレン周囲の既存防水層は、ルー
フドレン端部から300mm程度まで四角形に撤去する。

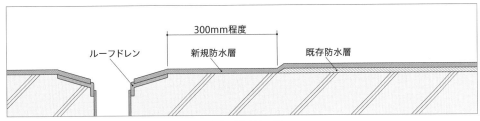

図1 | **ルーフドレン周囲の既存防水層の撤去範囲および納まりの例**

[3] アスファルト防水改修工事において、既存のコンクリート保護層の上に露出アスファルト防水
絶縁工法を行う際、改修用の2重ドレンを設けない場合、ルーフドレン端部から500mm程
度までコンクリート保護層を四角形に撤去してから、ルーフドレン回りの処置を行う。

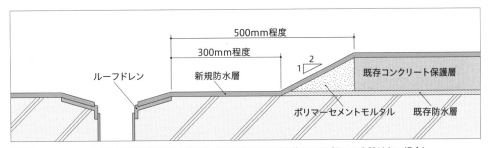

図2 | **ルーフドレン周囲の保護層等の撤去範囲および納まりの例**（改修用の2重ドレンを設けない場合）

[4] アスファルト防水改修工事において、既存のコンクリート保護層および防水層を撤去して保
護アスファルト防水絶縁工法を行う場合、撤去後の下地コンクリート面の2mm以上のひび
割れ部は、Uカットしてポリウレタン系シーリング材等を充填する。

## 2 | 外壁改修工事

### ● 調査方法

[1] 打診法は、打診用ハンマーなどを用いてタイル張り壁面を打撃して、反発音の違いから浮きの有無を調査する方法である。

[2] **赤外線装置法**は、タイル張り壁面の内部温度を赤外線装置で測定し、浮き部と接着部における熱伝導の違いにより浮きの有無を調査する方法だが、**天候や時刻の影響を受けやすい**。

### ● 改修工事

[1] 外壁タイル張りにおいて、漏水がなく、浮きも見られず、単にタイル表面のひび割れ幅が0.2mm以上の場合は、該当タイルをはつって撤去し、タイル部分張替え工法で改修するか、またはそのまま樹脂注入工法により改修を行う。

[2] 外壁タイル張りの仕上げの下地モルタルと構造体コンクリートの間の1カ所の浮き面積が0.25m²以上の場合は、アンカーピンニング**全面エポキシ樹脂注入工法**等により補修し、1カ所の浮き面積が0.25m²未満の場合は、アンカーピンニング**部分エポキシ樹脂注入工法**等で補修する。

> 浮き面積　0.25m²以上 ➡ 全面
> 　　　　　0.25m²未満 ➡ 部分

[3] コンクリート打ち放し仕上げの外壁において、コンクリート表面に生じたひび割れ幅が0.2mm以上1.0mm以下で樹脂注入工法を用いて改修する場合は、挙動のおそれのあるひび割れは**軟質形エポキシ樹脂**を用い、**硬質形**エポキシ樹脂はほとんど挙動のない場合に用いる。

[4] ひび割れ幅が1mmを超える場合は、**Uカットシール材充填工法**により改修する。挙動が少ないひび割れにはシール材に可とう性エポキシ樹脂を用い、挙動の大きいひび割れにはシーリング材を用いる。

[5] コンクリート打ち放し仕上げの外壁において、ポリマーセメントモルタル充填工法は、コンクリート表面のはがれや剥落が比較的浅い欠損部分の改修に適用される。

[6] シーリングのブリッジ工法は、被着体間に橋を架けた状態にシーリングを材を重ねて補修する方法であり、既存シーリング材を除去して再充填することが困難な場合等に用いられる。

---

**表1** | ひび割れ幅と適切な工法および材料

| ひび割れ幅 | 挙動の有無 | 適切な工法／材料 |
|---|---|---|
| 0.2mm未満 | 有 | シール工法／可とう性エポキシ樹脂 |
| | 無 | シール工法／パテ状エポキシ樹脂 |
| 0.2mm以上<br>1.0mm以下 | 有 | Uカットシール材充填工法／可とう性エポキシ樹脂<br>樹脂注入工法／軟質形エポキシ樹脂 |
| | 無 | 樹脂注入工法／硬質形エポキシ樹脂 |
| 1.0mm超 | 有 | Uカットシール材充填工法／シーリング用材料 |
| | 無 | Uカットシール材充填工法／可とう性エポキシ樹脂 |

### 3│内装改修工事

#### ● 既存床仕上げ材の撤去および下地処理

[1] コンクリート下地の合成樹脂塗床材は、電動ケレン棒や電動はつり器具等を使用し、コンクリート下地表面から3mm程度の深さまで削り取る。

[2] モルタル塗り下地の合成樹脂塗床は、電動ケレン棒や電動はつり器具等を用いて、**下地モルタル共撤去し**、下地コンクリート面を出す。

[3] 合成樹脂塗床の塗り替えにおいて、下地面に油が付着している場合は、油潤面用のプライマーを用いる。

[4] 新規仕上げが合成樹脂塗床の場合、下地のコンクリート面の凹凸部の補修は、エポキシ樹脂モルタルで行う。

[5] 既存合成樹塗床面に同じ塗床材を塗り重ねる場合は、接着性を高めるため、既存仕上げ材の表面をディスクサンダー等で目荒らしする。

[6] 磁器質床タイル張り替え部は、ダイヤモンドカッターで縁切りをし、タイル片を電動ケレン棒や電動はつり器具等により撤去する。

[7] ビニル床シートおよびビニル床タイル等の仕上げ材の撤去は、**一般のカッター等**で切断し、**スクレーパー等**により他の仕上げ材に損傷を与えないように行う。ダイヤモンドカッターは、下地モルタルの浮き部分等を撤去するために、健全部分と縁を切る場合などに用いる。

[8] ビニル床シート張りの下地モルタルの浮き部分の撤去の際、健全部分と縁を切るために用いるダイヤモンドカッターの刃の出は、モルタルの厚さ以下とする。

[9] 下地面に残ったビニル床タイルの接着剤は、アスベストを含有していない場合はディスクサンダーを用いて撤去する。アスベストを含有する場合は、作業者は呼吸用防護具および作業衣を着用し、皮スキまたは集塵機付きディスクサンダーを用いて除去する。

[10] 乾式工法のフローリング張り床材は、丸のこで適切な寸法に切断し、ケレン棒を用いて撤去する。

#### ● その他

[1] 天井改修において、既存の埋込みインサートを再使用する場合は、吊りボルトの引抜き試験による強度確認を行う。

[2] 防火認定の壁紙の張替えの場合は、**既存壁紙の裏打紙も完全に取り除き**、下地基材の上に防火認定の壁紙を張付ける。

[3] アスベスト含有成形板の除去は、アスベストを含まない内装材および外部建具の撤去に先駆けて行う。

# 3 建設機械

● 「建築施工」は19問のうちから14問を選択し解答する。このうち「建設機械」からは、毎年1問は出題されている。掘削機械の種類とその特徴および、クレーンの種類と作業における留意点などからの出題が多い。

## 3-1 掘削機械

[1] パワーショベル **図1** は機械設置位置より高いところ（5m程度）を削り取るのに適しており、山の切り崩しなどに使用される。

[2] バックホウ **図2** は、機械設置位置よりも低いところ（6m程度）を掘るのに適しており、硬軟あらゆる土質に適応可能で、水中掘削もできる。

[3] ドラグライン **図3** は、ロープで懸垂された爪付きバケットを遠くに放り投げ、ロープで引き寄せながら土をつかみ取るもので、機械の設置位置より低いところを掘る機械である。軟弱地の改修工事、砂利の採取、大型溝掘削に適しているが、土丹等の硬質地盤の掘削には不適である。

[4] クラムシェル **図4** は、開閉式バケットを開いたまま垂直下方に降ろし、それを閉じることによって土砂をつかみ取るものであり、掘削深さは40m程度で軟弱地盤の掘削に適している。

図1 | **パワーショベル**

図2 | **バックホウ**

図3 | **ドラグライン**

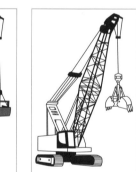

図4 | **クラムシェル**

memo >>>>
・パワーショベルは高所掘削作業、バックホウ、ドラグライン、クラムシェルは低所掘削作業。混同しないこと。よく出題される。

表1 | 掘削機械の特徴

|  | パワーショベル | バックホウ | ドラグライン | クラムシェル |
|---|---|---|---|---|
| 掘削力 | 大 | 大 | 中 | 小 |
| 掘削度 | 硬土可 | 硬土可<br>水中掘削可 | 中程度の硬さ<br>水中掘削に適する | 中程度の硬さ<br>水中掘削に適する |
| 掘削場所 | 設置位置より高所<br>（正確） | 設置位置より低所<br>（正確） | 設置位置より低所<br>（広範囲） | 設置位置より低所<br>（正確） |

［5］ショベル系掘削機では、一般にクローラー（キャタピラ）式のほうがホイール（車輪）式よりも登坂能力が高い。

［6］リバース掘削機は、一般にアースドリル掘削機に比べ、より深い掘削能力がある。

# 3-2 揚重運搬機械

［1］クレーンとは、動力により荷を吊り上げ（揚重）、水平方向に移動（運搬）することを目的とする建設機械である。

［2］屋外作業では、10分間の平均風速が10m／sを超える強風の場合およびその恐れがある場合は作業を中止し、転倒防止の措置をとる。

［3］瞬間風速が、30m／sを超える風が吹いた後のクレーン作業では、作業に先立ちクレーン各部を点検する。

［4］重量物を吊り上げる場合、地切り後に一旦巻き上げを停止して機械の安定や荷崩れの有無を確認する。

［5］クレーンの定格荷重とは、吊り上げ荷重からフックやクラブバケットなどの吊り具の重量に相当する荷重を除いた荷重をいう。

## 1 トラッククレーン 図5

［1］トラック台車にクレーンが搭載されており、トラック部（走行部）とクレーン部（旋回部）のそれぞれに運転席が設けられており、**機動性に優れ、長距離の移動に適している。**

［2］トラッククレーンにおける最も荷重がかかるアウトリガーには、自重と荷物重量の合計の75%がかかると考える。

［3］機械式トラッククレーンとは、ブームがラチス構造になっているものである。中間のラチスは現場まで別に運ばれるため、組立解体のスペースが必要になる。

図5｜**トラッククレーン**

## 2 クローラークレーン 図6

［1］走行部にクローラー（キャタピラ）を巻き、台車にクレーンを搭載し、上部の旋回部分には運転席・原動機および巻上げ装置が設置されている。

［2］走行速度は遅いが安定性に優れ、整地されていない場所や軟弱地盤等の悪路走行が可能である。

［3］**機動性は高いが、吊り上げ荷重においてはトラッククレーンに劣る。**

図6｜**クローラークレーン**

### 3 ホイールクレーン 図7

[**1**] 走行とクレーンの操作を1つの運転席で行うことができ、ゴムタイヤで自走し、**狭い場所での作業も可能で機動性に優れる。**

[**2**] 作業時の安定性を確保するために、アウトリガーを装備したものや、前輪に鉄輪を装着したものなどがある。

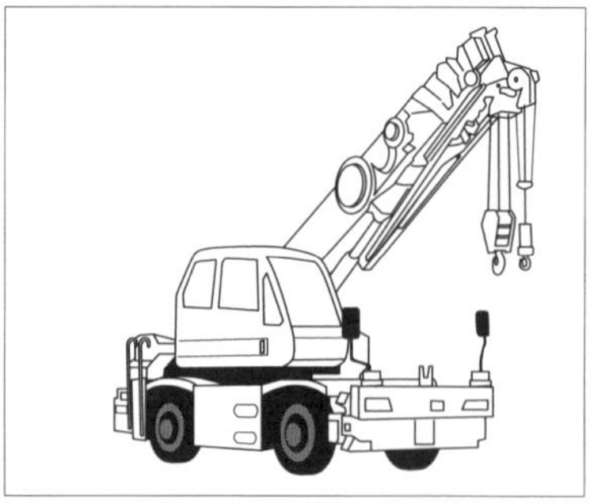

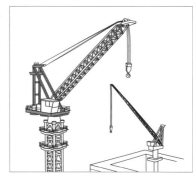

図7 **ホイールクレーン**

### 4 タワークレーン 図8

[**1**] 高層ビルなど、高揚程で比較的大質量の荷の吊り上げに用いられる。

[**2**] ブームの先端が60m以上の高さとなる場合は、航空障害灯を設置する。

[**3**] 傾斜ジブ式タワークレーンは、**高揚程で大質量の揚重運搬が可能で**、傾斜ジブ(荷をつるための腕状のもの)の傾斜角を変えることにより作業半径を自在に変えることができる。

[**4**] 水平ジブ式タワークレーンは、水平なジブに取り付けたトロリにより、吊り荷の水平移動を行い、安定性および作業効率に優れている。

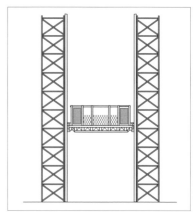

図8 **タワークレーン**

### 5 ロングスパン工事用エレベーター 図9

[**1**] 数名の人員と長尺物の材料の運搬が可能である。

[**2**] 昇降速度は0.17m／s以下とする。

[**3**] 搬器の傾きが1／10の勾配を越えないうちに、動力を自動的に遮断する装置を設ける。

[**4**] 昇降路の出入口の床先と搬器の出入口の床先との間隔は、4cm以下とする。

図9 **ロングスパン工事用エレベーター**

### 6 建設用リフト 図10

[**1**] 荷物のみを運搬することを目的としたリフトのこと。

[**2**] 建設用リフトの停止階では、荷の積卸口に遮断設備を設ける。

[**3**] 建設用リフトの運転者を、機器を上げたまま運転位置から離れさせてはならない。

図10 **建設用リフト**

## 3-3 地盤転圧機械

[1] ロードローラー 図11 とは、ローラーを用いて地盤を締固める建設機械である。

[2] タイヤローラー 図12 とは、ロードローラーの一種で、複数のゴムタイヤを前後に配置した締固め機械で、砂質土の締固めに適しており、機動性に優れている。

図11 | ロードローラー

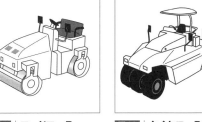
図12 | タイヤローラー

## 3-4 その他の建設機械

[1] ブルドーザー 図13 は、地盤の掘削、整地および押土や土砂の運搬等に用いられる。

[2] ブルドーザーの**平均接地圧**は、全装備質量が同等の場合、**湿地用ブルドーザーは標準のブルドーザーの約半分程度となる。**

[3] トラックアジテータ 図14 は、荷台にミキシングドラムを装備した車両で、プラントから工事現場までの走行中でもコンクリートを撹拌しながら運搬できる。トラックアジテータの最大積載量の総重量は、最大混合容量が4.5m³の場合、約20tとなる。

[4] ポンプ車 図15 は、トラックアジテータにより運搬されたフレッシュコンクリートを、荷台に装備されたポンプにより型枠内に圧送する車両である。

――

図13 | ブルドーザー

図14 | トラックアジテータ

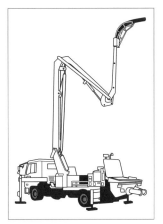
図15 | ポンプ車

# 五肢二択問題への対処法

POINT
ポイント

令和3年から「応用能力問題」として6問が『五肢二択問題形式』で出題されています。

令和5年は、「躯体施工」、「仕上施工」からそれぞれ3問の出題でした。

四肢一択問題の大半は間違っているものを選ぶ問題であり、大体2つくらいは「正しい」または「間違ってなさそう」と推定できるので、2つのうちどちらが間違っているかに絞り込むことが多いのです。

ところが、五肢二択となると間違っているものを2つ見つけ出すことになり、少々複雑になります。まず、「明らかに間違っている」というものを1つ見つけ出せれば、あとは四肢一択問題と同様、「正しい」または「間違ってなさそう」というものを2つ除外し、2つのうちどちらが間違っているかに絞り込むという手順で処理するのがよいでしょう。

また、「2つとも正しい場合のみ正解となります。」とのことですので、確率的にも難易度は高まりました。

問題 →
令和4年
No.56
［躯体施工］

型枠工事に関する記述として、**不適当なものを2つ選べ。**

1. 支保工以外の材料の許容応力度は、長期許容応力度と短期許容応力度の平均値とした。
2. コンクリート打込み時に型枠に作用する鉛直荷重は、コンクリートと型枠による固定荷重とした。
3. 支柱を立てる場所が沈下する恐れがなかったため、脚部の固定と根がらみの取付は行わなかった。
4. 型枠の組立ては、下部のコンクリートが有害な影響を受けない材齢に達してから開始した。
5. 柱型枠の組立て時に足元を桟木で固定し、型枠の精度を保持した。

解答 | 2、3

型枠の荷重については、本書『「躯体施工」の「型枠の設計」』（90ページ）に記されており、固定荷重だけでなく積載荷重（作業荷重＋衝撃荷重）も考慮しなければならないので 2. は明らかに間違っています。

同じく、本書『型枠の組立』（89～90ページ）では、型枠支柱に根巻きを設けるのは、滑動防止のためであることが記されており、3. も間違いであることが判ります。

この2つが間違いであることがわかればこの問題はできますが、3. があやふやであったと仮定しましょう。

残りの3つのうち、4. と5. の内容は本書に記していませんが、当り障りのない文章で、間違っているとしたらどこが間違っているのかということになります。つまり、これが「間違ってなさそう」という文章です。

となると 1. と3. のいずれかが間違っていることになります。1. は知っていないと判定できません（本書『型枠の設計』（90ページ）に記載）。3. は「…なため … 行わなくてよい」という通常なら「間違っていそうな問題表現」です。よって3. を間違いとするしかありません。この問題に関しては、本書をしっかり読み込んでいればできる問題ですが、読み込みが足りなくてもこのような推定から解けるという一例です。

問題 →
令和4年
No.58
［仕上施工］

軽量鉄骨壁下地に関する記述として、**不適当なものを2つ選べ。**

1. スタッドは上部ランナーの上端とスタッド天端との隙間が15mmとなるように切断した。
2. ランナーは両端を端部から50mm内外で固定し、中間部を900mm間隔で固定した。
3. 振れ止めは、床ランナーから1200mm間隔で、スタッドに引き通し、固定した。
4. スペーサーは、スタッドの端部を押さえ、間隔600 mm程度に留め付けた。
5. 区分記号65形のスタッド材を使用した袖壁端部の補強材は、垂直方向の長さが4.0mを超えたため、スタッド材を2本抱き合わせて溶接したものを用いた。

解答 | 1、5

軽量鉄骨壁下地に関する問題です。5. は「スタッド材を2本抱き合わせて」ではなく、「補強材を2本抱き合わせて」が正解です。スタッド材の厚さは0.8mm、補強材の厚さは2.3mm、およそ3倍の厚さです。スタッド材で補強が間に合うのであれば、補強材を製品として用意する必要はなくなってしまいます。

間違っているものをもう1問見つけなければなりません。本書『「仕上施工」の「軽量鉄骨壁下地」』（110～111ページ）にすべて記されているのですが、細かい数字なので忘れてしまった場合は悩みます。こう考えたらいかがでしょうか。軽量鉄骨壁下地は、あくまで仕上工事の下地ですので、すべて仕上材で隠れてしまいます。そこでの基準となる数値が、数ミリ単位というのはどうかと。せめて数十ミリ単位ではなかろうかと。そう考えると1. の「15mm」が怪しく思えてきます。また、施工誤差となる隙間は狭いほど良いのに、以下という言葉が入ってないのも変です。正しくは、「15mmとなるように」ではなく「10mm以下となるように」です。

この問題に関しても、本書をしっかり読み込んでいればできる問題ですが、細かい数値を忘れてしまっても、このような推測から解けるという一例です。

# Chapter 4

# 施工管理法

仮設計画、根切り・山留工事は重要で避けて通れないが、これらの基本的事項は、「Chapter3 建築施工」の中で充分把握しておくべき。
施工管理法は必須問題なので、試験会場ではわからない問題を後回しにせず、必ずどれかに〇をつけること。

# 1 施工計画

POINT
出題傾向と
ポイント

- 施工計画は、他章、他項に記述された重要事項の総合的知識を必要とする。本項は、他章、他項との重複記述が多いが、集約的なまとめという観点で勉強して欲しい。したがって、本項については、一番最後に読むのが効果的な勉強法と考えられる。

## 1-1 施工計画の基本事項

**重要>>>>**

> ・施工計画書（総合、工種別）、工程表（総合、工種別）、図面（基本、施工）について、誰が作成するのかの理解が重要。

### 1 施工計画書等

**表1** | 施工計画書等

| 作成書類 | | 内容 |
|---|---|---|
| 設計図書 | 基本図面 | 発注者から与えられる |
| | 仕様書 | |
| 工程表 | 基本工程表 | 元請が施工前に作成 |
| | 工種別工程表 | 下請の意見を聞き、施工前、施工進捗に合せて元請が作成 |
| 施工計画書 | 総合施工計画書 | 元請が施工前に作成 |
| | 工種別施工計画書 | 下請の意見を聞き、施工前、施工進捗に合せて元請が作成 |
| | 品質管理計画書 | 元請が施工進捗に合せて作成 |
| 施工要領書 | | 元請作成だが、下請が作成することもある |
| 施工図・原寸図 | | 元請が施工前、施工進捗に合せて作成 |
| 実行予算書 | | 企業独自の計画予算書で、得意先や下請に見せるものではない |

### 2 施工計画の立案上の留意事項

[1] 新工法、新技術の採用に対する心構えが必要。

[2] 理論偏重も経験偏重もよくない。

[3] 現場技術者と社内組織の両方の技術を結集する。

[4] 発注者が設定した工期が最適工期とは限らず、経済的工期を探索する。

[5] 1つの計画だけでなく、代替案も作成して比較検討する。

# 1-2 仮設計画

## 1 仮囲い、仮設便所

[1] 仮囲いの高さは、1.8m以上とする。

[2] 入口、通常口などは、引戸または内開きとする(外開きにしてはならない)。

[3] 仮囲いは、安全上支障がなければ、必ずしも設置しなくてよい。

[4] ゲートの有効高さは、空荷時の生コン車が通過できる高さ以上とする。

[5] 作業員用仮設便所は男女を区別し、男子用大便所の便房は60人以内ごとに1個、小便所は30人以内ごとに1個、女子用は20人以内ごとに1個以上の便房を設置する。

## 2 工事用電気設備等

memo >>>>

・[1]、[2]、[4]の数値は何度も出題されているので、覚えておく必要がある。

[1] 使用電圧300V以下の移動電線は、1種キャブタイヤケーブルおよびビニルキャブタイヤケーブル以外のもので、断面積0.75mm²以上のものを使用する。

[2] 契約電力50kW未満は低圧電力、50kW以上は高圧電力となる。

[3] 現場内の幹線ケーブル埋設深さは、0.6m以上(重量物通過道路は1.2m以上)とする。
   ➡水道管も同じ。

[4] 電気設備容量は、動力用は山積負荷(最大負荷)の60%、電灯用は80%程度とする。

[5] 短期間の高負荷電力となる溶接機などは、臨時電力契約や発電機で対応したほうが経済的である。

[6] 仮設工事事務所の使用水量は、50ℓ/人・日程度を見込んで計画する。

[7] 作業面の照度は、精密な作業で300lx以上、普通の作業で150lx 以上確保しなければならない。

[8] 場所打ち杭の掘削に使用する水量は、アースドリル工法では10m³/h、リバース工法では25m³/hとして計画する。

## 3 材料の保管

[1] ガラス、アルミ建具、ルーフィング、ビニル床シート、大理石等は縦置きとする。

[2] ALC板、コンクリートパネルは横置き(平積み)、ロール状カーペットは2~3段までの俵積み(ロール状)とする。

[3] 壁紙張りの巻いた材料は、くせの付かないように立てて保管する。

[4] 高力ボルトは必要量だけを開包装し、使い残さないようにする。箱の積み上げ高さは、3~5段程度とする。➡もし残ったら再包装し直し、乾燥した場所に保管する。

[5] セメントやアスファルトの袋の積重ねは10袋以下、床タイルの箱積みは10段重ね以下とする。

[6] ALC板の積上げ高さは、1段を1m以下とし2段までとする。

[7] ガスボンベは40℃以下に、合成樹脂エマルジョンは35℃未満に保つ。また、密閉状態で保管すると引火物が充満する恐れがあるので、必ず開口部を設ける。

[8] 石、レンガ、コンクリートブロック等の積上げ高さは、1.6m以下とする。

[9] フローリング類は、屋内の床にシートを敷き、角材を並べた上に積み重ねて保管する。

[10] 砂付ストレッチルーフィングは、ラップ部を上に向けて立てて保管する。

[11] フタル酸樹脂エナメル塗料等が付着した布片は、自然発火の恐れがあるため、水が入った金属容器に入れるなどして、他の塗装材料とは別に保管する。

[12] 塗料置き場は周辺建物から1.5m以上離し、天井を設けず、屋根は軽量な不燃材料で葺く。

[13] 危険物貯蔵所は仮設建物、材料置き場等から離れた場所に設け、不燃材料を用いた平屋建てとし、錠をかけて「火気厳禁」の表示を行う。

## 4 土留め支保工

memo >>>>

・詳細は「Chapter3 建築施工」に記してあるが、ここでは施工管理法で出題のあった重要ポイントだけを記した。
・親杭横矢板工法、地盤アンカー工法、プレロード、リチャージ工法の用語と意味は重要。

[1] 法付けオープンカット工法は、工費が安く、敷地に余裕がある場合に採用できるが、通常は市街地では敷地に余裕がないので、土留め支保工を施工することになる。

[2] 親杭横矢板工法は止水性がない。それ以外の工法は、ほとんど止水性がある。

[3] 鋼矢板工法は止水性はあるが、打込みや引抜きに騒音・振動をともなう。

[4] 柱列山留め壁や地中連続壁は低騒音・低振動工法で、剛性が高く、止水性も高い。

[5] 地盤アンカー工法は、切梁がないため掘削がしやすく偏土圧対応が容易であり、矩形以外の平面形状掘削にも対応できるが、埋設物への注意や隣地の地権者の了解が必要である。

[6] 逆打ち工法は、根切りと並行して地下構造物体の梁、スラブを施工し、これを支保工として順次下部の掘削と構造物を構築する工法で、軟弱地盤に対しても山留め壁の変形が少なく、地下が深い場合には工期短縮に繋がる。不整形な平面形状でも適用でき、1階の床を作業床として利用できるので乗入構台がいらない。

[7] ヒービングは粘性土、ボイリングは砂質土の土留め壁の崩壊現象である。

[8] 所定の支保工を設置するまで、次段階の掘削を行ってはならない。
　　➡乗入れ構台の水平つなぎや、ブレースも同様である。

[9] 切梁にプレロードを導入する場合は、設計切梁軸力の50~80%を導入する。

[10] リチャージ工法は、揚水の排水を復水井に返す工法で、周辺井戸枯れや地盤沈下防止に効果がある。

[11] 切梁と乗入れ構台は原則として兼用は不可だが、安全確認計算をすれば例外的に認められる。

[12] 渡り桟橋は、切梁や腹起しを利用して設置してもよい。

## 5 | 墜落・飛来落下防止関連設備

memo >>>>
・法規（労働安全衛生法）と重複するものが多いが、ここでも出題頻度が高い。

[1] 3m以上の高所から物体を投下する場合は、投下設備(ダストシュート)を設けて監視人を置く。

[2] 単管足場の建地間の最大積載荷重は、400kg(3.92kN)とする。

[3] 単管足場の建地間隔は、けた方向1.85m以下、はり間方向1.5m以下とする。

[4] 単管足場の地上第1の布（水平材）の高さは、地盤から2m以内とする。

[5] 単管足場の壁つなぎの間隔は、垂直方向5m以内、水平方向5.5m以内とする。

[6] 登り桟橋の高さ8m以上の場合は、7m以内ごとに踊り場を設ける。

[7] 足場の作業床の幅は40cm以上、隙間は3cm以下(吊り足場の場合は0)とする。

[8] 朝顔（防護棚）は飛来落下防止の養生設備である。朝顔の突き出す長さは水平距離で2m以上、水平面との角度は20~30°とする。また、朝顔は高さ10m以上の場合に設け、高さ20m以上では2段以上設ける。

[9] 登り桟橋の勾配は30°以下とし、15°を超える場合は滑り止めを設ける。

[10] 手すりの高さは、85cm以上とし、35~50cmの位置に中桟等を設ける。

[11] 乗入構台の計画では、スロープ勾配は1／6~1／10とする。

[12] メッシュシートとは、仮設足場外側面に設ける落下防止用のシートで、防音効果はない。

[13] 工事のために歩行者用通路を設ける場合は、幅員1.5m(やむを得ない場合は0.75m)を確保する。

## 6 | その他

memo >>>>
・ディープウェルとウェルポイントの違いを充分理解すべき。

[1] タワークレーンの高さが60m以上となる場合は、航空障害灯を設置する。

[2] 電圧66,000V以下の送電線との離隔距離は、2.2m以上とする。

[3] ウェルポイントは細い複数孔から真空ポンプで排水する工法で、ディープウェルより効果は小さく、揚程は6m程度が限度である。

[4] ISO 14001における環境側面とは、環境と相互に作用する可能性のある、組織の活動、製品またはサービスの要素のことである。

# 1-3 各種申請・届出

**表2** 申請・届出一覧表

| 関連法規 | 申請・届出名称 | 申請・届出者 | 提出先 | 提出時期 | 備考 |
|---|---|---|---|---|---|
| 建築基準法 | 建築確認申請 | 建築主 | 建築主事または指定確認検査機関 | 着工前 | ※1 |
| | 建築工事届 | 建築主 | 都道府県知事 | | 10m²以下は不要 |
| | 中間検査申請 | 建築主 | 建築主事または指定確認検査機関 | 特定工程後4日以内 | ※1 |
| | 完了検査申請 | 建築主 | | 完了後4日以内 | |
| | 建築物除却届 | 施工者 | 都道府県知事 | 着工前 | 10m²以下は不要 |
| 道路法 | 道路占用許可申請 | 道路占用者 | 道路管理者 | 着工前 | ※2 |
| 道路交通法 | 道路使用許可申請 | 施工者 | 警察署長 | 着工前 | |
| 騒音規制法 振動規制法 | 特定建設作業実施届 | 施工者 | 市町村長 | 着工7日前 | 騒音8種 振動4種 |
| | 特定施設設置届 | 設置者 | | 着工30日前 | |
| 大気汚染防止法 | ばい煙発生施設設置届 | 設置者 | 都道府県知事 | 着60日前 | |
| 消防法 | 危険物設置許可申請 | 設置者 | 都道府県知事または市町村長 | 着工前 | |
| | 同上完成検査申請 | 設置者 | | 完成時 | |
| | 消防用設備等着工届 | 甲種消防設備士 | 消防長または消防署長 | 着工10日前 | |
| | 消防用設備等設置届 | 対象物の所有者または管理者 | | 完了後4日以内 | |
| 電気事業法 | 工事計画届 | 設置者 | 経済産業大臣 | 着工30日前 | ※3 |
| 労働安全衛生法 | 建築工事の計画届 | 事業者 | 厚生労働大臣 | 仕事開始30日前 | ※4 |
| | | | 労働基準監督署長 | 仕事開始14日前 | ※5 |
| | 機械の設置届 | | | 工事開始30日前 | ※6 |
| | 特定元方事業者の事業開始報告 | 特定元方事業者または施工者 | | 工事開始後遅滞なく | |
| | 統括安全衛生責任者・総括安全衛生管理者・安全管理者・衛生管理者・産業医の選任報告 | 事業者 | | 事由発生から14日以内に選任し、選任後遅滞なく | |

※1 指定確認検査機関への届出、検査を受ければ、あらためて建築主事の届出、検査は不要
※2 通常は両方に出す。コンクリート打設にともなうポンプ車設置などは一時使用なので、使用届だけで占用届までは不要。
※3 この他電気工作物使用届など、電気関連だけは労働安全衛生法の適用外で、経済産業省経済産業局の管轄である。
※4 高さ300m以上の塔の建設工事
※5 ・高さ31mを超える建築物、工作物の建設・改造・破壊・解体
　　・高さまたは深さが10m以上の地山の掘削作業
　　・石綿等吹付け建物の石綿等の除去作業
※6 ・60日以上設置する足場（吊り足場・張り出し足場以外は高さ10m以上）
　　・高さおよび長さが10m以上の架設通路
　　・支柱の高さ3.5m以上の型枠支保工
　　・3t以上のクレーン、2t以上のデリックの設置
　　・1t以上のエレベーターの設置
　　・制限荷重0.25t以上、ガイドレール高さ18m以上の建設用リフトの設置
　　・ゴンドラの設置

# 1-4 公共工事標準請負契約約款

- 法規の建設業法との類似部分が多い。建設業法は民間工事も対象とするのに対し、公共工事標準請負契約約款は公共工事だけが対象となる。

[1] 設計図書は発注者から与えられるもので、別冊の**図面・仕様書・現場説明書・現場説明に対する質問回答書等**である。**施工計画書や原寸図は含まれない。**

[2] 質問回答書は、書面で入札参加者全員に配布する。

[3] 施工計画書は、施工者が作成して工事監理者に提出する。

[4] 設計図書に品質仕様が示されていない場合は、**中等品質**のものを用いてよい。

[5] 発注者が監督員を、請負者が現場代理人をおく場合は、互いに相手方にその責任権限範囲を書面で通知する。承認を得るわけではない。

[6] 監理技術者、主任技術者と現場代理人とは兼ねることができる。

[7] 公共工事および民間の共同住宅の新築工事については、一括下請は全面禁止となっている。

[8] 仮設については、特別の定めのある場合を除き、一切請負者の自由裁量に委ねられている。

- [**8**] の文章は、「請負者が一切自由に決めてよい」という表現で、間違ってそうに思えるが、特別の定めのあるのが指定仮設であるから、任意仮設は自由に決めてよいのである。もちろん、労働安全衛生法を遵守しなければならないのは当然である。

[9] 共同企業体（JV）の場合、発注者の契約はすべて**代表者との関係**において行う。

[10] 不可抗力による第三者への損害の場合は、**発注者が負担**する。

[11] 発注者は、請負者から工事完成の通知を受けた時は、通知を受けた日から14日以内に検査を完了する。

[12] 検査（破壊検査を含む）およびその復旧費用は、**請負者の負担**とする。

# 1-5 躯体工事施工計画

躯体工事施工の詳細は「Chapter3 建築施工 1 躯体施工」に記されているが、ここでは、施工計画の分野で出題された躯体工事に関する主な内容のみを列挙して掲載する。

**[1] コンクリートの基本事項** 図1

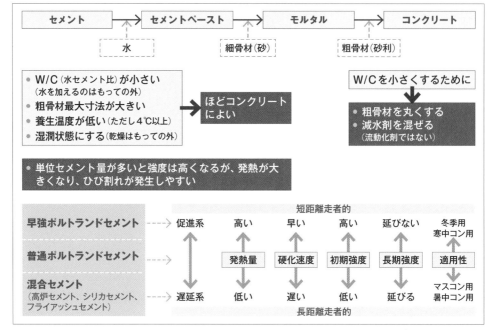

図1 | **コンクリートの基本事項**

**[2]** 土工事において、埋戻しは、埋戻し厚さ300mmごとに締め固めを行う。

**[3]** 鉄骨の建入れ直しは、大ブロックにまとめるのではなく、各階の建方が終了するごとに行う。

**[4]** 鉄骨造の**ターンバックル付き筋かい**は、構造材としての役割をもつため、これを用いて建入れ直しを行ってはならない。しかし、**仮締めブレースとしてワイヤーロープを使用する場合は、これを建入れ直しに兼用できる。**

**[5]** **既製杭**(ディーゼルハンマ等)は、埋込み杭(プレボーリング等)や場所打ち杭(リバース杭、アースドリル等)に比べて工事費用が安く、摩擦力が期待できるが、**振動・騒音が多い。**

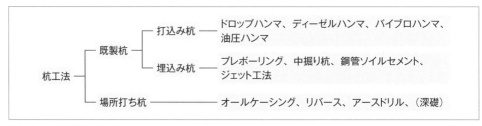

図2 | **杭工法の種類**

**[6]** 場所打ち杭には、リバース杭、アースドリル、オールケーシング (ベノト杭)の3種類がある。このうち、リバース杭は泥水を、アースドリルは安定液を使用するため、廃液は産業廃棄物の汚泥として扱う必要がある。

**[7]** 場所打ち杭のコンクリートの打込み中は、トレミー管の先端をコンクリート中に2m以上入れておく。

**[8]** コンクリートの練り混ぜから打ち込み終了までの時間は、**外気温が25℃未満の場合は120分以内、25℃以上の場合は90分以内**とする。

［9］ トラッククレーンによる鉄骨建方の1日における**標準取り付けピース数**は、30〜35ピース、タワークレーンによる場合は40〜45ピースである。

［10］ コンクリートブロック工事においては、1日の積上げ高さの限度は1.6m以内とする。

［11］ タワークレーンは、作業終了時にブームを電波方向に向けておくことで、電波障害の影響を少なくできる。

［12］ 耐火被覆の吹付工法は、吹付材の粉塵発生や飛散が生じるため、施工中および施工後、吹付材が硬化するまで養生が必要である。

［13］「けがき」とは、実際に使用する鋼材に型板や定規にしたがって形状などを書くことである。

［14］ 同一区画に、複数工場のレディーミクストコンクリートを打設してはならない。

［15］ 鉄骨工事の積上げ方式は建て逃げ方式に比べて、後続工程のラップに自由度があって工期短縮に繋がるが、上下作業となるため飛来落下事故防止の安全管理が重要である。

［16］ トルシア形高力ボルトの締め付け作業能率は、1人1日当たり200本として計画する。

［17］ 高力ボルト接合におけるボルト孔の径は、ボルト公称軸径 + 2mm以下とする。

［18］ 高力ボルトの孔あけ加工は**ドリルあけを原則**とする。普通ボルト、アンカーボルト、鉄筋貫通孔用で板厚が13mm以下の場合は、せん断孔あけとすることができる。

［19］ 鉄筋コンクリート造建造物の外壁解体に転倒工法等を用いる場合、1回の転倒解体部分は、柱2本を含み、幅は1〜2スパン程度とし、高さは1層分以下とする。

# 1-6 仕上工事施工計画

仕上工事施工の詳細は「Chapter 3　2 仕上施工」に記されているがここでは、施工計画の分野で出題された仕上工事に関する主な内容のみを列挙して掲載する。

---

［1］ 石膏系接着剤を一度に塗る量は、1時間以内に使い切れる量とする。

［2］ 既存アスファルト防水層を存置する防水改修工事において、ルーフドレン周囲の既存防水層は、ルーフドレン端部から500mmまでの範囲を四角形に撤去する。

［3］**トーチ工法**は、トーチバーナーの直火でルーフィングを炙りながら施工する工法で、アスファルト防水熱工法に比べて施工時の**臭気や煙の発生**が少ない。

［4］ 改質アスファルト相互の重ね幅は、縦横とも100mm以上とする。

［5］ タイル工事の改良圧着張り工法の張付けモルタルの1回の塗付け面積は、2m²程度で、60分以内に張り終える面積とし、塗り置き時間は30分程度が望ましい。

［6］ 外壁タイル面の伸縮調整目地は、下地コンクリートの亀裂誘発目地と一致させて目地割りを行う。

［7］ 左官モルタル塗りの全塗厚は25mm以内とし、1層の塗り厚は7mmを標準とする。

［8］ 石工事の石裏面処理材は、ぬれ色および白華の防止を目的としている。

［9］ 石面の掃除には、原則として塩酸の類を使用してはならない。

［10］ 電気亜鉛めっきは、めっき層が薄く短時間で防錆効果が失われるので、特に屋外においてはその上に塗装を施すのが原則である。

［11］ 亜鉛めっきのままの仕上げとする場合は、亜鉛の付着量の多い溶融亜鉛めっきとする。

［12］ タイルの密着張り工法は、振動工具により加振して、張付けモルタルがタイルの周囲から目地部分に盛り上がるようにタイルを埋め込む工法である。

# 1-7 初めての問題への対処事例

以下の文章は、それまでには一般のテキストに特に掲載されていなかった時点での出題内容である。しかし、テキストには載っていなくても、建築施工管理技士としての常識、一般常識を駆使して考えれば間違いであると解るはずである。施工管理法の最初にはこのような問題が度々出題されているので、落ちついて対処していただきたい。

**過去問題 >>>>**　**平成27年 No.46** ＋ **平成16年 No.46**

❶ 山留め壁の施工により動く恐れのある道路境界石は、境界ポイントの控えをとる代わりに、境界石をコンクリートなどで固定する。

➡ 境界ポイントの控えをとるのは常識であり、境界石は、コンクリート固定しても掘削等で移動する可能性があると考えるべき。

**過去問題 >>>>**　**平成21年 No.46** ＋ **平成24年 No.46** ＋ **平成2-年 No.46**

❷ 建物の位置と高さの基準となるベンチマークは、複数設置すると誤差を生じるおそれがあるので、設置は1箇所とした。

➡ ❶と同様、控えを数カ所設置するべき。「設置は1箇所」など、どう見ても間違った文章である。

**過去問題 >>>>**　**平成18年 No.46**

❸ 交通量の多い道路に面した工事なので、休日に行った交通量調査に基づいて施工計画を立案した。

➡ 施工は平日やるのか休日にやるのか。また、観光地等の特殊地域を除き、一般に交通量は平日と休日のいずれが多いか。当然平日であろう。

**過去問題 >>>>**　**平成10年 No.1** ＋ **令和4年 No.50**

❹ 労働災害総合保険は、被保険者の従業員が業務災害によって身体の障害を被ったときおよび仮設物などの生じた損害に対して支払われる保険である。

➡ 労災は労働者災害であり、仮設物の損保でないことは一般常識である。

**過去問題 >>>>**　**平成17年 No.46**

❺ 隣地および道路境界線の確認を、建築主、設計者、施工管理者、道路管理者の立会いのもとに実施した。

➡ 隣地境界確認の立会いを、地権者を抜きにして行っても意味がない。

**過去問題 >>>>**　**平成17年 No.47**

❻ コンクリートの解体工事における粉塵防止対策として、破砕する部分のみに散水を行った。

➡ 飛散防止のための散水を、「コンクリート破砕部分のみ」に行うという表現はどう見ても非常識。

**過去問題 >>>>**　**平成17年 No.53**

❼ 躯体工事の工事写真は全工程が完了した後に、撮影し記録した。

➡ 工事写真を「全工程終了後に撮影」などという表現は非常識。当然施工段階ごとに行うべき。

**過去問題 >>>>**　**平成18年 No.47** ＋ **平成21年 No.51** ＋ **平成24年 No.47**

❽ RC造の工事であったので、ゲートの有効高さは、コンクリート満載時の生コン車の高さとした。

➡ 生コン車の高さは、満載時と空の時とでいずれが高いか？　ゲートは当然、空の時の高いほうの高さで計画すべき。

過去問題 ▸▸▸▸ 平成14年 No.1 ＋ 平成21年 No.46 ＋ 平成29年 No.46

⑨ 掘削深さや地盤条件に応じた山留めを設けることとしたので、隣接建物の基礎の調査は省略した。

➡ 安全な山留めを設けたり安全な設計をしたので調査を省略などという表現は当然おかしい。

過去問題 ▸▸▸▸ 平成19年 No.46

⑩ 街路樹が施工上の支障となったので、設計監理者の承認を得て伐採した。

➡ 街路樹伐採の許可が設計監理者か。当然、道路管理者、自治体の緑地課等の許可であろう。

過去問題 ▸▸▸▸ 平成22年 No.47 ＋ 平成26年 No.46 ＋ 平成28年 No.46

⑪ 作業員詰所は、火災防止や異業種間のコミュニケーションが図れ、衛生管理がしやすいように小部屋方式とする計画とした。

➡ 作業員詰所は、小部屋がよいか大部屋がよいか。業者ごとの独自性や責任の観点からは個別に分れていたほうがよいが、ここでは「異業種間のコミュニケーションを図る」と書いてあるのだから、当然大部屋方式のほうがよいと判断すべきである。

過去問題 ▸▸▸▸ 平成27年 No.59 ＋ 平成30年 No.52 ＋ 令和2年 No.52 ＋ 令和4年 No.43

⑫ 設計図書に定められた品質が証明されていない材料は、現場内への搬入後、試験を行い記録を整備する。

➡ 設計図書に定められた品質が証明されていない材料を、先に現場に搬入してから後で検査を行ってよいか、当然搬入前に検査を行うべきであろう。

過去問題 ▸▸▸▸ 平成11年 No.1 ＋ 平成29年 No.46

⑬ セメントによって地盤改良された土の掘削に当たって、沈砂槽を設置して湧水を場外へ排水することとしたため、水質調査を省略した。

➡ 場外排水に当たって、「水質調査が不要」などという表現は常識的に考えて間違いに決まっている。

過去問題 ▸▸▸▸ 令和2年 No.68 ＋ 令和5年 No.53

⑭ つり足場における作業を行うときは、その日の作業を開始する前に、脚部の沈下および滑動の状態について点検を行わなければならない。

➡ 吊足場は、その名称通り吊っている足場であり、下から建地を建てたものではない。したがって、「脚部の沈下や滑動」などはあり得ない。

# 2 工程管理

● 損益分岐点の意味を理解し、採算速度と最適速度を混同しないこと。
● 各種工程表は、その工程表から何が解って何が解らないのかを理解すること。
● バナナ曲線による工程管理の仕方を理解すること。
● ネットワークの用語の意味を覚え、簡単なネットワークを読み取ってTF、FF、クリティカルパスの計算ができるようにしておくこと。
（これらの問題のうち何回か出題されているものは、本書に記してある）。

## 2-1 工程管理の基本事項

### 1 工程管理の手順

[1] 契約条件、施工条件等を確認し、整理する。

[2] 工事（鉄骨工事、防水工事のような工種）の順序を決める。［手順計画］

[3] 工事ごとの施工計画をたてる。

[4] 工事ごとの作業日数、工数（作業人員など）を決める。［日程計画］

[5] 全体調整（短縮、並行作業など）を行い、工期内に収まるようにする。

### 2 マイルストーン

memo >>>>

・今までに出題されたマイルストーンの事例を覚えておくこと。

工程上、重要な区切りとなる時点、重要作業の終了時点などをマイルストーン（管理日）と呼ぶ。マイルストーンはクリティカルパス上にあることが多く、建築工事では以下のような時点があげられる。

[1] 山留杭打ち開始日

[2] 掘削開始日、完了日

[3] 地下コンクリート打設完了日

[4] 最上階躯体コンクリート打設完了日

[5] 鉄骨建方開始日

[6] 屋上防水完了日

[7] 外部足場の解体完了日

[8] 受電日

（仕上工事関連は［6］だけで、大半が躯体工事関連である）

### 3 工程管理に関する重要事項

[1] 工程計画の立案には、大別して積上方式（順行型）と割付方式（逆行型）とがあり、工期 が制約されている場合、割付方式を採用することが多い。

[2] 工程表は、休日や天候を考慮した実質的な作業可能日数を暦日換算した日数を用いて作成する。

[3] 設備工事は、金具や配線・配管の埋め込み時期等の関係上、躯体工事と同時期頃から開始する。

[4] **タクト工程 図1** とは、高層建物で基準階が何階もある場合のように、直列に連結された作業を何回も繰り返して行う場合の工程のことである。

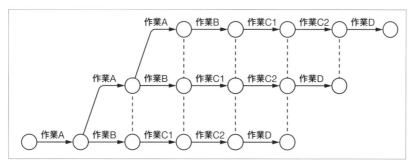

**図1** | **タクト工程表**

# 2-2 工程表の種類と特徴

## 1 4つの工程表の比較

[1] ガントチャート **図3**(次ページ)は、左側に工種を記し、横軸を0%〜100%にとって作業の進捗に応じて塗りつぶしていくことにより進捗度を示したものである。ガントチャートは、各作業の進捗度だけが判明し、それ以外は何もわからない。

[2] 曲線式工程表(Sチャート) **図2** は、出来高を縦軸に、工期を横軸にとったもので、工事全体の(累計)進捗度を曲線で示したものである。曲線式工程表は工事全体の進捗度がわかるが、それ以外は何もわからない。また、工種ごとの進捗度を示したものではない。

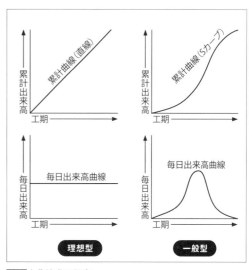

**図2** | **曲線式工程表**

[3] バーチャート(横線工程表) **図4**(次ページ)は、左側に工種を記し、横軸に暦日をとって、各作業の開始日と終了日を棒線で表示したもので、各作業の所要日数はある程度わかるが、作業の手順や作業の進行度合いは漠然としている。バーチャートは曲線式工程表と組み合わせて使うことで、作業の進捗度を明確にすることができる。

[4] ネットワークは、作業の手順、作業の所要日数、作業の進捗度がすべてわかる、また、**工期に影響する作業やクリティカルパスがわかるのはネットワークだけである**。

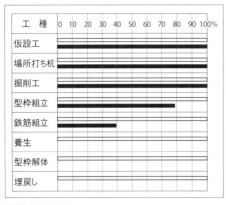

**図3│ガントチャート**

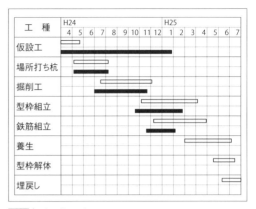

**図4│バーチャート**

memo >>>>

・最終的には、下記の **表1**（星取表）が理解できればよい。

**表1│各種工程表の特徴**

| ▼項目　工程表の種類▶ | ガントチャート | バーチャート | 曲線式 | ネットワーク |
|---|---|---|---|---|
| **作業の手順** | 不明 | 漠然 | 不明 | 判明 |
| **作業に必要な日数** | 不明 | 判明 | 不明 | 判明 |
| **作業進行の度合い** | 判明 | 漠然 | 判明 | 判明 |
| **工期に影響する作業** | 不明 | 不明 | 不明 | 判明 |
| **図表の作成** | 容易 | 容易 | やや複雑 | 複雑 |
| **表示** | 作業 A B C 工期 | 作業 A B C 工期 | （バナナ曲線） | A B C |
| **備考** | 基本的に作業の進行度合いを示すためだけのもので、それ以外は一切不明 | 作業に必要な日数は判明するが、作業手順も進行度合いも漠然としかわからない | 工事全体の進捗度のみで、工種ごとの進捗度は不明 | 長期の複雑な工期の管理に適している |

## 2│ネットワーク工程表

### 1│用語の定義

［1］アクティビティは作業であり、矢線の尾が開始、頭が完了を示す。

［2］丸印〔→○→〕は作業（またはダミー）の結合点（イベント）を表し、作業の開始および終了時点を示す。イベントは同じ番号が2つ以上あってはいけない。

［3］デュレーションは、アクティビティの開始～終了までの時間（日数）であり、矢線の下に書く。

［4］始点と終点のイベントが同じ作業が2つ以上あってはいけない。

［5］ダミーは、上記を避けるために表す所用時間0（架空の作業）の点線の矢印で、作業の前後関係だけを表す。

[6] 最早完了時刻（または最早終了時刻）(EFT) は、作業を終了することのできる最も早い時刻で、前のイベントの最早開始時刻にその作業の所要時間を加えて計算する。

[7] **最早開始時刻 (EST) は、ある一つの作業に先行作業が終了次第、最も早く着手できる時刻（日）で、イベントの右肩に○の数値で示す。先行作業が複数ある時はそのEFTのうち最も大きいものである。**

[8] 最遅開始時刻(LST)は、工期に影響ない範囲で作業を遅くとも開始しなければならない時刻で、後のイベントの最遅完了時刻からその作業の所要時間を引いて計算する。

[9] **最遅完了時刻**（または最遅終了時刻）(LFT) **は、各イベントにおいて、完了する作業が全体の予定工期を遅らせないように終わらせておかなければならない時刻（日）で、イベントの右肩に□の数値で示す。その結合点に後続作業が複数ある場合はLSTの最も小さいものである。**

[10] 最早結合点時刻(ET)と最遅結合点時刻(LT)との差を余裕（スラック）という。

[11] TF（トータルフロート・全余裕時間）は、ある一つの作業内で生じる最大の余裕日数である。
TF＝0ならば、他のフロート（FF、DF）も0である。

[12] FF（フリーフロート・自由余裕時間）は、全部使っても後続作業や全体工期になんら影響を及ぼさない、余裕時間である。

[13] DF（デペンデントフロート：干渉余裕時間）は、後続作業の持つ最大余裕時間に影響する余裕時間で、TFとFFの差である(TF ＝ FF＋DF)。これはIF（インターフェアリングフロート）と呼ばれることもある。

[14] **クリティカルパスは、開始点から終了点までの経路の内、最も時間の長い経路である。**

[15] **クリティカルパス上の作業のフロート（TF、FF、DF）は0である。**

[16] **クリティカルパスは、1本だけとは限らない。**

[17] **クリティカルパス以外のアクティビティでも、フロートを消化してしまうと、クリティカルパスになってしまう。そのため、フロートの小さいパスも重点的に管理する必要がある。**

[18] 山積工程表における山崩しは、日程間での人員の凹凸をなくし、平均化することにより、人員の効率的な配置を図ることを目的としている。工期短縮対策ではない。

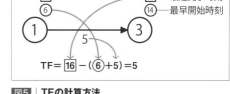

**図5｜TFの計算方法**

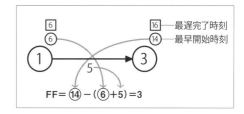

**図6｜FFの計算方法**

memo ▶▶▶▶

・[6]～[9]は似たような用語であり、間違えないこと。ネットワーク表に描かれるのは[7]の最早開始時刻と[9]の最遅完了時刻であるが、問題では最早完了時刻や最遅開始時刻を問う文章が出る場合があるので注意すべき（たとえば、令和2年No.56の4に出題されている「トータルフロートは当該作業の最遅終了時刻から当該作業の最早終了時刻を差し引いて求められる」は間違いではない）。

・TF、FFの計算方法は、図5、図6を見て、位置関係で覚えること。いずれも引くほう（図5、図6では（6＋5））は同じであり、□の数値（最遅完了時刻）から引けばTF、○の数値（最早開始時刻）から引けばFFである。

## 2 | ネットワークの読み取り問題

平成28年 No.56で出題されたネットワーク工程表(下図)を使って、ネットワークを読み取ってみる。

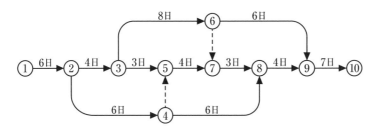

### 読み取り方法

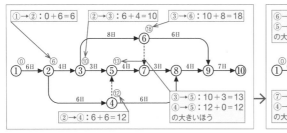

**最早開始時刻（EST）の計算**

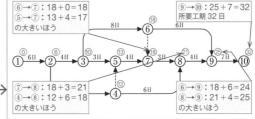

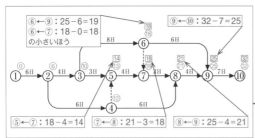

**最遅完了時刻（LFT）の計算**

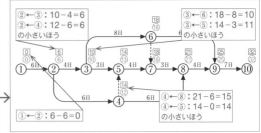

平成28年 No.56は、ネットワーク工程表に関する下記の記述で誤っているものを選択する問題である。

1. 作業⑥→⑨の最遅終了日は、25日である。
2. 作業⑦→⑧の最早開始日は、18日である。
3. 作業⑤→⑦のフリーフロートは、2日である。
4. 作業⑥→⑨のトータルフロートは、1日である。

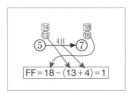

⑤→⑦のフリーフロート

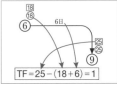

⑥→⑨のトータルフロート

1.は、⑨の右肩に□の数値で示した通り「25日」で正しい。
2.は、⑦の右肩に○に数値で示した通り「18日」で正しい。
3.は、右図「⑤→⑦のフリーフロート」から「1日」となるので、間違っている。
4.は、右図「⑥→⑨のトータルフロート」から「1日」で正しい。
設問にはないが、クリティカルパスの経路を求める場合、TF＝0のパスがクリティカルパスであるが、簡易的には、EST＝LFTのパスを結ぶ。⑥→⑦、⑥→⑨はいずれもEST＝LFTとなっているので、ここだけトータルフロートを計算すると、⑥→⑨は4.の解答にあるようにTF＝1となるので除外する。

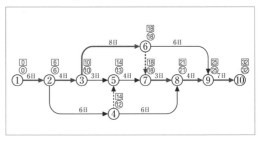

**クリティカルパス**
クリティカルパスは、太赤線の①→②→③→⑥→⑦→⑧→⑨→⑩

# 2-3 工期とコストの関係

## 1 採算速度

[1] 固定原価(F)とは、施工出来高に関係なく必要な原価で、従業員給与、仮設損料、現場事務所経費等である。

[2] 変動原価(Vx)とは、施工出来高にほぼ比例して増える原価で、材料費、外注費、燃料代等である。

[3] この合計金額($y = F + Vx$)が総原価である。

[4] 図7の利益図表に示す$y = F + Vx$と、$y = x$の交点を損益分岐点という。

[5] 損益分岐点とは工事総原価と施工出来高が一致する点で、最低採算速度の状態にある。

　➡ 損得なし、経済速度でも最適速度でもない。

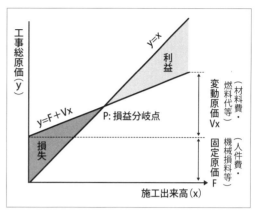

図7 | 利益図表

## 2 経済速度と最適工期

[1] 直接費は労務費、材料費、仮設費などで、工期短縮に伴って増加する(突貫工事状態になると、労務費、材料費は施工量に対して比例的以上に増加する)。

[2] 間接費は管理費、共通仮設費、金利などで、工期短縮に伴って減少する。

[3] 直接費と間接費を合わせたものが総工事費で、これが最少になる時が最適工期である図8。つまり、**工期と費用(原価)の関係は単純な右上がりや右下がりにならず、極小値(極小費用)が存在する**ということである。

[4] 直接費が最少となる工期をノーマルタイム、費用をノーマルコストという。

[5] 直接費が最大となる工期をクラッシュタイム、費用をクラッシュコストという。

　➡ 突貫工事状態。

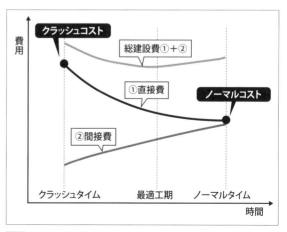

図8 | 工期—建設費曲線

### 3 ｜ 工程管理曲線（バナナ曲線）

[**1**] 工程管理曲線は曲線式工程表を2本引いたものであり、実施工程曲線が上方・下方許容限界曲線内に入るように管理するものである。

[**2**] 実施工程曲線が**上方許容限界を超えた時は、工期が進み過ぎて不経済になっていないか**、検討を要する。

[**3**] 実施工程曲線が**下方許容限界を超えた時は、工期が遅れており、突貫工事にならないよう**に工程を見直す必要がある。

[**4**] 予定工程曲線がバナナ曲線内にあっても、**S勾配の中央部ができるだけ緩やかな勾配になるように管理する**ほうが経済的である。工期短縮のためには、実施工程曲線は上方許容限界線に近付けたほうがよい。

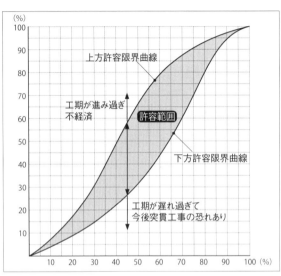

**図9** ｜ **工程管理曲線（バナナ曲線）**

## 2-4 工期短縮と合理化

### 1 ｜ 工期短縮のキーワード

memo ▶▶▶

・以下の用語がでてくれば、工期短縮につながると思ってよい。
また、[**1**]～[**4**]は建設副産物の発生抑制にもつながる。

[**1**] プレハブ化、先組
⇒ 工場や加工場での事前の製作組立（鉄筋先組工法など）により**現場加工作業を省力化**できる。

[**2**] ユニット化・システム化
⇒ 規格化して量産できる単位で製作し（システム天井など）、施工を簡素化する。また、取付方法も規格化・標準化されているので、熟練を要さなくても簡単に施工できる。

[**3**] プレキャスト化、ALCパネル
⇒ 成型コンクリート部材の事前の工場生産（PCコンクリート、PCボードなど）により、現場での型枠・鉄筋組立やコンクリート打設作業を省く。

［4］フラットデッキ、デッキプレート、ラス型枠
　　➡ **構造材兼用の型枠**で、埋め殺しなので**型枠解体作業が不要**となる。
［5］アースアンカー工法
　　➡ 作業の支障となる水平切梁をなくすことにより、掘削や躯体工事をスムーズにする。
［6］逆打ち工法
　　➡ 上から壁を仕上げて土留め壁兼用とすることにより、下から立ち上げた場合の埋戻し、仮切梁、箱抜き補修などの作業を省力化する。**深い地下構造物**等に適用される。

## 2　その他の工期短縮方策

［1］鉄骨建方で水平積み上げ方式を採用する。

［2］塗装下地をモルタル塗りから石膏ボード直貼りに変更する。

［3］床のモルタル仕上げの均し手間、仕上げ手間を省くためにセルフレベリング材を使用する。

［4］固定足場の解体時期を早めるために、移動式足場や高所作業車で代用する。

［5］左官工事のモルタル配合手間を省くために、プレミックスモルタルを使用する。

［6］鉄筋コンクリート階段を鉄骨階段に変更する。

［7］早強コンクリートを用いることにより、養生期間を短縮する（逆に混合セメント使用は、コンクリート品質上はよいが工程上は不利となる）。

［8］高スランプのコンクリートにすることにより、打ち込みやすく打設作業が効率的となる（しかし品質上は硬練りのほうがよい）。

［9］鉄筋の機械式継手は、溶接継手のように資格が必要なく熟練を要さず簡単で、天候に左右されず施工できる。

［10］2液型の塗料に変えて1液型の塗料を使用することにより、混合・攪拌の手間を省く（しかし、品質的には2液型のほうが耐久性あり）。

［11］既存のサッシ枠を利用し新規サッシに改装するかぶせ工法により、既存サッシ枠の解体手間を省略する。

EXERCISE
過去問題
平成22年
No.56

**歩掛りの計算問題**

建設資材の揚重計画を次の条件で行う場合、1日当たりの揚重可能回数として適当なものはどれか。

条件　1日の作業時間 ……… 8時間

揚重高さ …………………… 60m

揚重機の昇降速度 ……… 0.5m／秒

積込み所要時間 ……… 120秒／回

荷卸し所要時間 ……… 120秒／回

輸送能率 ………………… 0.6

ただし　輸送能率＝揚重可能回数／計算上の最大揚重回数　とする。

解答選択肢　　1. 15回　　　2. 36回　　　3. 48回　　　4. 60回

**解答方法**

1回当りの往復所要時間＝60m×2÷0.5m／秒＝240秒

1回当りの作業所要時間＝積込み所要時間＋往復所要時間＋荷卸し所要時間

　　　　　　　　＝120秒＋240秒＋120秒＝480秒

輸送能率を考慮して　　480秒÷0.6＝800秒

つまり、1作業サイクルは800秒ということである。

1時間当たりのサイクル数は、3,600秒÷800秒＝4.5回

1日の楊重回数＝4.5回×8時間＝36回

**正解　2**

EXERCISE
過去問題
平成24年
No.56

**歩掛りの計算問題**

鉄筋コンクリート造事務所ビルの基準階の型枠工事の工程を検討する場合、次の条件における型枠工の1日当たりの必要人数として、正しいものはどれか。

条件　基準階床面積 ………………………… 600m²

単位床面積当たりの型枠数量　単位床面積当たり4m²／m²

型枠面積当たりの歩掛り ……… 0.1人／m²

実働日数 …………………… 実働日数15日

解答選択肢　　　1. 14人　　2. 16人　　3. 18人　　4. 20人

**解答方法**

型枠総数量は？　600m²×4m²／m²＝2,400m²

実働日数15日なら1日当たり何m²の施工が必要か？　2,400m²／15日＝160m²／日

160m²の施工に型枠工は、何人必要か？　160m²／日×0.1人／m²＝16人

**正解　2**

# 3 品質管理

- 品質管理用語と各種検査・試験は必ず毎年1~2題出題される。
- 特にISO用語は直訳が多いので理解し辛いが、「○○差」や「○○検査」を混同させる出題が多いので要注意。
- QC7つ道具はほぼ毎年出題されるが、新QC7つ道具は10年に1回程度である。

## 3-1 品質管理の基本事項

[1] 品質管理の目的は、不良を発見することではなく、不良を未然に防止することである。

[2] 検査や試験は品質管理そのものではなく、品質管理の1つの手段である。

[3] 品質管理は、計画(Plan)→実施(Do)→検査(Check)→処置(Action)のサークルを回すことである。

[4] ISO 9000ファミリー規格は、品質管理および品質保証に関する国際規格で、製品や商品の品質を規定したものではない。

[5] ISOの要求事項はあらゆる分野の産業に適用できるが、すべての業種がすべての要求項目を満たすべきとは限らない。

## 3-2 品質管理用語

| 用語 | 意味 |
|------|------|
| 品質 | 本来備わっている特性の集まりが、要求事項を満たす程度。 |
| 顧客満足 | 顧客の要求事項が満たされている程度に関する顧客の受け止め方。 |
| 製品 | 活動またはプロセスの結果のこと。サービス、ハードウェア、ソフトウェア、素材製品等のすべてが対象となる。 |
| 品質マネジメントシステム | 品質に関して組織を指揮・管理するためのシステム、体系。 |
| 品質マニュアル | 組織の品質マネジメントシステムを規定する文書。 |
| 品質管理 | 顧客の要求に合った品物やサービスを経済的に作り出すための手段の体系。<br>➡単に検査や試験を行うことではない。 |
| 品質計画 | 品質目標を設定し、その品質目標を達成するための計画立案行為。 |
| 設計品質 | 製造の目標としてねらった品質。ねらいの品質。 |
| レビュー | 設定目標を達成するための検討対象の適切性、妥当性、有効性を判定するために行われる活動。 |
| 手直し | 不具合製品に対して、それが規定の要求事項を満たすようにするために採る処置。 |

| 妥当性確認 | 客観的証拠を提示することにより、特定の意図された用途または適用に関する要求事項が満たされていることを確認すること。 |
|---|---|
| 有効性 | 計画した活動が実行され、計画した結果が達成された程度。 |
| 力量 | 知識と技能を適用するための実証された能力。 |
| トレーサビリティ | あるものについての履歴、適用、所在等の追跡の可能性。 |
| 予防措置 | 潜在している不具合、欠陥、望ましくない状況の発生等を防止するために、その原因を除去する処置。 |
| 是正措置 | 検出された不具合またはその他の検出された望ましくない状況の原因を除去するための処置。 |
| 誤差 | 測定値から真の値を引いた差。 |
| 偏差（かたより） | 測定値からその期待値を引いた差。 |
| 公差 | 規定された許容最大値と許容最小値の差。 |
| 許容差 | 規定された基準値と想定された限界値との差、試験データのばらつきが許容される限界。 |
| レンジ（範囲） | 測定値の最大値と最小値の差。 |
| ばらつき | 測定の結果がそろっていないこと。 |
| 標準偏差 | 分散の正の平方根。 |
| ロット | 等しい条件下で生産され、または生産されたと思われる品物の集まり。 |
| 偶然原因 | 測定値のばらつく原因のうち、取り除くことが困難でやむをえないとするもの。<br>管理図の管理限界内でのばらつき原因。 |
| マーケットイン | 製品や商品、サービスの提供に際し、顧客のニーズを汲み取った形で品質対応する考え方。⇔プロダクトアウト |
| 検査 | 品物の特性値に対して、測定や試験を行って、規定要求事項と比較して適合しているかどうかを判定すること。 |
| 中間検査 | 建築物を新築する際のある中間工程を「特定工程」とし、この特定工程の工事が済んだ時点で受ける検査。 |
| 抜取検査 | 製品またはサービスのサンプルを用いる試験。 |
| 無試験検査 | 規格証明書など品質情報、技術情報に基づきサンプル試験を省略する検査。 |
| 間接検査 | 供給側のロットごとの検査成績を必要に応じて確認することにより、受け入れ側の試験を省略する検査（ミルシートなど）。 |
| 2回抜取検査 | 統計学的に数を定めた第1回目の抜き取りのサンプルの試験結果によって、ロットの合・否・検査続行のいずれかの判定をし、検査続行ならば、第2回目のサンプルの試験結果と第1回目の結果とを累計した成績により、ロットの合否を判定する抜取検査。 |
| 合格品質水準（AQL） | 抜取検査で合格にしてよい工程平均（工程の平均品質）の上限の値。 |
| なみ検査 | 調整型抜取検査で、工程平均がAQLにほぼ等しいとみなされる時に行う検査。 |

# 3-3 データ整理の方法

## 1 QC7つ道具

memo >>>>

- 7つの◯◯という言い方をされているが、ここでは重要な5つだけを上げている。
- QC7つ道具は出題頻度が高く、図と使う目的と何を知るためのツールかを関連付けて覚える。
- 新QC7つ道具は、10年に1回程度の割合でしか出ていない。
- QC工程表は近年の出題頻度が高い、重要なもの順ではなく、作業・業務の順に記していることに注意。

[1] **パレート図 図1**：原因や現象の発生個数を大きい順に並べて棒グラフとし、累積を折れ線グラフで表した図。**大きな不良項目、重点的に管理すべき不良項目などがわかる。**

[2] **特性要因図 図2**：問題とする特性(結果)と要因(原因)の関係を、魚の骨のように体系的に整理した図。

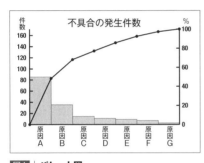

**図1│パレート図**

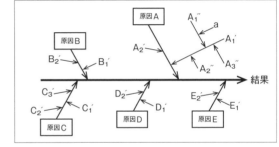

**図2│特性要因図**

[3] **ヒストグラム 図3**：計量データをある幅ごとに区分し、その幅ごとの度数を柱状に棒グラフで示した図。左右対称に近い正規分布を示すことが多く、**データの全体分布状況、ばらつき、工程の異常がわかる。時間的変化や品質の異常原因などはわからない。**

[4] **散布図 図4**：1つのものに関する2つのデータ(例えば身長と体重)を縦軸、横軸にとり、**両者の対応関係の有無を判定するための図。対応する2つのデータに関連性があるかどうか**(右上がり、右下がり等)を判断するための図。

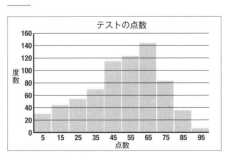

**図3│ヒストグラム**

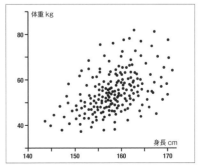

**図4│散布図**

[5] **管理図** 図5：データをプロットした折れ線グラフの中に、中心線、管理限界線を記入した図。**データの時間的変化、異常なばらつきの早期発見（工程の異常）はわかるが、異常原因や品質の異常まではわからない**（計測機器が壊れていたり、測定者が間違っていたりという可能性もあるので、品質の異常とは決めつけられないという意味）。

x̄−R管理図はレディーミクストコンクリートの品質管理に用いられる。管理限界外へ出る、管理限界内であっても中心線より片側による、上昇・下降傾向が続く、周期的変動をする、中心線付近に偏る等の分布傾向は安定状態とは言えない。

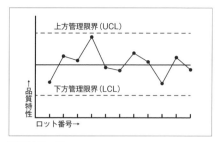

図5 | 管理図

## 2 新QC7つ道具

[1] **連関図法** 図6：複雑な要因が絡み合う問題（事象）について、その因果関係を明らかにすることにより、適切な解決策を見つけ出そうとするもの。

[2] **親和図法** 図7：解決すべき問題点が不明確な場合に、問題点を浮かび上がらせたり、解決すべき問題の所在・方向・形態を明らかにする手法。

[3] **系統図法** 図8：目的を果たすための手段を系統的に追求していく手法。目標・目的・結果などのゴールを設定し、そのゴールに到達するための手段や方策となるべき事柄を、目的→手段（目的）→手段（目的）→手段（目的）→・・・と展開整理する。

[4] **PDPC法** 図9：事前に考えられるさまざまな結果を予測することによって、あらかじめ次の手段を計画したり、事前に予想外な結果を引き起こさないための手段を検討する時に有効な手法。（Process Decision Program Chart）

[5] **アローダイヤグラム** 図10：工事日程計画を行う場合のネットワーク日程表

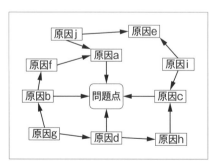

図6 | 連関図法

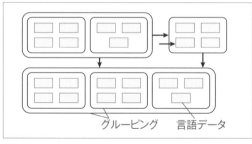

図7 | 親和図法

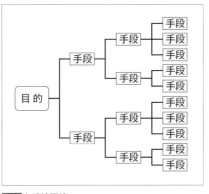

図8 | 系統図法

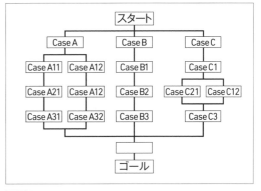

図9 | PDPC法

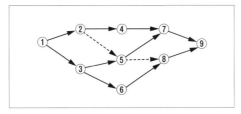

図10 | アローダイヤグラム

## 3 QC工程表 表1

[1] 品質、コスト、リードタイムを管理するために作成される個別の製品に関する計画書。内容としては、材料のインプットとアウトプット、作業手順、期間等が網羅されている。

[2] **業務フローの各段階**（ステップ）ごとに、要因の管理・点検、および特性の検査測定を5W1H式に細かく規定する（**重要度の高い順ではない**）。

[3] QC工程表の役目は作り込み（トラブル予防の品質管理）だが、実務上は流出防止（品質保証）を兼ねて作成する。

[4] QC工程表の構成は、通常、「機械（Machine）、人（Man）、材料（Material）、方法（Method）、測定（Measurement）」などの5Mのあるべき姿を記述する。施工条件や施工体制を明記するものではない。

---

表1 | QC工程表（フォーマットの概略図）

| 工程 | 管理項目 | 管理水準 | 管理方法 | | | | 備考 |
|---|---|---|---|---|---|---|---|
| | | | 管理帳票 | 担当者 | サンプリング | 異常処理者 | |
| プラグ挿入 | 挿入代 | ○○±△△ | $\bar{x} - R$ 管理図 | 岩崎 | n＝5／日 | 管野 | |
| 成型 | A寸法 | □□±▽▽ | $x - R_s$ 管理図 | 山本 | n＝1／時 | 高橋 | |
| 外観選別 | 不良率 | キズなし | チェックシート $p$ 管理図 | 田中 | 全数 | 三宅 | |

参考文献
・「品質保証ガイドブック」（日科技連出版社）：朝香鐡一、石川馨 編（1977）
・「新版品質管理便覧」（日本規格協会）：新版品質管理便覧編集委員会 編（1977）

# 3-4 検査・試験

memo >>>>
- 検査・試験については、Chapter 1の「4 建築材料」（041ページ以降）や、「Chapter 3 建築施工」（068ページ以降）にそれぞれ記されていているが、ここでは施工管理法で出題された重要なものだけをあらためてまとめてある。
- 基本的に、外観検査や目視検査は全数を、超音波や放射線透過等の内部の試験は抜き取り試験である。
- タイルの接着強度試験は何度も出題されている。

## 1 抜取後検査と全数検査

[1] 破壊しなければわからないような検査や検査により商品価値がなくなってしまう場合は、抜取検査を行う。➡ 全数を破壊したら、製品が無くなってしまう。

[2] 抜取検査を行える場合の条件は、検査項目の多い場合、多数・多量のものである程度の不良率の混入が許される場合、製品がロットとして処理できる場合である。

[3] 検査費用に比べて得られる効果が大きい時、不良品が人身事故につながる恐れのある場合には、全数検査を行う。

[4] 全数検査は、抜取検査に比べて必ずしも正確で優れているとは限らない。

## 2 工種・材料ごとの主要な試験・検査

### 1｜土工事・地業工事

[1] 平板載荷試験は、地盤の支持力の試験であり、コンクリート床板や杭の支持力試験ではない。

[2] 打込み杭は、鉛直度、貫入量、杭頭の位置等の検査を行い、杭載荷試験、支持力算定等を行う。

[3] 場所打ち杭は、杭径、掘削孔の深さ・形状、杭頭の位置・高さ等の検査を行い、杭載荷試験、支持力算定等を行う。

### 2｜鉄筋工事

[1] 鉄筋圧接のふくらみ・ずれ・亀裂の有無などの形状は、全数を外観検査する。

[2] 鉄筋圧接の超音波探傷試験を用いる抜取検査は、1ロットにつき30カ所の抜取検査を行い、すべてが合格の時にロット合格とする。不合格ロットは残り全数に対して超音波探傷試験を行う。

[3] 超音波探傷試験で不合格となった部分は、切り取って再圧接するか鉄筋によって補強する。再加熱して修正してはならない。

[4] 再加熱修正してよいのは、ふくらみの直径が足りない場合、ふくらみに著しい曲りを生じた場合だけである。

## 3 | コンクリート工事

**[1]** スランプ試験は、スランプコーン (slump cone) と呼ばれる試験用の入れ物に3層に分けて生コンを入れ、突棒で25回ずつ撹拌したあとで垂直上にスランプコーンを抜き取り、コンクリート頂部の高さが何cm下がったかを測定する。数値が大きいほど下がりが大きいので生コンの流動性が高いといえる。なお、スランプは下がった供試体

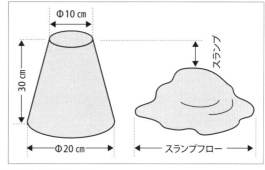

**図10 | スランプ試験**

の中央部で測定する（最も高い部分とか平均的な高さとかではない）。「生コンクリートを詰めはじめてからコーンを抜き終わるまで3分以内」という規定がある（スランプフロー試験は2分以内）。

memo ►►►►

・学科試験、実地試験ともに、スランプ試験の詳細な内容が出題されている。

**[2]** コンクリートの品質管理試験は、打込み当初は150m³に1回以上、その他は1日1回以上行う。

**[3]** コンクリート強度の推定試験において、1回の試験に用いる3個の供試体は、適切な間隔をあけた3台の運搬車から採取する。

**[4]** レディーミクストコンクリートの受け入れに関して必要な試験項目は以下のとおりである。このうち、**a**）〜 **c**）は荷降ろし現場にて行うが、**d**）のみは工場出荷時に行っても差し支えない。

**a**）強度は、3つの試験体のうち、1つでも呼び強度値の85%未満であってはならず、かつ3つの平均値が呼び強度値以上でなければならない。

**b**）空気量はコンクリートの種類によって異なるが、許容差は同じ。
➡ 普通コンクリートで空気量4.5%、許容差±1.5%。

**表2 | コンクリートの種類と空気量**

| コンクリートの種類 | 空気量 | 空気量の許容差 |
|---|---|---|
| 普通コンクリート | 4.5 | |
| 軽量コンクリート | 5.0 | ±1.5% |
| 舗装コンクリート | 4.5 | |

**c）** スランプは8〜18cmの時がスランプ許容差最大で±2.5cm。

表3 | スランプの許容差

| スランプ | スランプ許容差 |
|---|---|
| 2.5 | ±1 |
| 5および6.5 | ±1.5 |
| 8以上18以下 | ±2.5 |
| 21 | ±1.5 |

※例えば、18cmのスランプ指定の場合、15.5〜20.5cmの範囲であれば合格である。

**d）** 塩化物含有量は0.30kg／m³以下（購入者の承認を得れば0.60kg／m³以下）。

---

### スランプ試験について

上記スランプ試験の方法については、JIS A 1101に詳細に定められている。

JIS A 1101では、コンクリートの詰め方、突き棒の材質・寸法（径や長さ）、突き方、引き上げる時間など、かなり細かい内容が記されている。

建築、土木の技術者は高校、大学、専門学校等の実習で学んできているのであまり疑問もなく受け入れているようであるが、同じ理系でも電気、機械、化学系の学科出身者にはかなりの違和感があるようである。

「こんなアバウトな試験など、何で突いても同じじゃないか。突き棒の径や長さや材質が違って、結果にどんな影響があるんだ。試験者の違いによる差の方がずっと大きいじゃないか」というわけである。

JIS A 1101の試験法解説の中で、「引き上げに要する時間は、1秒間に唱えられる言葉（例えばアイウエオ、1.2.3.4.5など）を繰り返し練習し、小声で2〜3回繰り返し唱える間にスランプコーンを引き上げる」なんて文章を見るに至っては、思わず吹き出したくなるようである。

さらに、「スランプが規定値の範囲を超えた場合は、1回に限り試料を採取し直してスランプ試験をやり直すことができる」という規定は、アバウトの極みであると感じるようである。

しかし、建築、土木の世界では、このスランプ試験を大真面目でJISに規定しているのである。

## 4 | 鉄骨工事

[1] 鉄骨の梁の製品精度は、長さの限界許容差を±5mmとする。

[2] 鉄骨の建方における柱の倒れの管理許容差は、柱1節の高さの1/1,000以下、かつ 10mm以下とする。

[3] 溶接の裏当て金付き突合せ溶接のルート間隔の検査は、「限界ゲージ」で測定する。

[4] 溶接検査のうち、放射線透過試験、磁粉探傷試験、浸透探傷試験は内部欠陥を検出する 非破壊試験であるが、マクロ試験は表面欠陥や溶け込み状態を肉眼によって調べる破壊 試験である。

[5] 隅肉溶接の余盛は溶接サイズによって異なるが、0以上で過大であってはいけない。

[6] スタッド溶接は、打撃により角度15°まで曲げた後、溶接部に割れその他の欠陥が生じない 場合に合格とする。

[7] スタッドの仕上がり高さは、指定寸法の±2mm以内、傾きは5°以内とする。

[8] 高力ボルトはせん断力ではなく軸力でもつので、ナット回転角の全数締め付け検査を行う。

[9] 破断伸びとは、試験片破断後における標点間の伸びの、力をかける前の標点間の長さに 対する百分率をいう。

[10] 絞りとは、試験片破断後における最小断面積とその原断面積との差の、原断面積に対す る百分率をいう。

## 5 | タイル工事

[1] タイルの検査は吸水率・曲げ強度、付着強度であって、含水率ではない。

[2] 屋外、屋内の吹抜け部分のタイルは、全面にわたり打診検査を行う。

[3] 接着力試験は施工後2週間以上経過してから実施し、目地部分を下地のコンクリート面まで 切断し、周囲と絶縁して実施する。

[4] 外壁タイル張りは、**タイルの接着強度が0.4N/mm²以上のものを合格とする**。ただし、型 枠先付け工法の場合は、0.6N/mm²以上とする。引張試験はタイルと同形状の鋼製アタッ チメントを用いて行う。

[5] 二丁掛けタイルの接着力試験の試験体は、小口平程度の大きさに切断して行う。

[6] タイルの引張試験機に用いるアタッチメントはタイルと同じ大きさのものを用いる。

[7] タイルの接着力試験の個数は、3個以上かつ100m²またはその端数につき1個以上とする。

## 6 | その他

[1] 塗装の膜厚検査は、一般的には膜厚ゲージを用いて測定するが、塗布面積に対する塗料 の使用量をもとに塗装の膜厚さを算定する方法をとる場合もある。

[2] 塗装下地のコンクリート、モルタル面のアルカリ度はpHコンパレータを用いて塗装直前に測 定し、pHは9以下とする。

[3] 造作材の含水率は、高周波水分計を用いて測定し、工事現場搬入時に15%以下とする。

[4] 2成分シーリング材は、1組の作業班が1日に行った施工個所を1ロットとし、各ロットごとにサ ンプリングを行い、サンプリング資料を整理する。

[5] 硬質吹付けウレタンフォーム断熱材の吹付け厚さの許容差は、0～10mmとする。

[6] 床コンクリートの均し仕上げの平坦さは、3mにつき7mm以内とする。

# 4 安全管理

POINT
出題傾向と
ポイント

- ● 労働安全衛生法の内容を主体とする安全管理は、施工管理法で4問、法規で1問の出題がある。
- ● このテキストには、施工管理法で個々の作業の安全管理、法規で労働安全衛生体制と届出を記したが、最近はその出題区分けも明確でないので、Chapter 5の「労働安全衛生法」と合せた勉強が必要である。

## 4-1 労働災害

[1] 年千人率＝年間労働災害による死傷者数／在籍労働数×1,000

[2] 度数率＝労働災害による死傷者数／延べ労働時間数×1,000,000時間

[3] 強度率＝労働損失日数／延べ労働時間数×1,000

[4] 労働災害とは労働者の人的災害であり、物的災害は含まれない。

[5] 労働災害により労働者が死亡または4日以上休業した場合は、労働基準監督署に遅滞なく報告する。

[6] 4日未満の休業の場合は、4半期ごとに報告する。

[7] 労働損失日数は、死亡および永久全労働不能の場合は7,500日、一時労働不能の場合は暦日休業日数×300／365日とする。

[8] 死傷者とは、死亡者および1日以上の休業となる負傷者のことである。

[9] 重大災害とは、一度に3名以上の労働者が業務上死傷したり罹病した災害のことである。

[10] 建設業の死亡災害の1位は墜落、2～4位は自動車等、建設機械等、飛来落下であり、この3つは毎年入れ替わることがある。

---

表1 | 建設業における死亡災害の工事の種類・災害の種類別発生状況
（建設業労働災害防止協会HPより　令和3年1月～12月確定値）

| | 土木工事 | 建築工事 | 設備工事 | 合計 | 割合 |
|---|---|---|---|---|---|
| 墜落 | 20 | 69 | 21 | 110 | 38.2% |
| 飛来落下 | 10 | 6 | 1 | 17 | 5.9% |
| 倒壊・崩壊 | 4 | 9 | 2 | 15 | 5.2% |
| 土砂崩壊等 | 9 | 3 | 2 | 14 | 4.9% |
| 落盤等 | 1 | 0 | 0 | 1 | 0.3% |
| クレーン等 | 2 | 0 | 1 | 3 | 1.0% |
| 自動車等 | 12 | 11 | 4 | 27 | 9.4% |
| 建設機械等 | 19 | 13 | 5 | 37 | 12.8% |
| 電気 | 0 | 3 | 5 | 8 | 2.8% |
| 爆発火災等 | 1 | 0 | 0 | 1 | 0.3% |
| 取扱運搬等 | 2 | 3 | 0 | 5 | 1.7% |
| その他 | 22 | 22 | 6 | 50 | 17.4% |
| 合計 | 102 | 139 | 47 | 288 | 100.0% |
| 割合 | 35.4% | 48.3% | 16.3% | 100.0% | |

# 4-2　作業主任者

memo >>>>

- ガス溶接作業主任者のみが免許であることに注意。
- 作業が、組立だけのもの、組立・解体を含むものを区別すること（木造建築物の組立等作業主任者の作業には、解体は含まれない）。
- 作業に規模（高さ）が条件となっているものはその数値まで重要。
- 作業主任者の責務は、最近は作業主任者ごとに細かい違いまで出題される傾向となってきている。

---

[1]　ガス溶接作業主任者は免許が必要で、それ以外の作業主任者は技能講習修了者であることが必要。特別の教育はない。

[2]　ほとんどの作業主任者の責務は「作業標準を作る」、「状況を点検する」、「図を作成する」などのような技術的内容は含まれない。

[3]　「測定する」ことが責務に含まれているのは、酸素欠乏等危険作業主任者の「酸素濃度測定」だけである。

[4]　表2 には記していないが、2022年4月より、アーク溶接作業にも作業主任者が必要となった。

---

表2 ｜ 作業主任の責務

| ▼責務の内容 | 1 ガス溶接 | 2 コンクリート破砕 | 3 地山の掘削 | 4 土止め支保工 | 5 型枠支保工組立て等 | 6 足場の組立て等 | 7 鉄骨の組立て等 | 8 木造建築物の組立て等 | 9 コンクリート造解体等 | 10 酸素欠乏等 | 11 有機溶剤 | 12 石綿作業 |
|---|---|---|---|---|---|---|---|---|---|---|---|---|
| 作業方法決定・直接指揮 | ○ | ○ | ○ | ○ | ○ | ○ | ○ | ○ | ○ | ○ | ○ | |
| 労働者の配置決定 | | | | | | ○ | ○ | ○ | ○ | | | |
| 材料の欠点の有無の点検と不良品除去 | | | | ○ | ○ | ○ | | | | | | |
| 器具工具の点検と不良品除去 | | | ○ | ○ | ○ | ○ | ○ | ○ | ○ | | | |
| 不良品の除去 | | | | ○ | ○ | ○ | ○ | ○ | ○ | | | |
| 墜落制止用器具等・保護帽の点検・不良品除去 | | | | | | ○ | ○ | ○ | ○ | | | |
| 墜落制止用器具等・保護帽の使用状況監視 | | | | ○ | ○ | ○ | ○ | ○ | ○ | | | |
| 保護具・空気呼吸器等の使用状況監視 | | | | | | | | | | ○ | ○ | ○ |
| 機器および安全装置の点検 | ○ | | | | | | | | | | | |
| 点火に関する合図、避難確認等 | | ○ | | | | | | | | | | |
| 酸素濃度測定と測定器具の点検 | | | | | | | | | | ○ | | |
| 局所排気装置等の月次点検 | | | | | | | | | | | ○ | ○ |
| その他当該作業に関する安全措置 | ○ | ○ | | | ○ | | | | | | ○ | ○ |

---

**表3** 建築施工管理技士に関連する作業主任者名と作業内容

| No | 作業主任者名 | 作業内容 |
|---|---|---|
| 1 | ガス溶接作業主任者（免） | アセチレンガス等を用いるガス溶接による金属の溶接、切断作業 |
| 2 | コンクリート破砕器作業主任者（技） | コンクリート破砕器を用いる破砕の作業 |
| 3 | 地山の掘削作業主任者（技） | 高さ2m以上の地山の掘削の作業 |
| 4 | 土止め支保工作業主任者（技） | 土止め支保工の切梁、腹起し等の取り付け、取り外しの作業 |
| 5 | 型枠支保工の組立て等作業主任者（技） | 型枠支保工の組立または解体の作業（コンクリート打設は含まれない） |
| 6 | 足場の組立等作業主任者（技） | 吊り足場、張り出し足場、高さ5m以上の足場の組立・解体の作業 |
| 7 | 建築等の鉄骨の組立て等作業主任者（技） | 建築物の骨組み・塔など高さ5m以上の金属部材の組立・解体・変更の作業 |
| 8 | 木造建築物の組立て等作業主任者（技） | 軒の高さ5m以上の木造建築物の構造部材組立、これにともなう屋根下地・外壁下地の取り付け作業 |
| 9 | コンクリート造の工作物の解体等作業主任者（技） | 高さ5m以上のコンクリート工作物の解体、破壊の作業 |
| 10 | 酸素欠乏等危険作業主任者（技） | 酸素欠乏の恐れのある場所、硫化水素中毒にかかる恐れのある場所における作業 |
| 11 | 有機溶剤作業主任者（技） | 屋内作業等における一定量以上の有機溶剤の製造、取り扱いの作業 |
| 12 | 石綿作業主任者（技） | 石綿を取り扱う作業または石綿を試験研究のために製造する作業 |

（免）は免許取得者、（技）は技能講習修了者である

# 4-3 建設作業における資格

memo ▸▸▸▸

- 移動式クレーンの規模と資格は出題率が高い。
- これらの資格は労働安全衛生法によるものであり、道路交通法の運転免許で移動式クレーンの操作やコンクリートポンプ車の操作はできない。

［1］労働安全衛生法における資格は、免許取得者、技能講習修了者、特別の教育受講者の3つあり、この順でグレードが高い。

- クレーン関連の資格 … 5t以上は免許
  
  1t以上～5t未満は技能講習
  
  1t未満は特別の教育
- クレーン … 5t以上は免許
  
  5t未満は特別の教育

［2］技能講習と特別の教育

フォークリフト … 最大荷重1t

整地・運搬・積込み用建設機械 … 機体重量3t
（バックホー・ブルドーザ等）

高所作業車 … 高さ10m

玉掛け作業 … 制限荷重1t

→ 以上 ➡ 技能講習

→ 未満 ➡ 特別の教育

［3］その他の特別の教育
- ゴンドラの操作、建設リフトの運転、アーク溶接、締固め用機械の運転、コンクリートポンプ車の操作、動力用杭打機の操作等は特別の教育である。
- 酸素欠乏等危険作業、石綿取り扱い作業および足場組立の作業等に就く作業員全員にも特別の教育を施さなければならない（十分な知識と経験のある者を除く）。
- 事業者は、新たに職務につくこととなった職長その他の作業中の労働者を直接指導または監督する者（作業主任者を除く）に対し、安全または衛生のための教育を行わなければならない（職長教育）。
- 労働者を雇い入れた時、作業内容を変更した時には、安全または衛生のための教育を行う。ただし、十分な知識および技能を有していると認められる労働者については、教育を省略することができる。

［4］資格を有する者がこれらの業務に従事するときは、資格を証明する免許証等の書類を携帯していなければならない（コピーはダメ）。

# 4-4 墜落・飛来落下災害の危険防止

［1］架設通路の規定
- 勾配は30°以下とし、15°を超える場合には踏桟等の滑止めを設ける。
- 通路面から高さ1.8m以内に障害物を置いてはならない。
- 高さ8m以上の登り桟橋には、7m以内ごとに踊場を設ける。

［2］高さ2m以上の作業を高所作業といい、高所作業においては、作業床設置、手すり設置、要求性能墜落制止用器具の具備、照度確保、悪天候時の作業中止等の規定がある。

［3］高さ6.75m以上での作業の場合の要求性能墜落制止用器具は、フルハーネス型のものを使用しなければならない。

［4］昇降設備が必要な場合は、1.5mを超える高さである。

［5］3m以上の高所から物体を投下する場合は、投下設備（ダストシュート）を設けて監視人を置く。

［6］朝顔（防護棚）
- 高さ10m以上の場合に設け、高さ20m以上では2段以上設ける。
- 突き出す長さは水平距離で2m以上、水平面との角度は20～30°とする。
- 敷板は、一般に厚さ1.6mmの鉄板を使用するが、木板を使用する場合は、厚さ125mm以上とする。敷板にすき間があってはいけない。

［7］作業床の幅は400mm以上、床材間の隙間は30mm以下とする。ただし、吊足場の隙間は0とする。

［8］床材と建地とのすき間は12cm未満とする。

［9］手すりの高さは85cm以上とし、35～50cmの位置に中桟を設ける。

［10］足場の建地は地面に直接ではなく、敷板を敷いて、ベース金物やベース金具を介して建て込む。

［11］移動はしごの幅は30cm以上とする。

［12］はしご道の上端は、床から60cm以上突き出させる。

[**13**] 枠組足場の規定

- 水平材は、最上階および5層以内ごとに設ける。
- 高さ20mを超える主枠の高さは2m以下、主枠の間隔は1.85m以下とする。
- 高さ5m以上の壁つなぎ・控えは、垂直方向9m以下、水平方向8m以下とする。

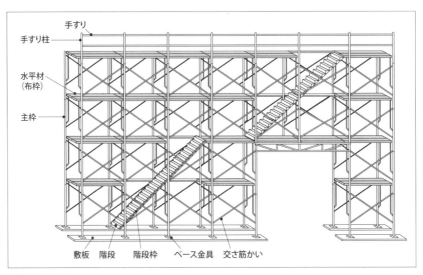

**図1** | **枠組足場**

[**14**] 単管足場の規定

- 建地間隔は、桁方向1.85m以下、梁間方向1.5m以下とする。
- 地上第1の布は、地上2m以下の位置に設ける。
- 単管の建地間の積載荷重は、400kg以下とする。
- 壁つなぎ・控えは、垂直方向5m以下、水平方向5.5m以下とする。

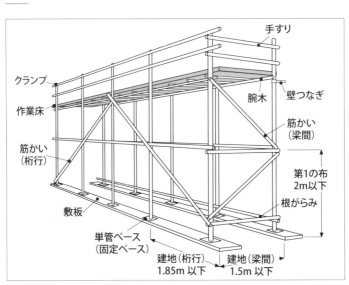

**図2** | **単管足場**

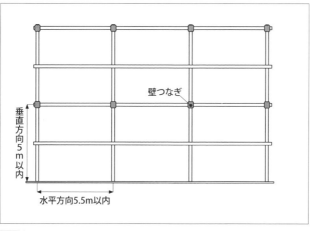

**図3** | 単管足場の規定

---

[15] 移動式足場(ローリングタワー)の規定

- 移動式足場の上に作業員を乗せたまま移動してはならない。
- 移動式足場にあっては、不意に移動することを防止するため、ブレーキ、歯止め等で脚輪を確実に固定させ、足場の一部を堅固な建設物に固定させる等の措置を講じる。
- 控枠(アウトリガー)を使用しない移動式足場の高さ(H)は　$H \leqq 7.7L - 5$ とする(Lは脚輪の主軸間隔)。

[16] 架台足場(脚立足場)の規定

- 架台足場は3点以上で支持し、重ね部分の長さは20cm以上、突出し部の長さは10cm以上かつ足場板長さの1/18以下とする。
- 脚と水平面との角度は75°以下とする。
- ゴンドラや吊り足場の上で脚立やはしごを使用してはならない。

# 4-5 クレーンによる危険防止

[1] 定格荷重やジブの傾斜角を超えて使用してはならない。

[2] 吊上げには、外れ止め装置を使用しなければならない。

[3] **運転者は、荷を吊ったまま運転席を離れてはならない。**

[4] 作業を行う場合は、検査証を備え付けておかねばならない(現場事務所にではなくクレーン内に)。また、資格を有する書類を携帯していなければならない(コピーはだめ)。

[5] 旋回範囲内や吊り荷の下に労働者を立ち入らせてはならない。

[6] 定格荷重を常時知ることができるような表示をしなければならない。

[7] 転倒の恐れのある場所で使用する場合は、鉄板、敷板等を敷いて地盤反力が確保できていることを確認しなければならない。

[8] アウトリガーは、最大に張り出さなければならない。

[9] 一定の合図を定めなければならない。

- 合図は運転者や玉掛け者が定めるのではなく、事業者が定める。労働安全衛生法や労働安全衛生規則の条文の主語の大半は「事業者は」となっている。つまり、事業者にその責務があるということである。

[10] 労働者を吊り上げてはならないが、専用の搭乗設備を設ければよい。

[11] クレーンの落成検査時には、定格荷重の1.25倍載荷し、走行・旋回作業の安全確認を行う。

[12] 始業前および月1回の点検、年1回の定期検査を実施し、記録を3年間保存する。

- 労働安全衛生法・労働安全衛生規則における記録の保存は、ほとんどが3年である、

[13] ワイヤーロープの規定
- 安全係数は6以上とする。
- 素線の数の切断は10%未満とする。
- 直径の減少が公称径の7%以下とする。
- キンクしていてはならない。

## 4-6 酸素欠乏等危険作業の危害防止

[1] 酸素欠乏とは空気中の**酸素濃度が18%未満**の状態、酸素欠乏等とは酸素欠乏または**硫化水素濃度が10ppmを超える**状態をいう。

[2] したがって、酸素濃度を18%以上、かつ硫化水素濃度を10ppm以下に保つように換気する。

[3] 換気に際しては、**純酸素を使用してはならない**。

[4] 酸素欠乏等危険作業主任者の責務には、「作業開始前および異常時の空気中の酸素濃度測定」が含まれる。

[5] 酸素欠乏等危険作業に就く作業者には、**全員に特別の教育**を施す。

## 4-7 有機溶剤作業の危害防止

[1] 有機溶剤含有物とは、有機溶剤と有機溶剤以外の物との混合物で、**有機溶剤を当該混合物の中に5%を超えて含有する**ものをいう。

［2］屋内作業場における有機溶剤業務の場合は、以下の事項を**見易い場所に掲示**しなければならない。

- 有機溶剤の人体に及ぼす影響
- 有機溶剤等の取り扱い上の注意事項
- 有機溶剤による中毒が発生した時の応急措置

［3］有機溶剤業務に係る有機溶剤等の区分を、作業中の労働者が容易に知ることができるよう、色分け等の方法により、見やすい場所に表示しなければならない。

［4］有機溶剤の測定が必要な屋内作業場においては、6カ月以内ごとに1回、定期に濃度測定を行う。

［5］有機溶剤を屋内に貯蔵する時は、有機溶剤がこぼれ、漏えいし、しみ出し、または発散する恐れのないふた、または栓をした堅固な容器を用いるとともに、その貯蔵場所に関係労働者以外が立ち入れないような防護設備、有機溶剤の蒸気を屋外に排出する設備を設けなければならない。

［6］有機溶剤作業主任者の責務には、「換気装置の1月を超えない期間ごとの点検」が含まれるが、上記［3］の「有機溶剤に関する表示」や［4］の「有機溶剤の濃度測定」は含まれていない。

# 4-8 その他

［1］車両系建設機械関連

- 車両系建設機械は、運転座席以外に人を乗せてはならない。
- 操作者は、バケット等を地上におろし、エンジンを切った後でないと運転席を離れてはならない。
- 岩石の落下等により労働者に危険が生ずるおそれのある場所で、車両系建設機械を使用するときは、機械に堅固な**ヘッドガード**を備えなければならない。
- 運搬機械等が、労働者の作業箇所に後進して接近するとき、または転落するおそれのあるときは、**誘導者**を配置して誘導させる。
- 車両系建設機械(バックホウやショベルの爪など)で荷を吊ってはいけない。ただし、**図4**のようにアーム、バケットにフック・シャックルを取り付けたときは例外的に認められる。この場合、運転者は掘削・積込み機械の操作資格に加えて、「4-3 建設作業における資格」の［1］(162ページ)に記した吊上げ能力(トン数)に応じた移動式クレーンの操作資格も必要となる。

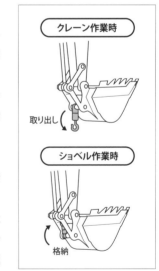

**図4** クレーン機能を備えたバックホー

- 機械貸与者は、貸与を受ける事業者に対し、当該機械の能力、特性、使用上の注意事項を記載した書面を交付する。
- 機械操作をする者が所定の資格を有していることの確認義務は、機械貸与者にはなく、機械借受者(機械貸与を受ける者)のほうにある。

［2］明り掘削の作業において、ガス導管、地中電線路等地下工作物の損壊により労働者に危険を及ぼすおそれがあるときは、掘削機械を使用してはならない。

［3］**ゴンドラ検査証の有効期間は1年**であり、その間の保管状況が良好である場合は1年を超えない範囲内で延長することができる。

［4］土留め支保工は、始業前点検、震度4以上の中震など異常時点検以外に、7日を超えない期間ごとに点検を行わなければならない。

［5］工事における道路の通行制限措置として、制限後に1車線となる場合は3.0m以上、2車線となる場合は5.5m以上の幅員を確保する。

［6］上記の場合、歩行者通路幅は0.75m以上、特に通行が多い箇所は1.5m以上の幅で、有効高さ2.1m以上を確保する。

［7］解体工事に当たって、アスベストがある場合は、解体に先立って撤去しなければならない。

［8］鋲打ち機は、火薬式については銃刀法の対象となるが、ガス式については高圧ガス以外は銃刀法の対象外である。

Chapter **5**

# 法規

数値やキーワードが多いが、これは我慢して覚える
しかない。
あまり一般常識やヤマカンはきかず、覚えているか
どうかによって、できるかできないかがはっきりと
分かれる。
特に建築基準法は、用語の定義など（　）書きまで
しっかり覚えていないと解けない。

# 1 建築基準法

POINT
出題傾向と
ポイント
- 出題は3問あり、用語の定義は必ず出題される。
- 耐火、防火に関しては、最近はかなり詳細な問題もあるが、建築基準法は建築施工管理技士の基本なので、避けては通れない。

## 1-1 用語の定義

| 用語 | 意味 |
|---|---|
| 建築物 | 土地に定着する工作物のうち屋根および柱もしくは壁を有するもの。<br>これに付属する門や塀、地下や高架の工作物内の事務所、**建築設備を含む。**<br>※ 弧線橋、プラットホームの上屋、貯蔵槽等は除く。<br>※ 建築物ではないが、一定規模以上の煙突、広告塔、高架水槽、擁壁等の工作物は、建築確認申請等の規定が準用される。 |
| 特殊建築物 | 学校(専修学校、各種学校を含む)、体育館、病院、劇場、観覧場、集会場、共同住宅、工場、倉庫、自動車車庫。<br>※ 戸建住宅、事務所以外のほとんどが該当。 |
| 建築設備 | 煙突、昇降機、避雷針、電気・ガス・給水・汚物処理等の設備。 |
| 居室 | 居住、執務、作業、集会、娯楽等の目的のために**継続的に使用する室。**<br>※ 百貨店の売り場や公衆浴場の浴室は居室であるが、個人住宅の廊下、浴室、便所などは居室に当たらない。 |
| 主要構造部 | **壁、柱、はり、屋根、階段**<br>※ 構造上重要でない間仕切壁、最下階の床、屋外階段などは除く。 |
| 耐火構造 | 鉄筋コンクリート造、れんが造等で、鉄骨造は耐火構造ではない。 |
| 耐火建築物 | 主要構造部が**耐火構造または耐火性能の技術基準に適合しており、かつ外壁開口部で延焼のおそれのある部分に防火戸その他の政令で定める防火性能を有するもの。** |
| 設計図書 | **工事用の図面**(現寸図、施工図を除く)**および仕様書** |
| 建築 | 建築物の新築だけでなく、増築、改築、移転も含む。 |
| **大規模の修繕・**<br>**大規模の模様替** | 主要構造部の1種以上について行う過半の修繕、模様替。この場合は確認申請が必要である。 |
| 地階 | 床が地盤面下にある階で、床面から地盤面までの高さがその階の**天井高さの1/3以上のもの。** |
| **構造耐力上**<br>**主要な部分** | **基礎、基礎杭、壁、柱、土台、方づえ、火打ち材などで、階段は含まない。** |
| 延焼のおそれの<br>ある部分 | 隣地境界線または道路中心線から、1階にあっては3m以下、2階以上にあっては5m以下の距離にある建築物の部分。 |
| 耐水材料 | れんが、コンクリートなどの耐水性の建築材料。 |
| 建築物の高さ | 地盤面からの高さであるが、道路車線制限の高さ算定は前面道路の中心線からの高さ。 |

# 1-2 設計・手続き等

**表1** 申請手続きの種類

| 申請・届出名称 | 申請・届出者 | 提出先 | 提出時期 | 備考 |
|---|---|---|---|---|
| 建築確認申請 | 建築主 | 建築主事または指定確認検査機関 | 着工前 | 注1、注2、注3 |
| 建築工事届 | 建築主 | 都道府県知事 | 着工前 | 10m²以下は不要 |
| 中間検査申請 | 建築主 | 建築主事または指定確認検査機関 | 特定工程後4日以内 | |
| 完了検査申請 | 建築主 | 建築主事または指定確認検査機関 | 完了後4日以内 | |
| 建築物除却届 | 施工者 | 都道府県知事 | 着工前 | 10m²以下は不要 |

注1. 都市計画区域内の新築の場合は、広さに関係なく必要
注2. 防火地域・準防火地域以外で増改築・移転の場合は、10m²未満は不要
注3. 用途変更の場合は200m²未満なら不要

[1] 指定確認検査機関の確認または検査を受ければ、建築主事の確認または検査は不要である。

[2] 確認申請が必要な建築物

   a) 都市計画区域内の建築物の新築、増築、改築、移転。

   b) 100m²を超える共同住宅、倉庫、飲食店等の特殊建築物（用途変更含む。事務所、住宅は含まず。）

   c) 木造以外で2階以上、または延べ面積200m²を超えるもの。

memo >>>>
- a)は都市計画区域内は原則的にすべて確認申請が必要であるということで、b)、c)はそれ以外の地域でも必要な場合という意味である。

[3] 工事施工者は、建築主事または指定確認検査機関の確認があった旨の表示をしなければならない。

[4] 検査済証の交付を受けた後でなければ建築物を使用してはならないが、仮使用の承認を受けた時、完了検査申請受理日から7日を経過した時は、検査済証交付前でも使用できる。

[5] 特定行政庁は、施工者に対する施工状況報告を要求したり、違反建築物に対する停止命令を発する権限を有する（建築主事が直接工事停止命令を出せるわけではない）。

[6] 3階以上の共同住宅の床および梁の配筋を行う際は、建築主が、建築主事または指定確認検査機関の中間検査を受けなければならない。このような中間検査が必要な工程を、**特定工程**という。

[7] 高さ13mまたは軒高9mを超える建築物は、1級資格を持つものの設計または工事監理によらなければならない。

[8] 建築基準法が準用される工作物は、エレベーター・エスカレーター、4mを超える広告塔・広告板、8mを超える高架水槽・サイロ、6mを超える煙突等である。

[9] 文化財保護法による重要文化財等の建築物は、建築基準法の規定が適用されない。

## 1-3 単体規定

### 1 敷地の衛生および安全

[1] 建築物の地盤面は、これに接する周囲の土地より高くなければならない。

[2] 建築物の敷地には、雨水、汚水を排出し、または処理するための適当な下水管、下水溝またはためますを設けなければならない。

[3] がけ崩れ等による被害を受ける恐れのある場合は、擁壁等安全な措置を講じなければならない。

### 2 居室の採光・換気

[1] 居室の**採光**上有効な開口面積は、床面積に対して、**学校は1／5以上**、住宅・病院は1／7以上必要。

[2] 居室は、常時開放できるふすま、障子等で仕切られている場合は1室とみなしてよい。

[3] 居室の**換気**上有効な開口面積は、床面積に対して、**1／20以上必要**。

[4] 上記の採光、換気の規定は、地階の居室には適用しない。➡居室を地下に設けてもよい。

[5] 上記 [1] の採光を要する規定の対象は、**住宅、学校の教室、病院の病室、寄宿舎、下宿、児童福祉施設**等に限定されている。

### 3 階段・踊場

[1] 階段の幅が3mを超える場合は、中間に手すりを設けなければならない。

[2] 中学、高校、映画館等の階段・踊場の幅は140cm以上、けあげ寸法18cm以下、踏面寸法26cm以上とする。

[3] 回り階段の踏面の寸法は、**踏面の狭いほうの端から30cm**の位置で測る。

[4] **傾斜路の勾配は1／8以下**とし、表面は粗面とするか、滑りにくくする。

### 4 天井、床の高さ

[1] 居室の天井の高さは2.1m以上とする。

[2] 最下階の床が木造の場合は、地面から床の上面まで45cm以上としなければならない。

[3] 1室の床、天井の高さが場所によって異なる場合は、その室の高さは**平均高さ**とする。

### 5 防火、内装制限

[1] 共同住宅、学校、病院等の特殊建築物の界壁は準耐火構造とし、天井裏まで達するものとする。これらの界壁を給水管等が貫通する場合は、すき間をモルタルその他の不燃材料で埋めなければならない。

[2] 映画館、劇場等の不特定集客施設は、3階以上の部分を耐火または準耐火建築物とする。主階が1階にないものは耐火建築物とする。

[3] 主要構造部を耐火構造とした建築物で1,500m²を超えるものは、1,500m²以内ごとに区画する。ただし、劇場、映画館、集会場等の客席、体育館、工場等は、スプリンクラー設備を設けた場合の区画床面積は2倍としてよい。

［4］11階以上で各階の床面積合計が100 m²を超えるものは、原則として100m²以内ごとに耐火構造の床もしくは壁または防火設備で区画しなければならない。

［5］主要構造部が準耐火構造で地階または3階以上の階に居室を有する建築物は、2階以上の住戸、吹抜け、階段、昇降機の昇降路等を、準耐火構造の床、壁、防火戸等で区画しなければならない。

［6］防火区画を貫通する配管は、防火区画の両側1m以内の配管を**不燃材料**で作り、すき間は不燃材料で埋めなければならない。

memo ▶▶▶▶

> ・すき間の充填は準不燃材料ではなく、不燃材料でなければならない。

［7］自動車車庫、地階の居室等は、構造・規模に関わらず内装制限を受ける。学校は内装制限を受けない。

［8］床面積合計200m²以上の共同住宅は、内装制限を受ける。

［9］内装制限は、天井、壁に限られており、床は対象外である。

### 6  廊下、避難階段、出入口

［1］劇場、映画館、集会場等における客席からの出入口の戸は、**内開きとしてはならない**。

［2］劇場、映画館、集会場、百貨店等は避難階または地上に通ずる2以上の**直通階段**を設けなければならない。

［3］非常用照明の不要なものは、戸建住宅、共同住宅の住戸、**病院の病室**、**学校**等である。

［4］高さ31mを超える建築物には、原則として非常用エレベーターを設ける。**非常用エレベーターは消火活動の進入用**で、**避難用ではない**（一般のエレベーターも避難用に使ってはいけない）。

［5］排煙設備の規定は、学校、体育館、ボーリング場等の遊戯施設には適用されない。

［6］学校の廊下の幅は1.6m以上、両側に居室がある場合は2.3m以上とする。

### 7  その他の単体規定

［1］長屋、共同住宅の各戸の界壁は、小屋裏または天井裏まで達するものとする。

［2］下水道法に規定する処理区域内における便所は、水洗便所以外の便所としてはならない。

［3］屎尿浄化槽は24時間以上漏水しない構造とする。

［4］高さ20mを超える建築物には、原則として避雷設備を設けなければならない。

# 1-4 集団規定

［1］道路とは、**幅員4m以上**であって、かつ道路法や都市計画法等に定められたものをいう。

［2］建築物の敷地は、道路に2m以上接しなければならない（**接道義務**）。

［3］建築物は道路内に設けてはならないが、その例外として、地盤面下に設ける建築物、公衆便所、巡査派出所、特定行政庁が認めた高架道路下の建築物、公共用歩廊等がある。

[4] 建ぺい率とは、建築面積の敷地面積に対する割合をいう。

[5] 容積率とは、延べ面積の敷地面積に対する割合をいう。

[6] 建ぺい率、容積率、接道条件等の集団規定は、都市計画区域および準都市計画区域内に限って適用される。

[7] 公衆便所、巡査派出所、公共用歩廊には、建ぺい率の規定は適用されない。

[8] 前面道路の幅員により緩和されるのは、容積率であって、建ぺい率ではない。

[9] 近隣商業地域および商業地域内で、かつ防火地域内にある耐火建築物には、建ぺい率の規定は適用されない。**ただし、準防火地域には適用される。**

[10] 容積率などの計算に用いる延べ面積の算定の場合、駐車場・駐輪場等の施設にあっては、自動車車庫等の床面積は、その敷地内の建築物の各階の床面積の合計(延べ面積)の1／5を限度として延べ面積に算入しないことができる。

[11] 防火地域・準防火地域については、建物規模により耐火または準耐火建築物としなければならない(表2)。

**表2 │ 防火地域・準防火地域の建築物**

| 地域種別 | 耐火建築物 | 耐火または準耐火建築物 |
|---|---|---|
| 防火地域 | 階数が3以上または延べ面積が100m²を超える | 地階を除く階数が2以下で、延べ面積が100m²以下 |
| 準防火地域 | 階数が4以上または延べ面積が1,500m²を超える | 地階を除く階数が3以下で、延べ面積が1,500m²以下 |

[12] 防火地域または準防火地域にある建築物で、外壁が耐火構造のものについては、その外壁を隣地境界線に接して設けることができる。

[13] 防火地域内の屋上に設ける工作物または高さ3mを超える工作物は不燃材料で造り、または覆わなければならない。

[14] 防火地域・準防火地域にまたがる建築物は、その**全部について防火地域の建築物の規定を適用する**(つまり、厳しいほうの適用を受ける)。しかし、建築物が防火壁で区画されている場合は、その防火壁外の部分については準防火地域の適用を受ける(図1)。

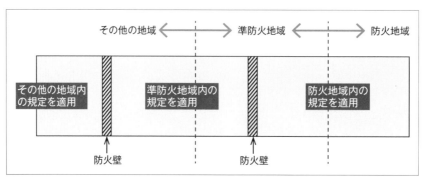

**図1 │ 防火地域・準防火地域の規定適用ケース**

## 1-5 現場事務所等の仮設建築物に対する規定の緩和

**緩和される規定（適用されない規定）**

① 建築確認申請の手続き

② 建築物の完了検査・建築届・除却届

③ 敷地の衛生および安全の規定

④ 集団規定（建ぺい率、容積率、接道義務、
用途用途地域）

⑤ 50m²以内の建築物の、防火地域、準
防火地域における規定

⑥ 高さ20mを超える建築物に設ける避雷
設備の規定

**緩和されない規定（適用される規定）**

① 建築士による建築物の設計・工事監理

② 構造的安全の規定

③ 採光、換気のための開口部の規定

④ 50m²を超える建築物の防火地域、準
防火地域における規定

## 1-6 工事現場の危害の防止

[1] 木造の建築物で高さが13mもしくは軒の高さが9mを超えるもの、または木造以外の建築
物で2以上の階数を有するものについては、**1.8m以上の仮囲い**を設けなければならない。
ただし、危害防止上支障がない場合においてはこの限りでない。

[2] 深さ1.5m以上の根切り工事を行う場合においては、**山留め**を設けなければならない。山留
めの根入れは、周辺の地盤の安定を保持するために相当な深さとしなければならない。

[3] 建築物その他の工作物に近接して根切り工事その他土地の掘削を行う場合においては、
当該工作物の**基礎**または**地盤**を補強して**構造耐力**の低下を防止し、急激な**排水**を避ける等、
その**傾斜**または**倒壊**による危害の発生を防止するための措置を講じなければならない。

[4] 工事現場の境界線からの水平距離が5m以内で、かつ、地盤面からの高さが3m以上の
場所からくず、ごみその他飛散するおそれのある物を投下する場合においては、**ダストシュー
ト**を用いて周辺への飛散を防止するための措置を講じなければならない。

[5] 工事現場の境界線から水平距離が5m以内で、かつ、地盤面から高さが7m以上にある時
は、工事現場の周囲その他危害防止上必要な部分を鉄網または帆布でおおう等落下物に
よる危害を防止するための措置を講じなければならない。

[6] 建築物の建て方を行うに当たつては、**仮筋かい**を取り付ける等、荷重または外力による倒
壊を防止するための措置を講じなければならない。

[7] 鉄骨造の建築物の建て方の**仮締め**は、荷重および外力に対して安全なものとしなければな
らない。

[8] 工事用材料の**集積**はその倒壊、崩落等による危害の少ない場所に安全にしなければならな
い。

[9] 火気を使用する場合においては、その場所に**不燃材料の囲い**を設ける等、防火上必要な
措置を講じなければならない。

# 2 建設業法

● この法規はすべての施工管理技術検定試験に共通の内容であり、1級建築施工管理技術検定試験では3問の出題である。
● 特に、監理技術者・主任技術者の専任・兼任を含めた設置要件は十分な理解を要する。

## 2-1 建設業の許可

[1] 都道府県知事許可：1つの都道府県内に支店や営業所を設けて営業しようとする場合。
　　　国土交通大臣許可：2以上の都道府県に支店や営業所を設けて営業しようとする場合。

memo >>>>
　・支店・営業所の有無だけが問題で、知事許可業者が他府県で
　　営業や建設を行っても構わない。

[2] 特定建設業：元請であって、建築一式工事で7,000万円以上、それ以外の建設工事では
　　　　　　　　4,500万円以上の合計金額となる下請け契約を締結しようとする建設業者。
　　　一般建設業：特定建設業以外の建設業者

memo >>>>
　・自社の請負金額ではなく、下請け合計金額である。
　・下請けしかしない場合は請負金額に係らず一般建設業の許
　　可でよい。また、特定建設業許可業者でも、一般建設業に係
　　る工事（下請工事）を行うことはできる。
　・既に一般建設業の許可を受けていて特定建設業の許可を取
　　得した場合は、一般建設業許可は効力を失う。
　・一般建設業許可を有していなくても、条件を満たせば最初か
　　ら特定建設業許可を取得することができる。

[3] 1件の請負金額が建築一式工事で1,500万円未満または150m²未満の木造住宅工事、その他工事で500万円未満の軽微な工事は、許可がなくても請け負うことができる。
[4] 建設業は29業種あり、業種ごとに許可を受ける必要がある。しかし、許可を受けていない業種でも、許可業種に附帯する工事を請け負うことはできる。
[5] 29業種のうち、土木、建築、電気、管、鋼構造物、舗装、造園の7業種を指定建設業という。
[6] 建設業許可の有効期限は5年で、満了日の30日前までに更新申請が必要である。
[7] 役員のうち常勤者の1人が、許可業種に関し5年以上の経営業務経験が必要である。

［8］営業所ごとに以下の資格と経験を持つ選任の技術者の設置が必要である。
  - 指定建設業の特定建設業者は技術士または1級資格が必要
  - それ以外の特定建設業者は2級資格や実務経験があり2年以上の特定建設業経験があれば可
  - 一般建設業は、2級資格や一定年数の実務経験があれば可

［9］**特定建設業者は、8,000万円以上の請負契約を履行するに足りる財産的基礎が必要である。**

［10］許可に係る建設業者は、許可申請書の記載事項や添付書類の記載事項に変更が生じたとき等は、30日以内に、その旨の変更届出書を国土交通大臣または都道府県知事に提出しなければならない。

［11］許可に係る建設業者が死亡した場合は、その相続人は30日以内に廃業等の届出をしなければならず、許可は取り消される。

［12］許可を受けて1年以内に営業を開始せず、また1年以上営業を休止した場合は、許可は取り消される。

# 2-2 建設業の請負契約

［1］**請負人が現場代理人を、注文者が監督員を置く場合は、その権限の範囲や意見の申し出方法を、互いに相手方に書面で通知しなければならない**（承認ではない）。

［2］**現場代理人は主任技術者、監理技術者を兼任できる。**

［3］注文者は、**請負契約締結後に建設資材の購入や下請の指定をしてはならない**（契約締結前なら差し支えない）。

［4］注文者は、自己の立場を利用して、不当に安い請負代金の契約を締結してはならない。

［5］注文者は、下請負人が著しく不適当と認められる場合は、請負人に下請負人の変更を請求できる。ただし、あらかじめ注文者の書面による承諾を得て選定した下請負人については、この限りでない。

［6］請負契約に記すべき事項は、工事内容、請負代金額、工事着手・完成時期、支払い時期・方法のほか、不可抗力の場合の定め、紛争の解決方法等である。現場代理人の氏名や下請業者の選定に関することは含まれていない。

［7］**一括下請けは原則として禁止されているが、民間工事では注文者の事前の書面による了解があれば、例外として認められる。ただし、公共工事および民間の共同住宅の新築工事に関しては、例外なく一切認められない。**

［8］建設業者は、注文者から請求があったときは、請負契約が成立するまでの間に、建設工事の見積書を交付しなければならない。

［9］注文者は予定価格に応じて以下の見積り期間を与えなければならない。
  - 500万円未満の場合 ……………………………… 1日以上
  - 500万円以上5,000万円未満の場合 ……… 10日以上
  - 5,000万円以上の場合 …………………………… 15日以上

## 2-3 元請負人の義務

[1] 工事の細目、作業方法を定める時は、あらかじめ**下請負人の意見を聴取**する(発注者の意見聴取ではない)。

[2] 注文者から支払いを受けた時は、**1カ月以内に下請負人に支払い**をする。

[3] 注文者から前払いを受けた時は、**できるだけ早く下請負人に前払い**をする。

[4] 下請負人から完成通知を受けた時は、**20日以内に完成検査**を行い、完成検査後、引渡しの申出があった時は、**直ちに引渡し**を受ける。

[5] 特定建設業者が注文者となった下請契約ににおける下請代金の支払期日は、下請負人が完成した工事目的物の引渡しを申し出た日から起算して 50日以内に定めなければならない。

## 2-4 施工体制台帳・施工体系図

[1] 施工体系図、施工体制台帳は下請を含む工事組織体制を示したもので、**特定建設業者が建築一式工事で7,000万円以上、それ以外の建設工事では4,500万円以上の合計金額になる下請契約を締結しようとする元請工事を行う際に、現場ごとに設置することが義務付**けられている。

[2] ただし、公共工事においては特定建設業者以外でも下請合計金額の多寡にかかわらず、下請契約を結ぶすべての元請工事業者に対して施工体制台帳、施工体系図の設置が義務づけられている。

[3] 施工体系図は現場の見やすい箇所に掲げ、施工体制台帳は発注者からの請求があった時には閲覧に供しなければならない。

[4] **公共工事の場合は、発注者に施工体制台帳の写しの提出が義務付けられており、施工体系図は工事関係者だけでなく、公衆の見やすい場所にも掲げる。**

[5] 施工体制台帳の作成を義務付けられた建設業者を、「**作成建設業者**」という。

[6] 作成建設業者は、一次下請負人に対し**再下請通知**を行わなければならない。

[7] 建設工事の完成図、発注者との打合せ記録、施工体系図は、瑕疵担保責任期間を踏まえて10年の保存が元請負人に義務付けられている。

## 2-5 施工技術の確保

[1] 特定建設業者が建築一式工事で7,000万円以上、それ以外の建設工事では4,500万円以上の合計金額になる下請契約を締結しようとする元請工事を行う際には、現場に監理技術者を設置しなければならない。

[2] それ以外の場合は、現場に主任技術者を設置しなければならない。

memo ▸▸▸▸

- 特特定建設業許可を有していなければならない場合、監理技術者を設置設置しなければならない場合、公共工事以外で施工体制台帳・施工体系図を整備しなければならない場合の3ケースは、いずれも下請金額についての条件は同じである（建築一式工事で7,000万円以上、それ以外の建設工事で4,500万円以上）。

[3] 建設業の許可を受けていない者が500万円未満の軽微な工事を行う場合は、主任技術者の設置は義務付けられていない。しかし、建設業の許可を受けた業者は、500万円未満の軽微な工事を行う場合でも、主任技術者の設置が必要である。

[4] 公共性のある工事や多数の者が利用する施設の重要な工事の場合で、自社の請負金額が建築一式工事で8,000万円以上、その他工事で4,000万円以上の場合は、現場に置く監理技術者、主任技術者は専任でなければならない。

memo ▸▸▸▸

- 公共性のある工事や多数の者が利用する施設の重要な工事とは、建築の場合は個人住宅を除くほとんどの工事が対象となる。

[5] 密接な関連がある複数の工事を同一業者が近接場所で施工する場合は、例外的に主任技術者の兼任が認められる。

[6] 監理技術者の兼任、および監理技術者と主任技術者の兼任は原則認められないが、「監理技術者を補佐する者（監理技術者補佐）を当該工事現場に専任で置くとき」は、2か所までは監理技術者の兼任が認められる。

[7] 専任の監理技術者、主任技術者は、施工会社に恒常的に雇用されている者でなければならない。

[8] 専任で置くべき監理技術者は監理技術者資格者証を有し、監理技術者講習を修了した者でなければならない。監理技術者資格者証、監理技術者講習修了証は、いずれも有効期間は5年である（平成28年6月1日以降は、監理技術者資格者証の裏面に講習修了履歴を張り付けることにより、1枚に統一されることになった）。

[9] 監理技術者、主任技術者の資格要件は以下のとおりである。

- 指定建設業の監理技術者は、その業種に関わる部門の技術士または1級資格が必要。
- 指定建設業以外の監理技術者は、2級資格や実務経験があり2年以上の特定建設業の経験があれば可。
- 主任技術者は、2級資格や一定年数の実務経験があれば可。

memo ▸▸▸▸

- 1級資格は、建築工事の場合は1級建築施工管理技士・1級建築士または建設部門の技術士であり、1級土木施工管理技士や1級管工事管理技士ではない。

[**10**] 監理技術者、主任技術者の責務は、工程管理、品質管理などの技術上の指導・監督であり、労務、財務、安全、契約等に関することは無関係である。

---

memo ▶▶▶▶

- 第一次検定を合格し、第二次検定に臨まれる方は要注意。経験記述の「あなたの立場」に「主任技術者」と書いた場合、テーマが品質管理や工程管理に関することであれば差支えないが、安全管理や原価管理がテーマの時は、主任技術者の責務ではないので減点される恐れがある。

EXERCISE
**過去問題**
平成25年
No.74

### 建設業法に関する問題

建設業の許可に関する記述として、「建設業法」上、**誤っているもの**はどれか。

1. 建設業の許可は、一般建設業と特定建設業の区分により、建設工事の種類ごとに受ける。
2. 建設業者は、許可を受けた建設業に係る建設工事を請け負う場合、当該建設工事に附帯する他の建設業に係る建設工事を請け負うことができる。
3. 建設業者として営業を行う個人が死亡した場合、建設業の許可は相続人に承継される。
4. 建設業の許可を受けた建設業者は、許可を受けてから1年以内に営業を開始せず、又は引き続いて1年以上営業を休止した場合は、当該許可を取り消される。

### 解答

設問の1、2は何度も出題されており、どのテキストにも掲載されているので正しいことは理解できよう。

4は掲載されているテキストもあるが、掲載されていないほうが多く、3に至ってはそれまで少なくとも掲載されているテキストはなかった。

本書にはこの平成25年No.74の出題を意識して3、4の内容については追加記述してあり、「許可に係る建設業者が死亡した場合は、その相続人は廃業等の届出をしなければならず許可は取り消される」のである。

しかし、この本書発行以前は、受験生はこの問題にどう対処するのか？

3か4のいずれが間違いか、までは絞り込めたとしよう。

4が間違いならば、「1年」が間違っているであろうし、3が間違いならば、「相続人への承継」が間違いであろう　というところくらいまでは推測して欲しい。

3は、ここでは個人なので、許可に係わる種々の要件（5年以上の経営業務経験や技術者設置など）はほとんど経営者個人に帰属していたと想定される。もし、経営者以外の誰かがこの要件を満たしていたとしても、経営者個人の死亡によって、「その要件を確認したうえで」ならまだしも、建設経験も何もないかもしれない相続人に、無条件で建設業許可が承継されるというのは、どう考えてもおかしいと思って欲しい。「廃業届を出す」ということまではわかっていなくても、無条件に「承継される」ことがおかしいことさえわかればよいのである。

このように、それまでテキストに掲載されていなかったような出題があっても、最初から放棄するのではなく、合理的に考えれば解ける問題も多いことをわかっていただきたい。

### 正解　3

# 3 労働基準法

POINT
出題傾向と
ポイント

● 毎年出題は1問である。
● 労働契約・賃金・労働時間・年少者の就労制限など、基本的なことを覚えておけば、それほど難しい問題ではない。

## 3-1 労働条件の原則等

[1] 労働基準法は労働条件の最低基準を定めたものである。

[2] 労働条件は、労働者と使用者が対等の立場において決定すべきものである。

[3] 使用者は、労働者の国籍、信条、社会的身分を理由として、各人の労働条件について差別的取り扱いをしてはならない。

[4] 使用者は、女性であることを理由に、賃金について、男性と差別的取り扱いをしてはならない。

## 3-2 労働契約

[1] 違約金、損害賠償、強制貯蓄、前借金との相殺等の定め、年少者の後見人との契約締結は禁止されている。

[2] 労働基準法の基準に達しない労働条件を定めた労働契約については、**その違反部分が無効となる**(契約全体が無効になるわけではない)。

[3] 労働契約の**期間を定める時は、3年以内**(高度な知識・技術・経験を持つもの及び60歳以上の労働者の場合は5年以内)とする。ただし、建設工事のような有期事業の場合は、3年を超過する場合であっても**工事終了までの期間とすることができる**。

[4] 労働契約には、以下の**5項目を必ず書面で明示**しなければならない(昇給に関する事項は書面でなくでもよい)。

1) 労働契約の期間。

2) 就業場所、業務内容。

3) 始業・終業時刻、時間外労働の有無、休憩時間、休日、休暇、就業時転換の事項。

4) 賃金の決定、計算および支払いの方法、賃金の締め切り、昇給に関する事項および支払いの時期。

5) 退職に関する事項(解雇の事由を含む)。

memo >>>>

・この5項目以外は、必ずしも定める必要はなく、定めた場合でも必ずしも書面でなくてよい。

［5］労働者の**解雇**については、少なくとも**30日前**に**予告**しなければならない。予告しない場合には、30日分以上の平均賃金を支払わなければならない。

［6］業務上の負傷、疾病による休業や女性の産前産後の休業の場合は、その休業が終わってから30日間は解雇できない。ただし、打切補償を支払う場合または天災事変その他やむを得ない事由のために事業の継続が不可能となつた場合においては、この限りでない。

［7］30日前解雇予告の対象外
- 日々雇い入れられる者
- 2か月以内の期間を定めて使用される者
- 季節的業務に4か月以内の期間を定めて使用される者
- 試用期間中で14日以内の者

［8］退職者が証明書を請求した場合は、遅滞なく発行しなければならない。また、証明書には、労働者の請求しない事項を記してはならない。

［9］使用者は、労働者の退職の場合において、請求があつた日から、原則として7日以内に賃金を支払い、労働者の権利に属する金品を返還しなければならない。

# 3-3 賃金

［1］**賃金とは、給与、手当、賞与等、労働の対価としてのすべてのもの**である。

［2］**賃金は現金でなければならず、手形、小切手で支払ってはならない**（銀行振込、退職金の小切手による支払いは、労働者の了解を得た場合にはできる）。

［3］**賃金は、本人への直接支払いでなければならず、労働者の後見人や親権者に支払ってはならない**（未成年者や年少者でも同様）。

［4］賃金は全額支払いが原則であり、**前借金との相殺、強制貯蓄等は禁止**されている。

［5］賃金は、毎月1回以上一定の期日を定めて支払わなければならない（「毎月25日」という定めはよいが、「毎月第4月曜日」というような定めはできない）。

［6］非常の場合（出産、疾病、傷害等）は、支払い期日前であっても既往労働に対する賃金を支払わなければならない（前借りとは違う）。

［7］出来高払い制、請負制の労働者でも、労働時間に応じた一定額の賃金を保障しなければならない（最低賃金法による）。

# 3-4 労働時間、休日、休憩、休暇等

［1］**労働時間は、休憩時間を除き1週間に40時間、各日で8時間を超えてはならない**（1月単位、1年単位の変形8時間制、変形40時間制は認められる）。

［2］**時間外労働賃金は25%増、深夜労働**（22時〜5時）**はさらに25%増**（計50%増）である。

［3］**休日労働賃金は35%増、休日の深夜労働はさらに25%増**（計60%増）である。

［4］坑内労働、著しい振動を与える業務等の**有害業務の労働時間延長は、2時間まで**である（クレーンの運転等は有害業務には当たらない）。

［5］**休日は、週休制とするか、4週間で4日以上**とする。

［6］休憩時間は、労働時間が6時間を超える場合は45分以上、8時間を超える場合は1時間以上を、労働時間の途中に、原則として一斉に与えなければならない。

memo >>>>

- 「以上」と「超え」、「以下」と「未満」を正確に覚えること。労働時間が8時間なら休憩時間は45分でも構わないことになる。

［7］年次有給休暇は、6カ月間8割以上出勤した労働者には10日間与え、その後1年ごとに1日ずつ増し、最大20日を与える。未消化の年次有給休暇は1年繰越できるが、2年目には消滅する。未消化の年次有給休暇を賃金に充当する必要はない。

［8］労働時間、休憩、休日の規定は、監督・管理の地位にあるものには適用しない。

# 3-5 災害補償

［1］業務上の休業補償は、平均賃金の60／100以上である。

［2］業務上の死亡による遺族補償は、平均賃金の1,000日分、葬祭料は60日分、打切補償は1,200日分である。

［3］災害補償の義務は元請負人にある。

［4］災害補償等を受ける権利は、労働者の退職によっても継続される。

# 3-6 年少者、女性の就労制限

［1］15歳未満を児童、18歳未満を年少者、20歳未満を未成年という。児童は働かせてはならない。15歳未満とは、満年齢15歳以上に達した日以降の最初の3月31日が終了するまでとする。

［2］事業者は、年少者を使用する時は、その年齢を証明する戸籍証明書を事業所に備え付けなければならない。

［3］年少者にさせてはならない業務は以下のとおりである。

  1）重量物取り扱い業務（断続作業においては、男性の年少者は30kg以下、女性の年少者は25kg以下）。

  2）クレーン、デリックの運転（トン数にかかわらず）。

  3）最大積載荷重2t以上の人荷共用、もしくは荷物用エレベーター、高さ15m以上のコンクリート用エレベーターの運転。

  4）クレーン、デリックの玉掛け業務（2人以上の玉掛けによる補助作業はOK）。

  5）手押しかんな盤、動力による土木建築用機械の運転、単軸面取り盤の取り扱い業務。

  6）削岩機、鋲打ち機等身体に著しい振動を与える機械器具を用いて行う業務。

  7）土砂崩壊の恐れのある場所、または深さ5m以上の地穴における業務。

8) 高さ5m以上で、墜落の危険性のある場所における業務。

9) 足場の組立、解体（地上、床上における補助作業はOK）。

10) 深夜業（交替制によって使用される満16歳以上の男性は、労働基準監督署の許可により22：30まではOK）。

[4] 親権者が年少者に変わって労働契約を締結したり、賃金を受取ってはならない。

[5] 女性が従事してはならない業務は、鉛・水銀などの有害物・有害ガス発生場所における業務。

[6] 女性の取り扱える重量物は、継続作業で20kg未満、断続作業で30kg未満である。

## 3-7 労働者名簿・賃金台帳・就業規則

[1] 使用者は、常時使用する労働者（日々雇用する者を除く）の名簿を、事業場ごとに作成しなければならない。

[2] 使用者は、賃金台帳を作成しなければならない（日々雇用する者を含む）。

[3] 常時10人以上の労働者を使用する場合は、就業規則を作成し、労働者代表の意見を記した書面を添付して、労働基準監督署に届け出なければならない。

[4] 労働者名簿、賃金台帳等の労働関係に関する書類は、3年間保存しなければならない。

## 3-8 建設業附属寄宿舎規定

[1] 寄宿舎規則の届出先は、労働基準監督署長である。

[2] 教育、娯楽等の行事への参加を強制してはならない。

[3] 2箇所以上の出入口が必要。

[4] 警鐘、非常ベル、サイレン等の警報設備、および消火器等の消火設備が必要。

[5] 常時15人以上が2階以上の寝室に居住する場合は、2カ所以上の避難階段が必要。

[6] 廊下の幅は、両側に寝室がある場合は1.6m以上、片側のみの場合は1.2m以上必要

[7] 床は、原則として畳敷きとする。例外として、寝台を設ける場合は畳敷きでなくてもよい。

[8] 寝具を収納するための押入れが、原則として必要。例外として、寝台を設ける場合は不要。

[9] 各室には、床面積の1／7以上の有効採光面積を有する窓が必要。

[10] 大便所には、寄宿人15人以内ごとに1カ所以上の便房が必要。

# 4 労働安全衛生法

- 直用労働者の場合と下請混在の場合との安全衛生管理体制を混同しないように。
- 計画の届出は、30日前までの労働基準監督署長届出設備・機械の出題が最も多い。

## 4-1 安全衛生管理体制

### 1 個々の事業場単位の安全衛生管理組織（A 直用労働者の事業場）

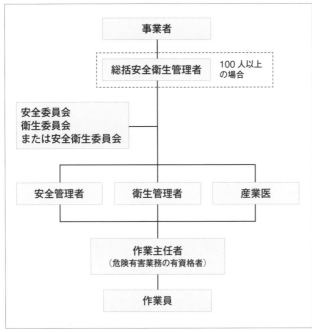

図1
常時50人以上の直用労働者を使用
する事業場の安全衛生管理体制

図2
常時10〜49人の直用労働者を使用
する事業場の安全衛生管理体制

[1] 100人以上か未満かの違いは、総括安全衛生管理者がいるかいないかだけである 図1 。

[2] 総括安全衛生管理者、安全管理者、衛生管理者、産業医は、選任すべき事由が発生してから14日以内に選任し選任報告書を労働基準監督署長に提出する。

[3] 安全衛生推進者は選任すべき事由が発生してから14日以内に選任し、選任後労働者に周知する。

[4] 安全管理者、衛生管理者、産業医、安全衛生推進者は、一定の学歴、資格または実務経験年数が必要である。安全管理者は理科系統の課程・学科を卒業した者となっている。

[5] 総括安全衛生管理者は、その事業の実施を統括管理するものをもって充てる。

185

[**6**] 総括安全衛生管理者の責務

**a**) 労働者の危険、または健康障害を防止するための措置に関すること

**b**) 労働者の安全、または衛生のための教育の実施に関すること

**c**) 健康診断の実施、その他健康の保持増進のための措置に関すること

**d**) 労働災害の原因の調査、および再発防止対策に関すること

**e**) 安全衛生に関する方針の表明に関すること

**f**) 危険性または有害性等の調査、およびその結果に基づき講ずる措置に関すること

**g**) 安全衛生に関する計画の作成、実施、評価および改善に関すること

## 2 │ 下請混在現場における安全衛生管理組織（B）

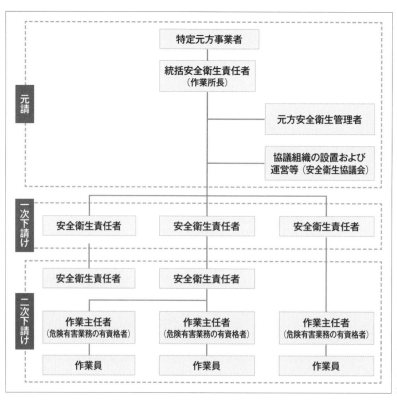

図3
**常時50人以上となる事業場の安全衛生管理体制**

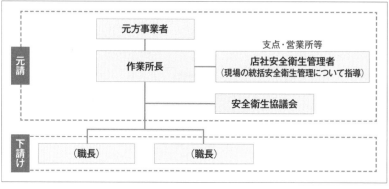

図4
**20〜49人の事業場の安全衛生管理体制**

[1] 労働安全衛生法では元請会社を「元方事業者」と言うが、建設業・造船業の元方事業者を、「特定元方事業者」という。

[2] 統括安全衛生責任者と元方安全衛生管理者は、現場に専属で常駐しなければならない。

[3] 元方安全衛生管理者、店社安全衛生管理者等は、一定の学歴、資格または実務経験年数が必要である。元方安全衛生管理者は理科系統の課程・学科を卒業した者となっている。

[4] 安全衛生責任者は、統括安全衛生責任者と自社の作業員との連絡調整役であり、特に資格要件はない。これは元請が選定するのではなく、「統括安全衛生責任者を選定すべき事業者以外の請負人」(つまり下請、孫請の業者)が選定する。

[5] 統括安全衛生責任者は、その事業の実施を統括管理するものをもって充てる。

[6] 都道府県労働局長は、統括安全衛生責任者の業務執行について勧告を行うことはできるが、解任を命ずることはできない。

[7] 統括安全衛生責任者の責務

    **a)** 協議組織の設置および運営を行うこと。

    **b)** 作業間の連絡および調整を行うこと。

    **c)** 毎作業日に必ず1回以上作業所を巡視すること(出張等で不在の場合は代理者が行う)。

    **d)** 関係請負人が行う安全、衛生のための教育に対する指導、援助を行うこと。
        (直接、下請業者の従業員の安全・衛生教育を行う訳ではない)。

    **e)** 工程に関する計画および作業場所における機械、設備の配置に関する計画を作成すること。

---

memo >>>>

- 統括安全衛生責任者の責務は、特定元方事業者の責務でもある。つまり、特定元方事業者は毎作業日に1回巡視を行うという責務があり、それを統括安全衛生責任者に行わせているという考え方である。

# 4-2 建設工事、設備・機械等の計画の届出

memo >>>>

- 施工管理法の「各種申請・届出」とも重複するが、特に30日前まで労働基準監督署長届出の設備・機械等については出題頻度が非常に高い。

---

## 1 工事開始30日前までに厚生労働大臣に届出すべき工事

- 高さ300m以上の塔の建設工事

## 2 工事開始14日前までに労働基準監督署長に届出すべき工事

- 高さ31mを超える建築物、工作物の建設・改造・破壊・解体
- 高さまたは深さが10m以上の地山の掘削作業
- 石綿等吹付け建物の石綿等の除去作業

### 3　工事開始30日前までに労働基準監督署長に届出すべき設備・機械等

- 60日以上設置する足場（吊り足場・張り出し足場以外は高さ10m以上）
- 高さおよび長さが10m以上の架設通路
- 支柱の高さ3.5m以上の型枠支保工
- 3t以上のクレーン、2t以上のデリックの設置
- 1t以上のエレベーター
- ガイドレール高さ18m以上の建設用リフト
- ゴンドラ

**EXERCISE**
**過去問題**
平成21年
No.79

**職長に対して行う安全衛生教育**

事業者が、新たに職務につくこととなった職長（作業主任者を除く。）に対して行う安全衛生教育に関する事項として、「労働安全衛生法」上、**定められていないもの**はどれか。

1. 労働者の配置に関すること
2. 労働者に対する監督の方法に関すること
3. 異常時等における措置に関すること
4. 労働者の賃金の支払いに関すること

#### 解答

Chapter4には職長教育について記してあるが、その内容までは記していない。他社発行のテキストでは職長教育の内容まで記しているものもあるが、ここまでチェックしている受験者は少ないと思われる。それではお手上げか？

作業主任者はある特定作業の職長であるから、作業主任者の責務に準じて考えればよいわけである。作業主任者の責務は作業ごとに若干の違いはあるが、ニュアンスとして、4だけがやや違和感があると感じないか？

確かに、賃金の支払いが不十分ならば作業員の精神的健康に支障をきたすこともあろうが、賃金の問題はどう考えても労働基準法の範疇であり、労働安全衛生法にはなじまない　と思って欲しい。

法規は12問中8問選択であるから無理に選ぶ必要はないが、このように、テキストに載っていない内容でも、ある程度の常識と勘を働かせればそんなに難しくない場合があることを頭に留めて欲しい。

#### 正解　　4

# 5 環境関連法規

POINT

出題傾向と
ポイント

- 2問あるが、騒音または振動規正法はほぼ毎年出題されている。
- 廃棄物処理法と建設リサイクル法はいずれかが出題されている。

## 5-1 騒音規制法・振動規制法

### 1 地域の指定

[1] 騒音・振動を規制する地域として、都道府県知事が指定する。

[2] 規制値は、敷地の境界線上での測定値が、騒音で85dB以下、振動で75dB以下である。

[3] 指定地域における特定建設作業は、作業時間帯の規制、1日の作業時間の規制（1号区域で10時間以内、2号区域で14時間以内）、同一場所で連続6日を超えてはならない、日曜日や祝祭日は作業をしてはならない等の規制がある。

[4] 時間規制や休日規制は、災害等の緊急時は適用されないが、規制値は適用される。

[5] 振動レベルの決定に際しては、測定器の指示値が周期的または間欠的に変動する場合は、その変動ごとの指示値の最大値の平均値とする。

### 2 特定建設作業

以下の騒音8種類、振動4種類の作業で、2日間以上にわたる作業である。

| 騒音の特定建設作業 | 振動の特定建設作業 |
|---|---|
| ① 杭打機（もんけん以外）、杭抜機または杭打杭抜機（圧入式以外）の作業（アースオーガ併用のものは除外） | ① 杭打機（もんけん、圧入式以外）、杭抜機または杭打杭抜機（圧入式以外）の作業 |
| ② 鋲打ち機 | ② 鋼球を使用する工作物の破壊作業 |
| ③ 削岩機（1日の移動最大距離が50mを超えないものに限る） | ③ 舗装版破砕機作業（1日最大移動距離が50mを超えない作業に限る） |
| ④ 空気圧縮機（電動機以外の定格出力15kW以上のもの） | ④ ブレーカー作業（手持ち式を除き、1日最大移動距離が50mを超えない作業に限る） |
| ⑤ 混練容量0.45m³以上のコンクリートプラント（モルタル製造用のものを除く）、または混練重量200kg以上のアスファルト・コンクリートプラント | |
| ⑥ 定格出力80kW以上のバックホウ | |
| ⑦ 定格出力70kW以上のトラクタショベル | |
| ⑧ 定格出力40kW以上のブルドーザ | |

### 3 届出

[1] 特定建設作業は、**開始日の7日前までに市町村長に、元請業者が届け出る。災害等の緊急時は、届出ができるようになった時点で、速やかに届け出る**（届出免除ではなく、「7日前まで」の規定が緩和されるだけ）。

[2] 市町村長は、特定建設作業に対する改善勧告、改善命令を出すことはできるが、工事中止命令を出すことはできない。

## 5-2 建設副産物に関する法体系

重要 >>>>

・ここは直接試験に出題される内容ではないが、資源有効利用促進法と、廃棄物処理法、建設リサイクル法の関係を理解するために、概略眺めておいていただきたい。

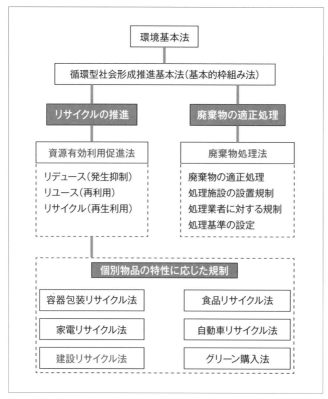

**図1 | 循環型社会形成の推進のための法体系**

建設副産物は発生時点ではまだ廃棄物ではない。有価売却すれば廃棄物とはならない。また、再利用や再生利用したとしても、有価売却ではなく排出者が金銭負担して引き取られせた場合は廃棄物処理法の対象となる

# 5-3 廃棄物の処理及び清掃に関する法律（廃棄物処理法）

memo ››››

> • 産業廃棄物と一般廃棄物の違い、産業廃棄物の3つの型式、委託契約書の規定と産業廃棄物管理票の規定、を充分理解すること。

[1] 事業活動にともなって生じた廃棄物を「産業廃棄物」、それ以外を「一般廃棄物」という。一般廃棄物は、いわゆる家庭ごみである（したがって、建設現場で発生する副産物や廃棄物に「ごみ」という表現を用いてはならない）。

[2] 一般廃棄物の処理に関する責任は市町村にあり、産業廃棄物の許認可管轄は都道府県である。

[3] 事業活動にともなって生じた廃棄物でも、例外的に一般廃棄物扱いとなるものがある。建設現場では、剪定枝や現場事務所から出る弁当の食べ残し、コピーくず、廃棄書類等は一般廃棄物扱いとしている。

memo ››››

> • 同じ「紙くず」の範疇ではあるが、現場に搬入される資材を梱包していた段ボールを捨てれば産業廃棄物、現場事務所から出るコピーくずは一般廃棄物となる。

[4] 産業廃棄物は、埋め立てた場合の処分場の型式により、安定型、遮断型、管理型に分けられる。

    a）「がれき類（コンクリートがら、アスファルトがら等）」、「廃プラスチック類」、「ガラスくずおよび陶磁器くず」、「金属くず」、「ゴムくず」を安定5品目といい、もっとも緩やかな型式の安定型処分場に処分できる。

    b）廃PCB、飛散性廃石綿（飛散性アスベスト）、基準を超えた有害物を含む燃え殻・ばいじん・汚泥等を特別管理産業廃棄物（特管物）といい、鉄筋コンクリート構造の遮断型処分場で処分しなければならない。

    c）それ以外の産業廃棄物（木くず、紙くず、繊維くず、汚泥、廃油、廃酸・廃アルカリ、ばいじん等）は、遮水シート構造の管理型処分場で処分する。

memo ››››

> • 廃油、廃酸、燃え殻でも、有害物質が既定量以下の場合は特管物ではなく、通常の管理型産業廃棄物扱いとなる。

[5] 産業廃棄物の排出事業者は、その廃棄物を自ら適正に処理しなければならない。排出事業者が自ら運搬や処分をする場合は、収集運搬や処分の許可は不要である。

memo ››››

> • したがって、「排出事業者が自ら運搬し、自ら処分した」という表現は間違いではない。

[6] 産業廃棄物の処理を他人に委託する時は、都道府県知事の許可を得た**収集運搬業者と処分業者**に、それぞれ別個に委託契約書を交わして委託しなければならない。委託契約書の保存期間は5年である。

[7] 産業廃棄物の収集・運搬および処分を委託する時は、当該産業廃棄物の種類がその業者の事業の範囲に含まれているものでなければならない。

[8] 産業廃棄物の排出事業者は、**廃棄物の種類ごと、運搬先ごとに産業廃棄物管理票**（マニフェスト）を交付する。交付者は、収集運搬・処分委託業者から業務終了後に返送された管理票の写しと委託契約書を5年間保存しなければならない。

[9] 産業廃棄物管理票（マニフェスト）

- A票 → 搬出事業者
- B票 → 収集運搬業者
- C、D票 → 中間処理業者
- E票 → 最終処分業者

　いずれも、写しは排出事業者のほうに返送される。

[10] 建設現場における建設廃棄物の排出事業者は、**発注者ではなく元請負人**である。

[11] **土砂は捨てた場合でも産業廃棄物ではなく、建設残土扱いとなる**。しかし、杭打ちに使用される安定液などは、汚泥として産業廃棄物の適用を受ける。

# 5-4 資源の有効な利用の促進に関する法律
（資源有効利用促進法、リサイクル法）

**重要 ▶▶▶▶**

・建設リサイクル法が施行されて以来、資源有効利用促進法の出題は少なくなったが、たまに出題されることもあるので、ここでは最低限必要な事項のみを記した。

[1] 建設工事における指定副産物は、土砂、コンクリートの塊、アスファルトコンクリートの塊、木材の4つである。

[2] 再生資源利用計画の該当工事（搬入する方）

- a) 土砂 ‥‥‥‥‥‥‥‥‥‥ 1,000m³以上
- b) 砕石 ‥‥‥‥‥‥‥‥‥‥ 500t以上
- c) 加熱アスファルト混合物 ‥‥‥‥ 200t以上

[3] 再生資源利用促進計画の該当工事（搬出する方）

- a) 建設発生土 ‥‥‥‥‥‥‥‥‥ 1,000m³以上
- b) コンクリート塊、アスファルトコンクリート塊、建設発生木材 ‥‥‥‥ 合計200t以上

[4] 再生資源利用計画、再生資源利用促進計画とも、元請業者が計画を作成し工事完成後1年間保存する。

# 5-5 建設工事に係る資材の再資源化等に関する法律
（建設リサイクル法）

重要 >>>>

> ・用語の定義、再資源化等が義務付けられている工事の規模、
>  特定建設資材の種類についての出題が多い。

[1] **分別解体等**：建築物等に用いられた建設資材に係る建設副産物をその種類ごとに分別しつつ工事を計画的に施工する行為であり、対象は解体工事だけではなく建築工事、修繕工事等も含む。

[2] **再資源化**：分別解体等に伴って生じた建設副産物を資材、**原材料として利用**すること（マテリアルリサイクル）と、**熱を得るために燃焼**させること（サーマルリサイクル）。

[3] **再資源化等**：再資源化および縮減（焼却、脱水、圧縮等で大きさを減ずること：減容化）。

[4] **特定建設資材**：コンクリート（コンクリートがら）、コンクリートおよび鉄からなる建設資材（鉄混じりのコンクリートがら）、木材、アスファルトコンクリート（アスファルトがら）である。

memo >>>>

> ・資源有効利用促進法の指定副産物と混同しないようにすること（土砂は含まれていない）。

[5] 建設リサイクル法における分別解体等および再資源化等が義務付けられている工事。

  **a)建築物の解体** ‥‥‥‥‥‥‥‥‥‥‥ 床面積合計　　　80m²以上

  **b)建築物の新築・増築** ‥‥‥‥‥‥‥‥ 床面積合計　　500m²以上

  **c)建築物の修繕・模様替**（リフォーム）‥‥‥ 請負代金の額　　1億円以上

  **d)その他工作物の工事**（土木工事等）‥‥‥ 請負代金の額　500万円以上

[6] 対象建設工事の**発注者または自主施工者は工事着手7日前までに都道府県知事に届け出る**。また、完了した場合の都道府県知事への届け出義務も発注者にある。

[7] 対象建設工事の**元請業者**は、発注者に対して分別解体に関する事項を書類を交付して説明しなければならない。

[8] **元請業者は**、再資源化完了後、発注者に書面で報告し、**記録を作成して1年間保存**する。

[9] 土木工事業・建築工事業・解体工事業以外で解体工事を営む者は、解体工事に関する都道府県知事の登録が必要である。

# 6 その他の建築関連法規

POINT
出題傾向と
ポイント

● いずれも毎年出題されているわけではないが、出題範囲はそれほど広くなく、基本的な事項を覚えておれば難しくはない。

## 6-1 道路法・道路交通法

### 1 道路の管理

[1] 指定区間内の国道については国土交通大臣が管理するが、指定区間外の国道については都道府県知事または政令指定都市の市長が管理する。都道府県道については都道府県知事が管理するが、政令指定都市内の都道府県道についてはその政令指定都市の市長が管理する。市町村道については市町村長が管理する。

[2] **道路占用の許可は道路管理者**から受け（道路法）、**道路使用の許可は警察署長**から受ける（道路交通法）。通常、道路工事などを行う場合は、両方の許可が必要となる。

memo >>>>

---

・道路占用は継続的使用の場合であり、コンクリート打設のためのコンクリートポンプ車や生コン車の設置は一時使用なので、道路使用許可のみで、道路占用許可は不要である。

---

[3] 空中占用（道路上の現場事務所、架線等）、地中占用（地中埋設等）の場合も道路占用許可が必要である。

[4] **地中埋設の場合の占用許可は、計画書を1カ月前までに道路管理者に提出**しなければならない。

[5] 道路掘削の際は、みぞ掘、つぼ掘、推進工法等とし、えぐり掘は行ってはならない。

## 2 │ 車両制限

**表1** │ 道路法と道路交通法の車両制限に関する規定の比較

| 対象法令 | 道路法（車両制限令） | | 道路交通法 |
|---|---|---|---|
| 幅 | 2.5m以下 | | 自動車の幅以下 |
| 長さ | 12m以下 | | 自動車の長さ×1.1以下 |
| けん引 | けん引車、被けん引車一体で車両とみなす。 | | 被けん引車は、最大2台まで |
| | | | けん引車先端と被けん引車後端まで25m以下 |
| 高さ | 積載物を含み3.8m以下 | | 荷台＋積載物の高さが3.8m以下 |
| 重さ | 総重量 高速道路・指定道路 ……… 25t以下<br>その他の道路 ……… 20t以下<br>軸重 ……… 10t以下<br>輪荷重 ……… 5t以下 | | 自動車検査証記載の人員、最大積載重量を超えてはならない。荷台に人を乗せてはならない。ただし、荷台の貨物を看守するために、必要最小限度の人員を荷台に乗せることはできる。 |
| 最小回転半径 | 車両の最外側のわだちについて12m | | |
| カタピラ車 | 除雪車以外については路面を損傷しないような構造か措置を施したものでなければ道路を通行できない。 | | |
| 例外の場合の通行許可の申請先 | 道路管理者<sup>(※)</sup> | | 公安委員会（けん引） |
| | | | 出発地を管轄する警察署長（積載） |

※ 管理者が異なる道路の通行許可は、その経路に国道か都道府県道が含まれていれば国土交通大臣か都道府県知事いずれか一方だけの許可を得ればよい。
　しかし、すべて市町村道の場合は、すべての市町村長の許可が必要である。

# 6-2 都市計画法

[1] 都市計画区域の指定は人口に基づくものであり、面積に基づくものではない。

[2] 市街化区域とは、既に市街地を形成している区域、および概ね10年以内に優先的かつ計画的に市街地化を図るべき区域であり、用途地域を定めている。

[3] 市街化調整区域とは、市街化を抑制すべき区域で、用途地域は定めていない。

[4] **開発行為とは、主として建築物の建設、工作物の建設などのための土地の区画形質の変更**をいい、**都道府県知事の許可が必要**となる。

[5] 例外として、**許可が不要な開発行為**は以下のとおりである。

- 市街化区域で行われる1,000m²未満のもの。
- 市街化調整区域で行われる**農林漁業用の作業所、倉庫、農林漁業者住居用建築物**。
- **鉄道施設、図書館、公民館、変電所等の公益施設**。
- **非常災害のための応急措置として行う開発行為**。

# 6-3 宅地造成等規制法

[1] 宅地造成とは、宅地以外の土地を宅地にする、または宅地を改変する等の土地の形質の変更をいう。

[2] 宅地造成は、以下のような場合である。

- 2mを超える高さのがけが生じる切土
- 1mを超える高さのがけが生じる盛土
- 全体で2mを超える高さのがけが生じる切盛土
- 上記以外でも、切盛土の工事面積が500m²を超える場合

[3] 宅地造成工事規制区域で宅地造成を行う場合は、造成主は都道府県知事の許可を受けなければならない。

memo ►►►►
> ・都市計画法による開発許可を受ける場合は、宅地造成等規制法による宅地造成許可は不要である。

[4] 宅地造成工事規制区域で行う宅地造成には、以下のような技術的基準がある。

- 擁壁には、壁面の面積3m²以内ごとに内径7.5cm以上の陶管等を用いた耐水材料の水抜き孔を設ける。
- 5mを超える擁壁、および1,500m²を超える土地の切盛土における排水施設の設置については資格を有するものの設計によらなければならない。

# 6-4 消防法

[1] 防火対象物の区分に応じ、防火管理者を定めることになっており、甲種と乙種がある。**甲種のほうが対象建物の規模が大きい。**

[2] 危険物施設において危険物を取り扱う場合は、危険物取扱者の立会いのもとに取り扱わせることとしており、甲種、乙種、丙種がある。**甲種はすべての危険物、丙種は揮発性油類等が対象となる。**

[3] **防炎対象物品とは、一定基準の防炎性能を有する物品であり、工事用シートはこれに指定されている。**

[4] **消防の用に供する設備は、消火設備（屋外消火栓等）、警報設備、避難設備である。**

[5] スプリンクラー設備の設置に係る工事は、甲種消防設備士が行う。

[6] 屋内消火栓設備は、防火対象物の階ごとに、その階の各部分からホース接続口までの水平距離が、1号消火栓の場合で25m以下、2号消火栓の場合で15m以下となるように設ける。

[7] 屋外消火栓設備は、建築物の各部分からホース接続口までの水平距離が40m以下となるように設ける。

［**8**］ 地階を除く階数が11以上の建築物に設置する送水管の放水口は双口形とし、非常電源を付置した加圧送水装置を設ける。

［**9**］ 消防用水は、消防ポンプ自動車が2m以内に接近することができるように設ける。

［**10**］ 排煙設備には、手動起動装置または火災の発生を感知した場合に作動する自動起動装置を設ける。

# 6-5 その他

［**1**］ 分流式の公共下水道の排水設備は、下水道法に基づき、汚水と雨水を分離して排除する構造としなければならない。

［**2**］ 駐車場法に基づき、駐車の用に供する部分の面積が500m²以上の建築物である路外駐車場の梁下の高さは、2.1m以上としなければならない。

［**3**］ 水道法に基づき、給水装置の配水管への取り付け口の位置は、他の給水装置の取り付け口から30cm以上離さなければならない。

# Chapter 6

# 過去問題と
# 解答

# 1 令和5年度の問題と解答

## 問題

## 1級建築施工管理技術検定 第一次検定問題（午前の部）

[注意事項]（抜粋）
- 試験時間は、**10時15分から12時45分**です。
- 問題の解答の仕方は、次によってください。
  - イ．〔No.1〕〜〔No.15〕までの**15問題**のうちから、**12問題を選択**し、**解答**してください。
  - ロ．〔No.16〕〜〔No.20〕までの**5問題**は、**全問題を解答**してください。
  - ハ．〔No.21〕〜〔No.30〕までの**10問題**のうちから、**7問題を選択**し、**解答**してください。
  - ニ．〔No.31〕〜〔No.39〕までの**9問題**のうちから、**7問題を選択**し、**解答**してください。
  - ホ．〔No.40〕〜〔No,44〕までの**5問題**は、**全問題を解答**してください。
- 選択問題は、解答数が**指定数を超えた場合**、**減点**となりますから注意してください。
- 問題は、**四肢一択**です。正解と思う肢の番号を**1つ**選んでください。

※ **問題番号**〔No.1〕〜〔No.15〕までの**15問題**のうちから、**12問題を選択**し、**解答**してください。

〔No.1〕 日照及び日射に関する記述として、**最も不適当なもの**はどれか。
1. 北緯35°における南面の垂直壁面の可照時間は、夏至日より冬至日のほうが長い。
2. 日影規制は、中高層建築物が敷地境界線から一定の距離を超える範囲に生じさせる、冬至日における日影の時間を制限している。
3. 水平ルーバーは東西面の日射を遮るのに効果があり、縦ルーバーは南面の日射を遮るのに効果がある。
4. 全天日射は、直達日射と天空日射を合計したものである。

〔No.2〕 採光及び照明に関する記述として、**最も不適当なもの**はどれか。
1. 横幅と奥行きが同じ室において、光源と作業面の距離が離れるほど、室指数は小さくなる。
2. 設計用全天空照度は、快晴の青空のときのほうが薄曇りのときよりも小ちいさな値となる。
3. 照度は、単位をルクス(lx)で示し、受照面の単位面積当たりの入射光束のことをいう。
4. 光度は、単位をカンデラ(cd)で示し、反射面を有する受照面の光の面積密度のことをいう。

〔No.3〕 吸音及び遮音に関する記述として、**最も不適当なもの**はどれか。
1. 吸音材は、音響透過率が高いため、遮音性能は低い。
2. 多孔質の吸音材は、一般に低音域より高音域の吸音に効果がある。
3. 単層壁において、面密度が大きいほど、音響透過損失は小さくなる。
4. 室間音圧レベル差の遮音等級はD値で表され、D値が大きいほど遮音性能は高い。

〔No.4〕 免震構造に関する一般的な記述として、**最も不適当なもの**はどれか。
1. アイソレータは、上部構造の重量を支持しつつ水平変形に追従し、適切な復元力を持つ。
2. 免震部材の配置を調整し、上部構造の重心と免震層の剛心を合わせることで、ねじれ応答を低減できる。
3. 地下部分に免震層を設ける場合は、上部構造と周囲の地盤との間にクリアランスが必要である。
4. ダンパーは、上部構造の垂直方向の変位を抑制する役割を持つ。

〔No.5〕 鉄筋コンクリート構造の建築物の構造計画に関する一般的な記述として、**最も不適当なもの**はどれか。
1. 普通コンクリートを使用する場合の柱の最小径は、その構造耐力上主要な支点間の距離の $\frac{1}{15}$ 以上とする。
2. 耐震壁とする壁板のせん断補強筋比は、直交する各方向に関して、それぞれ0.25%以上とする。
3. 床スラブの配筋は、各方向の全幅について、コンクリート全断面積に対する鉄筋全断面積の割合を0.1%以上とする。
4. 梁貫通孔は、梁端部への配置を避け、孔径を梁せいの $\frac{1}{3}$ 以下とする。

〔No.6〕 鉄骨構造に関する記述として、**最も不適当なもの**はどれか。

1. 角形鋼管柱の内ダイアフラムは、せいの異なる梁を1本の柱に取り付ける場合等に用いられる。
2. H形鋼は、フランジやウェブの幅厚比が大きくなると局部座屈を生じにくい。
3. シヤコネクタでコンクリートスラブと結合された鉄骨梁ばりは、上端圧縮となる曲げ応力に対して横座屈を生じにくい。
4. 部材の引張力によってボルト孔周辺に生じる応力集中の度合は、高力ボルト摩擦接合より普通ボルト接合のほうが大きい。

〔No.7〕 杭基礎に関する記述として、**最も不適当なもの**はどれか。

1. 杭の周辺地盤に沈下が生じたときに杭に作用する負の摩擦力は、支持杭より摩擦杭のほうが大きい。
2. 杭と杭の中心間隔は、杭径が同一の場合、埋込み杭のほうが打込み杭より小さくすることができる。
3. 杭の極限鉛直支持力は、極限先端支持力と極限周面摩擦力との和で表す。
4. 杭の引抜き抵抗力に杭の自重を加える場合、地下水位以下の部分の浮力を考慮する。

〔No.8〕 図に示す柱AB の図心G に鉛直荷重Pと水平荷重Qが作用したとき、底部における引張縁応力度の値の大きさとして、**正しいもの**はどれか。ただし、柱の自重は考慮しないものとする。

1. 3 N/mm²
2. 7 N/mm²
3. 10 N/mm²
4. 13 N/mm²

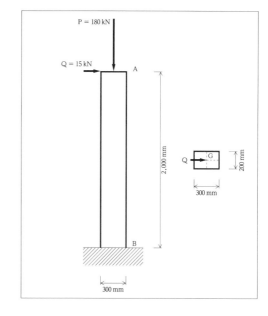

〔No.9〕 図に示す3ヒンジラーメン架構のDE間に等分布荷重wが作用したとき、支点Aの水平反力HA及び支点B の水平反力HBの値として、**正しいもの**はどれか。ただし、反力は右向きを「＋」、左向きを「−」とする。

1. HA＝ ＋9 kN
2. HA＝ −6 kN
3. HB＝ 0 kN
4. HB＝ −4 kN

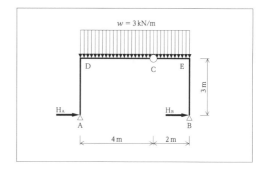

〔No.10〕 図に示す3ヒンジラーメン架構の点D にモーメント荷重Mが作用したときの曲げモーメント図して、**正しいもの**はどれか。ただし、曲げモーメントは材の引張側に描くものとする。
（解答選択肢は次ページ）

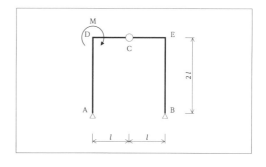

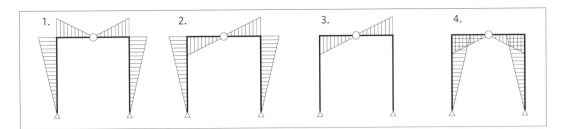

〔No.11〕 コンクリート材料の特性に関する記述として、**最も不適当なもの**はどれか。

1. 減水剤は、コンクリートの耐凍害性を向上させることができる。
2. 流動化剤は、工事現場で添加することで、レディーミクストコンクリートの流動性を増すことができる。
3. 早強ポルトランドセメントを用いたコンクリートは、普通ポルトランドセメントを用いた場合より硬化初期の水和発熱量が大きく、冬期の工事に適している。
4. 高炉セメントB種を用いたコンクリートは、普通ポルトランドセメントを用いた場合より耐海水性や化学抵抗性が大きく、地下構造物に適している。

〔No.12〕 建築に用いられる金属材料に関する記述として、**最も不適当なもの**はどれか。

1. ステンレス鋼は、ニッケルやクロムを含み、炭素量が少ないものほど耐食性が良い。
2. 銅は、熱や電気の伝導率が高く、湿気中では緑青を生じ耐食性が増す。
3. 鉛は、X線遮断効果が大きく、酸その他の薬液に対する抵抗性や耐アルカリ性にも優れている。
4. チタンは、鋼材に比べ密度が小さく、耐食性に優れている。

〔No.13〕 石材に関する一般的な記述として、**最も不適当なもの**はどれか。

1. 花崗岩は、結晶質で硬く耐摩耗性や耐久性に優れ、壁、床、階段等に多く用いられる。
2. 大理石は、酸には弱いが、緻密であり磨くと光沢が出るため、主に内装用として用いられる。
3. 粘板岩(スレート)は、吸水率が小さく耐久性に優れ、層状に剥れる性質があり、屋根材や床材として用いられる。
4. 石灰岩は、柔らかく曲げ強度は低いが、耐水性や耐酸性に優れ、主に外装用として用いられる。

〔No.14〕 日本産業規格(JIS)に規定する防水材料に関する記述として、**不適当なもの**はどれか。

1. 2成分形のウレタンゴム系防水材は、施工直前に主剤、硬化剤の2成分に、必要によって硬化促進ん剤や充填材等を混合して使用する。
2. 防水工事用アスファルトは、フラースぜい化点の温度が低いものほど低温特性のよいアスファルトである。
3. ストレッチルーフィング1000の数値1000は、製品の抗張積(引張強さと最大荷重時の伸び率との積)を表している。
4. 改質アスファルトルーフィングシートは、温度特性によりⅠ類とⅡ類に区分され、低温時の耐折り曲げ性がよいものはⅠ類である。

〔No.15〕 屋内で使用する塗料に関する記述として、**最も不適当なもの**はどれか。

1. アクリル樹脂系非水分散形塗料は、モルタル面に適しているが、せっこうボード面には適していない。
2. クリヤラッカーは、木部に適しているが、コンクリート面には適していない。
3. つや有合成樹脂エマルションペイントは、鉄鋼面に適しているが、モルタル面には適していない。
4. 2液形ポリウレタンワニスは、木部に適しているが、ALCパネル面には適していない。

※ **問題番号**〔No.16〕～〔No.20〕までの**5問題**は、**全問題を解答してください。**

〔No.16〕 植栽に関する記述として、**最も不適当なもの**はどれか。

1. 枝張りは、樹木の四方面に伸長した枝の幅をいい、測定方向により長短がある場合は、最短の幅とする。
2. 支柱は、風による樹木の倒れや傾きを防止するとともに、根部の活着を助けるために取り付ける。
3. 樹木の移植において、根巻き等で大きく根を減らす場合、吸水量と蒸散量とのバランスをとるために枝抜き剪定を行う。
4. 樹木の植付けは、現場搬入後、仮植や保護養生してから植付けるよりも、速やかに行うほうがよい。

〔No.17〕 電気設備に関する記述として、**最も不適当なもの**はどれか。

1. 合成樹脂製可とう電線管のうちPF管は、自己消火性があり、屋内隠ぺい配管に用いることができる。
2. 電圧の種別で低圧とは、直流にあっては600 V以下、交流にあっては750 V以下のものをいう。

3. 低圧屋内配線のための金属管は、規定値未満の厚さのものをコンクリートに埋め込んではならない。

4. 低圧屋内配線の使用電圧が300 Vを超える場合における金属製の電線接続箱には、接地工事を施さなければならない。

〔No.18〕 給排水設備に関する記述として、**最も不適当なもの**はどれか。

1. 高置水槽方式は、一度受水槽に貯留した水をポンプで建物高所の高置水槽に揚水し、高置水槽からは重力によって各所に給水する方式である。

2. 圧力水槽方式は、受水槽の水をポンプで圧力水槽に送水し、圧力水槽内の空気を加圧して、その圧力によって各所に給水する方式である。

3. 屋内の自然流下式横走り排水管の最小勾配は、管径が100 mmの場合、$\frac{1}{100}$ とする。

4. 排水槽の底の勾配は、吸い込みピットに向かって $\frac{1}{100}$ とする。

〔No.19〕 建築物に設けるエレベーターに関する記述として、**最も不適当なもの**はどれか。ただし、特殊な構造又は使用形態のものは除くものとする。

1. 乗用エレベーターには、停電時に床面で1ルクス以上の照度を確保することができる照明装置を設ける。

2. 乗用エレベーターには、1人当たりの体重を65 kgとして計算した最大定員んを明示した標識を掲示する。

3. 火災時管制運転は、火災発生時にエレベーターを最寄階に停止させる機能である。

4. 群管理方式は、エレベーターを複数台まとめた群としての運転操作方式で、交通需要の変動に応じて効率的な運転管理を行うことができる。

〔No.20〕 請負契約に関する記述として、「公共工事標準請負契約約款」上、**誤っているもの**はどれか。

1. 設計図書とは、図面及び仕様書をいい、現場説明書及び現場説明に対する質問回答書は含まない。

2. 発注者は、工事の完成を確認するために必要があると認められるときは、その理由を受注者に通知して、工事目的物を最小限度破壊して検査することができる。

3. 工期の変更については、発注者と受注者が協議して定める。ただし、予め定めた期間内に協議が整わない場合には、発注者が定め、受注者に通知する。

4. 工事の施工に伴い通常避けることができない騒音、振動、地盤沈下、地下水の断絶等の理由により第三者に損害を及ぼしたときは、原則として、発注者がその損害を負担しなければならない。

※ 問題番号〔No.21〕～〔No.30〕までの10問題のうちから、7問題を選択し、解答してください。

〔No.21〕 乗入れ構台及び荷受け構台の計画に関する記述として、**最も不適当なもの**はどれか。

1. 乗入れ構台の支柱の位置は、基礎、柱、梁及び耐力壁を避け、5m 間隔とした。

2. 乗入れ構台の高さは、大引下端が床スラブ上端より10 cm上になるようにした。

3. 荷受け構台の作業荷重は、自重と積載荷重の合計の10 %とした。

4. 荷受け構台への積載荷重の偏りは、構台の全スパンの60%にわたって荷重が分布するものとした。

〔No.22〕 地下水処理工法に関する記述として、**最も不適当なもの**はどれか。

1. ディープウェル工法は、初期のほうが安定期よりも地下水の排水量が多い。

2. ディープウェル工法は、透水性の低い粘性土地盤の地下水位を低下させる場合に用いられる。

3. ウェルポイント工法は、透水性の高い粗砂層から低いシルト質細砂層までの地盤に用いられる。

4. ウェルポイント工法は、気密保持が重要であり、パイプの接続箇所で漏気が発生しないようにする。

〔No.23〕 既製コンクリート杭の施工に関する記述として、**最も不適当なもの**はどれか。

1. 荷降ろしのため杭を吊り上げる場合、安定するように杭の両端から杭長の $\frac{1}{10}$ の2点を支持して吊り上げる。

2. 杭に現場溶接継手を設ける際には、原則として、アーク溶接とする。

3. 継ぎ杭で、下杭の上に杭を建込む際には、接合中に下杭が動くことがないように、保持装置に固定する。

4. PHC杭の頭部を切断した場合、切断面から350 mm程度まではプレストレスが減少しているため、補強を行う必要がある。

〔No.24〕 鉄筋の機械式継手に関する記述として、**最も不適当なもの**はどれか。

1. トルク方式のねじ節継手とは、カップラーを用いて鉄筋を接合する工法で、ロックナットを締め付けることで鉄筋とカップラーとの間の緩みを解消する。

2. グラウト方式のねじ節継手とは、カップラーを用いて鉄筋を接合する工法で、鉄筋とカップラーの節との空隙にグラウトを注

入することで緩みを解消する。

3. 充填継手とは、異形鉄筋の端部に鋼管 (スリーブ) をかぶせた後、外側から加圧して鉄筋表面の節にスリーブを食い込ませて接合する工法である。

4. 端部ねじ継手とは、端部をねじ加工した異形鉄筋、あるいは加工したねじ部を端部に圧接した異形鉄筋を使用し、雌ねじ加工されたカップラーを用いて接合する工法である。

〔No.25〕 型枠支保工に関する記述として、**最も不適当なもの**はどれか。

1. 支柱として用いるパイプサポートの高さが3.5mを超える場合、高さ2.5m以内ごとに水平つなぎを2方向に設けなければならない。

2. 支柱として用いる鋼管枠は、最上層及び5層以内ごとに水平つなぎを設けなければならない。

3. 支柱としてパイプサポートを用いる型枠支保工は、上端に作業荷重を含む鉛直荷重の $\frac{5}{100}$ に相当する水平荷重が作用しても安全な構造でなければならない。

4. 支柱として鋼管枠を用いる型枠支保工は、上端に作業荷重を含む鉛直荷重の $\frac{2.5}{100}$ に相当する水平荷重が作用しても安全な構造でなければならない。

〔No.26〕 コンクリートの運搬、打込み及び締固めに関する記述として、**最も不適当なもの**はどれか。

1. コンクリートの圧送開始前に圧送するモルタルは、型枠内に打ち込まないが、富調合のものとした。

2. 圧送するコンクリートの粗骨材の最大寸法が20 mmのため、呼び寸法100Aの輸送管を使用した。

3. コンクリート棒形振動機の加振は、セメントペーストが浮き上がるまでとした。

4. 外気温が25 ℃を超えていたため、練混ぜ開始から打込み終了までの時間を120分以内とした。

〔No.27〕 鉄骨の建方に関する記述として、**最も不適当なもの**はどれか。

1. 架構の倒壊防止用に使用するワイヤロープは、建入れ直し用に兼用してもよい。

2. スパンの寸法誤差が工場寸法検査で計測された各部材の寸法誤差の累積値以内となるよう、建入れ直し前にスパン調整を行う。

3. 建方に先立って施工するベースモルタルは、養生期間を 3日間以上とする。

4. 梁のフランジを溶接接合、ウェブをボルトの配列が 1列の高力ボルト接合とする混用接合の仮ボルトは、ボルト 1 群に対して $\frac{1}{3}$ 程度、かつ、2本以上締め付ける。

〔No.28〕 大断面集成材を用いた木造建築物に関する記述として、**最も不適当なもの**はどれか。

1. 梁材の曲がりの許容誤差は、長さの $\frac{1}{1,000}$ とした。

2. 集成材にあけるドリフトピンの下孔径は、ドリフトピンの公称軸径に2mm を加えたものとした。

3. 集成材にあける標準的なボルト孔の心ずれは、許容誤差を ± 2 mm とした。

4. 接合金物にあけるボルト孔の大きさは、ねじの呼びがM 16未満の場合は公称軸径に 1mm を、M 16以上の場合は1.5 mm を加えたものとした。

〔No.29〕 建設機械に関する記述として、**最も不適当なもの**はどれか。

1. ブルドーザーは、盛土、押土、整地の作業に適している。

2. ホイールクレーンは、同じ運転室内でクレーンと走行の操作ができ、機動性に優れている。

3. アースドリル掘削機は、一般にリバース掘削機に比べ、より深い掘削能力がある。

4. バックホウは、機械の位置より低い場所の掘削に適し、水中掘削も可能だが、高い山の切取りには適さない。

〔No.30〕 鉄筋コンクリート造の耐震改修工事における現場打ち鉄筋コンクリート耐震壁の増設工事に関する記述として、**最も不適当なもの**はどれか。

1. 増設壁上部と既存梁下との間に注入するグラウト材の練上がり時の温度は、練り混ぜる水の温度を管理し、10 〜35℃ の範囲とする。

2. あと施工アンカー工事において、接着系アンカーを既存梁下端に上向きで施工する場合、くさび等を打ってアンカー筋の脱落防止の処置を行う。

3. コンクリートポンプ等の圧送力を利用するコンクリート圧入工法は、既存梁下との間に隙間が生じやすいため、採用しない。

4. 増設壁との打継面となる既存柱や既存梁に施す目荒しの面積の合計は、電動ピック等を用いて、打継面の15 〜30 %程度となるようにする。

※ **問題番号**〔No.31〕～〔No.39〕までの**9問題**のうちから、**7問題**を選択し、解答してください。

〔No.31〕 防水工事に関する記述として、**最も不適当なもの**はどれか。

1. アスファルト防水密着工法における平場部のルーフィングの張付けに先立ち、入隅は幅300 mm 程度のストレッチルーフィングを増張りした。

2. 改質アスファルトシート防水トーチ工法における平場部の改質アスファルトシートの重ね幅は、縦横とも100 mm 以上とした。

3. アスファルト防水における立上がり部のアスファルトルーフィング類は、平場部のアスファルトルーフィングを張り付けた後、150 mm 以上張り重ねた。

4. 改質アスファルトシート防水絶縁工法におけるALCパネル目地の短辺接合部は、幅50 mm 程度のストレッチルーフィングを張り付けた。

〔No.32〕 乾式工法による外壁の張り石工事に関する記述として、**最も不適当なもの**はどれか。

1. 厚さ30 mm、大きさ500 mm 角の石材のだぼ孔の端あき寸法は、60 mm とした。

2. ロッキング方式において、ファスナーの通しだぼは、径 4mm のものを使用した。

3. 下地のコンクリート面の精度を考慮し、調整範囲が ±10 mm のファスナーを使用した。

4. 石材間の目地は、幅を10 mm としてシーリング材を充填した。

〔No.33〕 金属製折板葺屋根工事に関する記述として、**最も不適当なもの**はどれか。

1. 端部用タイトフレームは、けらば包みの下地として、間隔を1,800 mm で取り付けた。

2. 重ね形折板の重ね部分の緊結ボルトは、流れ方向の間隔を600 mm とした。

3. 軒先の落とし口は、折板の底幅より小さく穿孔し、テーパー付きポンチで押し広げ、10 mm の尾垂れを付けた。

4. 軒先のアール曲げ加工は、曲げ半径を450 mm とした。

〔No.34〕 特定天井に該当しない軽量鉄骨天井下地工事に関する記述として、**最も不適当なもの**はどれか。

1. 天井のふところが1,500 mm 以上あったため、吊りボルトの振れ止めとなる水平方向の補強は、縦横間隔を1,800 mm 程度とした。

2. 下り壁による天井の段違い部分は、2,700 mm 程度の間隔で斜め補強を行った。

3. 下地張りのある天井仕上げの野縁は、ダブル野縁を1,800 mm 程度の間隔とし、その間に4本のシングル野縁を間隔を揃えて配置した。

4. 野縁は、野縁受けにクリップ留めし、野縁が壁と突付けとなる箇所は、野縁受けからのはね出しを200 mm とした。

〔No.35〕 内壁コンクリート下地のセメントモルタル塗りに関する記述として、**最も不適当なもの**はどれか。

1. 下塗りは、吸水調整材の塗布後、乾燥を確認してから行った。

2. 下塗り用モルタルの調合は、容積比でセメント 1:砂 3 とした。

3. 下塗り後の放置期間は、モルタルの硬化が確認できたため、14日間より短縮した。

4. 中塗りや上塗りの塗厚を均一にするため、下塗りの後に、むら直しを行った。

〔No.36〕 鋼製建具に関する記述として、**最も不適当なもの**はどれか。ただし、1枚の戸の有効開口は、幅950 mm、高さ2,400 mm とする。

1. 外部に面する両面フラッシュ戸の表面板は鋼板製とし、厚さを1.6 mm とした。

2. 外部に面する両面フラッシュ戸の見込み部は、上下部を除いた左右2方を表面板で包んだ。

3. たて枠は鋼板製とし、厚さを1.6 mm とした。

4. 丁番やピボットヒンジ等により、大きな力が加わる建具枠の補強板は、厚さを2.3 mm とした。

〔No.37〕 塗装工事に関する記述として、**最も不適当なもの**はどれか。

1. アクリル樹脂系非水分散形塗料塗りにおいて、中塗りを行う前に研磨紙 P220 を用いて研磨した。

2. せっこうボード面の合成樹脂エマルションペイント塗りにおいて、気温が20 ℃であったため、中塗り後3時間経過してから、次の工程に入った。

3. 屋外の木質系素地面の木材保護塗料塗りにおいて、原液を水で希釈し、よく攪拌して使用した。

4. 亜鉛めっき鋼面の常温乾燥形ふっ素樹脂エナメル塗りにおいて、下塗りに変性エポキシ樹脂プライマーを使用した。

〔No.38〕　ALC パネル工事に関する記述として、**最も不適当なもの**はどれか。

1. 床版敷設筋構法において、床パネルへの設備配管等の孔あけ加工は1枚まい当たり1か所とし、主筋の位置を避け、直径100mmの大きさとした。
2. 横壁アンカー構法において、地震時等における躯体の変形に追従できるよう、ALCパネル積上げ段数　3段ごとに自重受け金物を設けた。
3. 縦壁フットプレート構法において、ALC 取付け用間仕切チャンネルをデッキプレート下面の溝方向に取り付ける場合、下地として平鋼をデッキプレート下面にアンカーを用いて取り付けた。
4. 床版敷設筋構法において、建物周辺部、隅角部等で目地鉄筋により床パネルの固定ができない箇所は、ボルトと角座金を用いて取り付けた。

〔No.39〕　内装改修工事に関する記述として、**最も不適当なもの**はどれか。ただし、既存部分は、アスベストを含まないものとする。

1. ビニル床シートの撤去後に既存下地モルタルの浮き部分を撤去する際、健全部分と縁を切るために用いるダイヤモンドカッターの刃の出は、モルタル厚さ以下とした。
2. 既存合成樹脂塗床面の上に同じ塗床材を塗り重ねる際、接着性を高めるよう、既存仕上げ材の表面を目荒らしした。
3. 防火認定の壁紙の張替えは、既存壁紙の裏打紙を残した上に防火認定の壁紙を張は付けた。
4. 既存下地面に残ったビニル床タイルの接着剤は、ディスクサンダーを用いて除去した。

※ **問題番号**〔No.40〕～〔No.44〕までの **5問題**は、**全問題を解答**してください。

〔No.40〕　事前調査や準備作業に関する記述として、**最も不適当なもの**はどれか。

1. 地下水の排水計画に当たり、公共下水道の排水方式の調査を行った。
2. タワークレーン設置による電波障害が予想されたため、近隣に対する説明を行って了解を得た。
3. ベンチマークは、移動のおそれのない箇所に、相互にチェックできるよう複数か所設けた。
4. コンクリートポンプ車を前面道路に設置するため、道路使用許可申請書を道路管理者に提出した。

〔No.41〕仮設設備の計画に関する記述として、**最も不適当なもの**はどれか。

1. 作業員の仮設男性用小便所数は、同時に就業する男性作業員40人以内ごとに　1個を設置する計画とした。
2. 工事用電気設備の建物内幹線の立上げは、上下交通の中心で最終工程まで支障の少ない階段室に計画した。
3. 仮設電力契約は、工事完了まで変更しない計画とし、短期的に電力需要が増加した場合は、臨時電力契約を併用した。
4. 仮設の給水設備において、工事事務所の使用水量は、1人 1日当たり50 L を見み込む計画とした。

〔No.42〕　工事現場における材料の保ほ管に関する記述として、**最も不適当なもの**はどれか。

1. 長尺のビニル床シートは、屋内の乾燥した場所に直射日光を避けて縦置きにして保管した。
2. 砂付きストレッチルーフィングは、ラップ部(張り付け時の重ね部分)を下に向けて縦置きにして保管した。
3. フローリング類は、屋内のコンクリートの床にシートを敷き、角材を並べた上に保管した。
4. 木製建具は、取り付け工事直前に搬入し、障子や襖は縦置き、フラッシュ戸は平積みにして保管した。

〔No.43〕　建築工事に係る届出に関する記述として、「労働安全衛生法」上、**誤っているもの**はどれか。

1. 高さが31 mを超える建築物を建設する場合、その計画を当該仕事ごとの開始の日の14 日前までに、労働基準監督署長に届け出なければならない。
2. 共同連帯として請け負う際の共同企業体代表者届を提出する場合、当該届出に係る仕事の開始の日の14 日前までに、労働基準監督署長を経由して都道府県労働局長に届け出なければならない。
3. つり上げ荷重が3t以上であるクレーンの設置届を提出する場合、その計画を当該工事の開始の日の14 日前までに、労働基準監督署長に届け出なければならない。
4. 耐火建築物に吹き付けられた石綿を除去する場合、その計画を当該仕事ごとの開始の日の14日前までに、労働基準監督署長に届け出なければならない。

〔No.44〕　工程計画に関する記述として、**最も不適当なもの**はどれか。

1. 工程計画では、各作業の手順計画を立て、次に日程計画を決定した。
2. 工程計画では、工事用機械が連続して作業を実施し得るように作業手順を定め、工事用機械の不稼働をできるだけ少なくした。
3. 工期短縮を図るため、作業員、工事用機械、資機材等の供給量のピークが一定の量を超えないように山崩しを検討した。
4. 工期短縮を図るため、クリティカルパス上の鉄骨建方において、部材を地組してユニット化し、建方のピース数を減らすよう検討した。

# 1級建築施工管理技術検定　第一次検定問題（午後の部）

## ［注意事項］（抜粋）

- 試験時間は、**14時15分から16時15分**です。
- 問題の解答の仕方は、次によってください。
  - イ．〔No.45〕～〔No.54〕までの**10問題**は、**全問題を解答**してください。
  - ロ．〔No.55〕～〔No.60〕までの**6問題**は、**全問題を解答**してください。
  - ハ．〔No.61〕～〔No.72〕までの**12問題**のうちから、**8問題を選択**し、解答してください。
- 選択問題は、解答数が**指定数を超えた場合、減点**となりますから注意してください。
- 問題番号〔No.45〕～〔No.54〕、〔No.61〕～〔No.72〕は、**四肢一択**です。正解と思う肢の番号を**1つ**選んでください。
- 問題番号〔No.55〕～〔No.60〕は、施工管理法の**応用能力問題**で**五肢二択**です。正解と思う肢の番号を**2つ**選んでください。なお、選んだ肢の番号が**2つとも正しい場合のみ正答**となります。

※ **問題番号**〔No.45〕～〔No.54〕までの**10問題**は、**全問題を解答**してください。

〔No.45〕　一般的な事務所ビルの鉄骨工事において、所要工期算出のために用いる各作業の能率に関する記述として、**最も不適当なもの**はどれか。

1. 鉄骨のガスシールドアーク溶接による現場溶接の作業能率は、1人1日当たり6mm換算溶接長さで80mとして計画した。
2. タワークレーンのクライミングに要する日数は、1回当たり1.5日として計画した。
3. 建方用機械の鉄骨建方作業占有率は、60%として計画した。
4. トルシア形高力ボルトの締付け作業能率は、1人1日当たり300本として計画した。

〔No.46〕　ネットワーク工程表に関する記述として、**最も不適当なもの**はどれか。

1. 一つの作業の最早終了時刻（EFT）は、その作業の最早開始時刻（EST）に作業日数（D）を加くわえて得られる。
2. 一つの作業の最遅開始時刻（LST）は、その作業の最遅終了時刻（LFT）から作業日数（D）を減じて得られる。
3. 一つの作業でトータルフロート（TF）が0である場合、その作業ではフリーフロート（FF）は0になる。
4. 一つの作業でフリーフロート（FF）を使い切ってしまうと、後続作業のトータルフロート（TF）に影響を及ぼす。

〔No.47〕　建築施工の品質を確保するための管理値に関する記述として、**最も不適当なもの**はどれか。

1. 鉄骨工事において、スタッド溶接後のスタッドの傾きの許容差は、5°以内とした。
2. 構造体コンクリートの部材の仕上がりにおいて、柱、梁、壁の断面寸法の許容差は、0～+20mmとした。
3. 鉄骨梁の製品検査において、梁の長さの許容差は、±7mmとした。
4. コンクリート工事において、薄いビニル床シートの下地コンクリート面の仕上がりの平坦さは、3mにつき7mm以下とした。

〔No.48〕　品質管理に用いる図表に関する記述として、**最も不適当なもの**はどれか。

1. ヒストグラムは、観測値若しくは統計量を時間順又はサンプル番号順に表し、工程が管理状態にあるかどうかを評価するために用いられる。
2. 散布図は、対応する2つの特性を横軸と縦軸にとり、観測値を打点して作るグラフ表示で、主に2つの変数間の相関関係を調べるために用いられる。
3. パレート図は、項目別に層別して、出現度数の大きさの順に並べるとともに、累積和を示した図である。
4. 系統図は、設定した目的や目標と、それを達成するための手段を系統的に展開した図である。

〔No.49〕　品質管理における検査に関する記述として、**最も不適当なもの**はどれか。

1. 中間検査は、製品として完成したものが要求事項を満足しているかどうかを判定する場合に適用する。
2. 無試験検査は、サンプルの試験を行わず、品質情報、技術情報等に基づいてロットの合格、不合格を判定する。
3. 購入検査は、提出された検査ロットを、購入してよいかどうかを判定するために行う検査で、品物を外部から受け入れる場合に適用する。
4. 抜取検査は、ロットからあらかじめ定められた検査の方式に従ってサンプルを抜き取って試験し、その結果に基づいて、そのロットの合格、不合格を判定する。

〔No.50〕　市街地の建築工事における公衆災害防止対策に関する記述として、**最も不適当なもの**はどれか。

1. 敷地境界線からの水平距離が5mで、地盤面からの高さが3mの場所からごみを投下する際、飛散を防止するためにダストシュートを設けた。

2. 防護棚は、外部足場の外側からのはね出し長さを水平距離で2mとし、水平面となす角度を15°とした。

3. 工事現場周囲の道路に傾斜があったため、高さ3mの鋼板製仮囲いの下端は、隙間を土台コンクリートで塞いだ。

4. 歩車道分離道路において、幅員3.6mの歩道に仮囲いを設置するため、道路占用の幅は、路端から1mとした。

〔No.51〕 作業主任者の職務として、「労働安全衛生法」上、**定められていないもの**はどれか。

1. 建築物等の鉄骨の組立て等作業主任者は、器具、工具、要求性能墜落制止用器具等及び保護帽の機能を点検し、不良品を取り除くこと。

2. 有機溶剤作業主任者は、作業に従事する労働者が有機溶剤により汚染され、又はこれを吸入しないように、作業の方法を決定し、労働者を指揮すること。

3. 土止め支保工作業主任者は、要求性能墜落制止用器具等及び保護帽の使用状況を監視すること。

4. 足場の組立て等作業主任者は、組立ての時期、範囲及び順序を当該作業に従事する労働者に周知させること。

〔No.52〕 足場に関する記述として、**最も不適当なもの**はどれか。

1. 枠組足場に設ける高さ8m以上の階段には、7m以内ごとに踊場を設けた。

2. 作業床は、つり足場の場合を除き、床材間の隙間は 3cm以下、床材と建地の隙間は12 cm 未満とした。

3. 単管足場の壁つなぎの間隔は、垂直方向5.5m以下、水平方向5m以下とした。

4. 脚立を使用した足場における足場板は、踏さん上で重ね、その重ね長さを20 cm以上とした。

〔No.53〕 事業者又は特定元方事業者の講ずべき措置に関する記述として、「労働安全衛生法」上、**誤っているもの**はどれか。

1. 特定元方事業者は、特定元方事業者及びすべての関係請負人が参加する協議組織を設置し、会議を定期的に開催しなければならない。

2. 事業者は、つり足場における作業を行うときは、その日の作業を開始する前に、脚部の沈下及び滑動の状態について点検を行わなければならない。

3. 事業者は、高さが2m以上の箇所で作業を行う場合、作業に従事する労働者が墜落するおそれのあるときは、作業床を設けなければならない。

4. 特定元方事業者は、作業場所の巡視を、毎作業日に少なくとも 1回行わなければならない。

〔No.54〕 クレーンに関する記述として、「クレーン等安全規則」上、**誤っているもの**はどれか。

1. つり上げ荷重が 0.5t 以上のクレーンの玉掛け用具として使用するワイヤロープは、安全係数が6以上のものを使用した。

2. つり上げ荷重が 3t 以上の移動式クレーンを用いて作業を行うため、当該クレーンに、その移動式クレーン検査証を備え付けた。

3. 設置しているクレーンについて、その使用を廃止したため、遅滞なくクレーン検査証を所轄労働基準監督署長に返還した。

4. 移動式クレーンの運転についての合図の方法は、事業者に指名された合図を行う者が定めた。

※ **問題番号**〔No.55〕〜〔No.60〕までの **6問題は応用能力問題です。全問題を解答してください。**

〔No.55〕 鉄筋の加工及び組立てに関する記述として、**不適当なものを2つ選べ**。ただし、鉄筋は異形鉄筋とし、d は呼び名の数値とする。

1. D 16 の鉄筋相互のあき寸法の最小値は、粗骨材の最大寸法が20 mmのため、25 mm とした。

2. D 25 の鉄筋を90°折曲げ加工する場合の内法直径は、3d とした。

3. 梁せいが2mの基礎梁を梁断面内でコンクリートの水平打継ぎとするため、上下に分割したあばら筋の継手は、180°フック付きの重ね継手とした。

4. 末端部の折曲げ角度が135°の帯筋のフックの余長は、4d とした。

5. あばら筋の加工において、一辺の寸法の許容差は、±5mm とした。

〔No.56〕 普通コンクリートの調合に関する記述として、**不適当なものを2つ選べ**。

1. 粗骨材は、偏平なものを用いるほうが、球形に近い骨材を用いるよりもワーカビリティーがよい。

2. AE 剤、AE減水剤又は高性能AE減水剤を用いる場合、調合を定める際の空気量を4.5 %とする。

3. アルカリシリカ反応性試験で無害でないものと判定された骨材であっても、コンクリート中のアルカリ総量を3.0 kg/m³以下とすれば使用することができる。

4. 調合管理強度は、品質基準強度に構造体強度補正値を加えたものである。

5. 調合管理強度が21 N/mm² のスランプは、一般に21 cmとする。

〔No.57〕 鉄骨の溶接に関する記述として、**不適当なものを2つ選べ**。

1. 溶接部の表面割れは、割れの範囲を確認した上で、その両端から50 mm 以上溶接部を斫り取り、補修溶接した。
2. 裏当て金は、母材と同等の鋼種の平鋼を用いた。
3. 溶接接合の突合せ継手の食い違いの許容差は、鋼材の厚みにかかわらず同じ値とした。
4. 490 N/mm² 級の鋼材の組立て溶接を被覆アーク溶接で行うため、低水素系溶接棒を使用した。
5. 溶接作業場所の気温が−5℃ を下回っていたため、溶接部より100 mm の範囲の母材部分を加熱して作業を行った。

〔No.58〕 シーリング工事に関する記述として、**不適当なものを2つ選べ**。

1. ボンドブレーカーは、シリコーン系シーリング材を充填するため、シリコーンコーティングされたテープを用いた。
2. 異種シーリング材を打ち継ぐ際、先打ちしたポリサルファイド系シーリング材の硬化後に、変成シリコーン系シーリング材を後打ちした。
3. ワーキングジョイントに装填する丸形のバックアップ材は、目地幅より20 %大きい直径のものとした。
4. ワーキングジョイントの目地幅が20 mm であったため、目地深さは12 mm とした。
5. シーリング材の充填は、目地の交差部から始め、打継ぎ位置も交差部とした。

〔No.59〕 内装ビニル床シート張りに関する記述として、**不適当なものを2つ選べ**。

1. 寒冷期の施工で、張付け時の室温が5℃ 以下になることが予想されたため、採暖を行い、室温を10 ℃ 以上に保った。
2. 床シートは、張付けに先立ち裁断して仮敷きし、巻きぐせをとるために8時間放置した。
3. 床シートは、張付けに際し、気泡が残らないよう空気を押し出した後、45 kgローラーで圧着した。
4. 熱溶接工法における溶接部の溝切りの深さは、床シート厚の $\frac{1}{3}$ とした。
5. 熱溶接工法における溶接部は、床シートの溝部分と溶接棒を180 〜200 ℃の熱風で同時に加熱溶融した。

〔No.60〕 仕上げ工事における試験及び検査に関する記述として、**不適当なものを2つ選べ**。

1. 防水形仕上塗材仕上げの塗厚の確認は、単位面積当たりの使用量を基に行った。
2. シーリング材の接着性試験は、同一種類のものであっても、製造所ごとに行った。
3. 室内空気中に含まれるホルムアルデヒドの濃度測定は、パッシブサンプラを用いて行った。
4. アスファルト防水下地となるコンクリート面の乾燥状態の確認は、渦電流式測定計を用いて行った。
5. 壁タイルの浮きの打音検査は、リバウンドハンマー（シュミットハンマー）を用いて行った。

※ **問題番号**〔No.61〕〜〔No.72〕までの**12問題**のうちから、**8問題**を選択し、解答してください。

〔No.61〕 用語ごの定義ぎに関する記述として、「建築基準法」上、**誤っているもの**はどれか。

1. 建築物の構造上重要でない間仕切壁の過半の模様替えは、大規模の模様替えである。
2. 建築物の屋根は、主要構造部である。
3. 観覧のための工作物は、建築物である。
4. 百貨店の売場は、居室である。

〔No.62〕 建築確認等の手続きに関する記述として、「建築基準法」上、**誤っているもの**はどれか。

1. 延べ面積が150 m² の一戸建ての住宅の用途を変更して旅館にしようとする場合、建築確認を受ける必要はない。
2. 鉄骨造階建て、延べ面積 200m² の建築物の新築工事において、特定行政庁の仮使用の承認を受けたときは、建築主は検査済証の交付を受ける前においても、仮に、当該建築物を使用することができる。
3. 避難施設等に関する工事を含む建築物の完了検査を受けようとする建築主は、建築主事が検査の申請を受理した日から7日を経過したときは、検査済証の交付を受ける前であっても、仮に、当該建築物を使用することができる。
4. 防火地域及び準防火地域内において、建築物を増築しようとする場合、その増築部分の床面積の合計が10 m² 以内のときは、建築確認を受ける必要はない。

〔No.63〕 次の記述のうち、「建築基準法施行令」上、**誤っているもの**はどれか。

1. 共同住宅の各戸の界壁を給水管が貫通する場合においては、当該管と界壁との隙間をモルタルその他の不燃材料で埋めなければならない。
2. 劇場の客席は、主要構造部を耐火構造とした場合であっても、スプリンクラー設備等を設けなければ、1,500 m² 以内ごとに区画しなければならない。
3. 主要構造部を準耐火構造とした建築物で、3階以上の階に居室を有するものの昇降機の昇降路の部分とその他の部分は、

原則として、準耐火構造の床若しくは壁又は防火設備で区画しなければならない。

4. 換気設備のダクトが準耐火構造の防火区画を貫通する場合においては、火災により煙が発生した場合又は火災により温度が急激に上昇した場合に自動的に閉鎖する構造の防火ダンパーを設けなければならない。

〔No.64〕 建設業の許可に関する記述として、「建設業法」上、**誤っているもの**はどれか。

1. 許可に係る建設業者は、営業所の所在地に変更があった場合、30日以内に、その旨の変更届出書を国土交通大臣又は都道府県知事に提出しなければならない。

2. 建築工事業で一般建設業の許可を受けた者が、建築工事業の特定建設業の許可を受けたときは、その者に対する建築工事業に係る一般建設業の許可は、その効力を失なう。

3. 木造住宅を建設する工事を除く建築一式工事であって、工事1件の請負代金の額が4,500万円に満たない工事を請け負う場合は、建設業の許可を必要としない。

4. 内装仕上工事など建築一式工事以外の工事を請け負う建設業者であっても、特定建設業者となることができる。

〔No.65〕 請負契約に関する記述として、「建設業法」上、**誤っているもの**はどれか。

1. 注文者は、請負人に対して、建設工事の施工につき著しく不適当と認みとめられる下請負人があるときは、あらかじめ注文者の書面等による承諾を得て選定した下請負人である場合を除き、その変更を請求することができる。

2. 建設業者は、共同住宅を新築する建設工事を請け負った場合、いかなる方法をもってするかを問わず、一括して他人に請け負わせてはならない。

3. 請負契約の当事者は、請負契約において、各当事者の履行の遅滞その他債務の不履行の場合における遅延利息、違約金その他の損害金に関する事項を書面に記載しなければならない。

4. 請負人は、請負契約の履行に関し、工事現場に現場代理人を置く場合、注文者の承諾を得なければならない。

〔No.66〕 次の記述のうち、「建設業法」上、**誤っているもの**はどれか。

1. 建設業者は、許可を受けた建設業に係る建設工事を請け負う場合においては、当該建設工事に附帯する他の建設業に係る建設工事を請け負うことができる。

2. 特定建設業者は、発注者から建築一式工事を直接請け負った場合、当該工事に係る下請代金の総額が4,000万円以上のときは、施工体制台帳を作成しなければならない。

3. 注文者は、前金払の定めがなされた場合、工事1件の請負代金の総額が500万円以上のときは、建設業者に対して保証人を立てることを請求することができる。

4. 特定専門工事の元請負人及び建設業者である下請負人は、その合意により、元請負人が置いた主任技術者が、その下請負に係る建設工事について主任技術者の行うべき職務を行うことができる場合、当該下請負人は主任技術者を置くことを要しない。

〔No.67〕 労働時間等に関する記述として、「労働基準法」上、**誤っているもの**はどれか。

1. 使用者は、削岩機の使用によって身体に著しい振動を与える業務については、1日について2時間を超えて労働時間を延長してはならない。

2. 使用者は、災害その他避けることのできない事由によって、臨時の必要がある場合においては、行政官庁の許可を受けて、法令に定められた労働時間を延長して労働させることができる。

3. 使用者は、労働者の合意がある場合、休憩時間中であっても留守番等の軽微な作業であれば命ずることができる。

4. 使用者は、その雇入れの日から起算して（6箇月間継続勤務し全労働日の8割以上出勤した労働者に対して、10労働日の有給休暇を与えなければならない。

〔No.68〕 建設業の事業場における安全衛生管理体制に関する記述として、「労働安全衛生法」上、**誤っているもの**はどれか。

1. 事業者は、常時10人の労働者を使用する事業場では、安全衛生推進者を選任しなければならない。

2. 事業者は、常時50人の労働者を使用する事業場では、産業医を選任しなければならない。

3. 事業者は、統括安全衛生責任者を選任すべきときは、同時に安全衛生責任者を選任しなければならない。

4. 事業者は、産業医から労働者の健康を確保するため必要があるとして勧告を受けたときは、衛生委員会又は安全衛生委員会に当該勧告の内容等を報告しなければならない。

〔No.69〕 建設現場における就業制限に関する記述として、「労働安全衛生法」上、**誤っているもの**はどれか。

1. 不整地運搬車運転技能講習を修了した者は、最大積載さい量が 1t以上の不整地運搬車の運転の業務に就くことができる。

2. 移動式クレーン運転士免許を受けた者は、つり上げ荷重が 5t 未満の移動式クレーンの運転の業務に就くことができる。

3. フォークリフト運転技能講習を修了した者は、最大荷重が 1t 以上のフォークリフトの運転の業務に就くことができる。

4. クレーン・デリック運転士免許を受けた者は、つり上げ荷重が 1t 以上のクレーンの玉掛けの業務に就くことができる。

〔No.70〕 次の記述のうち、「廃棄物の処理及び清掃に関する法律」上、**誤っているもの**はどれか。ただし、特別管理産業廃棄物を除くものとする。

1. 事業者は、産業廃棄物の運搬又は処分を委託した場合、委託契約書及び環境省令で定める書面を、その契約の終了の日から5年間保存しなければならない。

2. 事業者は、工事に伴って発生した産業廃棄物を自ら運搬する場合、管轄する都道府県知事の許可を受けなければならない。

3. 多量排出事業者は、当該事業場に係る産業廃棄物の減量その他その処理に関する計画の実施の状況について、環境省令で定めるところにより、都道府県知事に報告しなければならない。

4. 天日乾燥施設を除く汚泥の処理能力が 1日当たり10 m³ を超える乾燥処理施設を設置する場合、管轄する都道府県知事の許可を受けなければならない。

〔No.71〕 宅地造成工事規制区域内において行われる宅地造成工事に関する記述として、「宅地造成及び特定盛土等規制法（旧宅地造成等規制法）」上、**誤っているもの**はどれか。なお、指定都市又は中核市の区域内の土地については、都道府県知事はそれぞれ指定都市又は中核市の長をいう。

1. 宅地造成に関する工事の許可を受けていなかったため、地表水等を排除するための排水施設の一部を除却する工事に着手する日の7日前に、その旨を都道府県知事に届け出た。

2. 高さが2mの崖を生ずる盛土を行う際、崖の上端に続つづく地盤面には、その崖の反対方向に雨水その他の地表水が流れるように勾配を付けた。

3. 宅地造成に伴う災害を防止するために崖面に設ける擁壁には、壁面の面積3m²以内ごとに 1個の水抜穴を設け、裏面の水抜穴周辺に砂利を用いて透水層を設けた。

4. 切土又は盛土をする土地の面積が1,500 m² を超える土地における排水設備の設置については、政令で定める資格を有する者が設計した。

〔No.72〕 次の作業のうち、「振動規制法」上、特定建設作業に該当しないものはどれか。ただし、作業は開始した日に終わらないものとし、作業地点が連続的に移動する作業ではないものとする。

1. 油圧式くい抜機を使用する作業

2. もんけん及び圧入式を除くくい打機を使用する作業

3. 鋼球を使用して建築物その他の工作物を破壊する作業

4. 手持式を除くブレーカーを使用する作業

## 解答

| 問題No. | 1 | 2 | 3 | 4 | 5 | 6 | 7 | 8 | 9 | 10 | 11 | 12 | 13 | 14 | 15 | 15問題のうち |
|---|---|---|---|---|---|---|---|---|---|---|---|---|---|---|---|---|
| 正答肢 | 3 | 4 | 3 | 4 | 3 | 2 | 1 | 2 | 4 | 2 | 1 | 3 | 4 | 4 | 3 | 12問題を選択し解答 |
| 問題No. | 16 | 17 | 18 | 19 | 20 | 5問題を全問解答 | | | | | | | | | | |
| 正答肢 | 1 | 2 | 4 | 3 | 1 | | | | | | | | | | | |
| 問題No. | 21 | 22 | 23 | 24 | 25 | 26 | 27 | 28 | 29 | 30 | 10問題のうち7問題を選択し解答 | | | | | |
| 正答肢 | 2 | 2 | 1 | 3 | 1 | 4 | 4 | 2 | 3 | 3 | | | | | | |
| 問題No. | 31 | 32 | 33 | 34 | 35 | 36 | 37 | 38 | 39 | 9問題のうち7問題を選択し解答 | | | | | | |
| 正答肢 | 4 | 1 | 4 | 4 | 2 | 2 | 3 | 1 | 3 | | | | | | | |
| 問題No. | 40 | 41 | 42 | 43 | 44 | 5問題を全問解答 | | | | | | | | | | |
| 正答肢 | 4 | 1 | 2 | 3 | 3 | | | | | | | | | | | |
| 問題No. | 45 | 46 | 47 | 48 | 49 | 50 | 51 | 52 | 53 | 54 | 10問題を全問解答 | | | | | |
| 正答肢 | 4 | 4 | 3 | 1 | 1 | 2 | 4 | 3 | 2 | 4 | | | | | | |
| 問題No. | 55 | 56 | 57 | 58 | 59 | 60 | 6問題を全問解答（選んだ肢の番号が2つとも正しい場合のみ正答） | | | | | | | | | |
| 正答肢 | 2,4 | 1,5 | 3,5 | 1,5 | 2,4 | 4,5 | | | | | | | | | | |
| 問題No. | 61 | 62 | 63 | 64 | 65 | 66 | 67 | 68 | 69 | 70 | 71 | 72 | 12問題のうち8問題を選択し解答 | | | |
| 正答肢 | 1 | 4 | 2 | 3 | 4 | 2 | 3 | 3 | 4 | 2 | 1 | 1 | | | | |

# 詳細目次

# Chapter 5　法規

# Chapter 6　過去問題と解答

## 著者紹介

### 小山 和則 (こやま かずのり)

1954年　千葉県生まれ
1977年　早稲田大学理工学部建築学科卒業
　　　　清水建設 (株) を経て、1989年建築設計事務所「スペース景」を設立。
現　　在　1級建築士。
　　　　長年、建築の1・2級施工管理技士試験受検対策セミナー講師を務める。

### 清水 一都 (しみず かずと)

1948年　大阪府生まれ
1972年　京都大学工学部交通土木工学科卒業
1974年　京都大学大学院工学研究科 (交通土木工学専攻) 修了
　　　　清水建設 (株)、(財) エンジニアリング振興協会を経て、2007年ITTO経営コンサルタントを設立。
現　　在　1級建築士、1級土木施工管理技士、中小企業診断士、技術士 (農業)。
　　　　長年、土木・建築・管工事の1級・2級施工管理技士試験受検対策セミナー講師を務める。
　　　　また、建設業を主体として中小企業の再生支援に携わり、事業DD、経営改善計画指導を多数行う。

カバーイラスト　株式会社マジックピクチャー

## 1級建築施工管理技士第一次検定 選択対策&過去問題2024年版

| | |
|---|---|
| 発行日 | 2023年 11月 20日　　第1版第1刷 |

著　者　小山　和則
　　　　清水　一都

発行者　斉藤　和邦
発行所　株式会社　秀和システム
　　　　〒135-0016
　　　　東京都江東区東陽2-4-2　新宮ビル2F
　　　　Tel 03-6264-3105 (販売) Fax 03-6264-3094
印刷所　日経印刷株式会社　　　　Printed in Japan

ISBN978-4-7980-6978-4 C3052